Autopoiesis

Coleção Estudos
Dirigida por J. Guinsburg

Equipe de realização – Edição de texto: Iracema A. Oliveira; Revisão de provas: Marcio
Honorio de Godoy; Sobrecapa: Sergio Kon; Produção: Ricardo Neves, Sergio Kon e
Raquel Fernandes Abranches.

Eduardo de Oliveira Elias

**AUTOPOIESIS
SEMIÓTICA
ESCRITURA**

 PERSPECTIVA

Dados Internacionais de Catalogação na Publicação (CIP)
(Câmara Brasileira do Livro, SP, Brasil)

Elias, Eduardo de Oliveira
Autopoiesis, semiótica, escritura / Eduardo de Oliveira
Elias. – São Paulo : Perspectiva, 2008. – (Estudos ; 253 / dirigida por J. Guinsburg)

Bibliografia
ISBN 978-85-273-0828-1

1. Comunicação 2. Linguagem 3. Poética 4. Semiótica
5. Signos e símbolos 6. Teoria da informação I. Guinsburg, J.
II. Título. III. Série.

08-04925   CDD-401.41

Índices para catálogo sistemático:

1. Semiótica poética: Linguagem e comunicação :
Lingüística   401.41

Direitos reservados à
EDITORA PERSPECTIVA S.A.

Av. Brigadeiro Luís Antônio, 3025
01401-000 São Paulo SP Brasil
Telefax: (011) 3885-8388
www.editoraperspectiva.com.br

2008

Sumário

AGRADECIMENTOS XI

APRESENTAÇÃO – *Lucrécia D'Alessio Ferrara* XIII

INTRODUÇÃO XVII

1. O REINO DOS SIGNOS

Índices da Dispersão 1

Noosfera e Noologia 5

O *Phaneron* de Peirce 13

Comunicação, Contracomunicação, Complexidade 18

A Escritura e os Grafos Existenciais 24

2. O CORPO DA LINGUAGEM:
A COMUNICAÇÃO VERBAL

Linguagem e *Autopoiesis* 31

Funções de Linguagem 33

Corpo, Sentimento, Memória 37

Literatura como Corpografia 39

Um Copo de Cólera 42

Grande Sertão: Veredas 44

Avalovara 46

Pedro Páramo 50

The Invention of Solitude 55

3. O CONSTRUCTO SEMIÓTICO:
   A COMUNICAÇÃO VERBAL-ICÔNICA

A Fronteira Verbal-Icônica 67

Poesia e Pintura: Vértices de Comutação 72

Alfabetos e Ruínas 83

Uma História dos Grafos Existenciais 87

   A Escultura entre o Animal e a Humanidade 87

   A Poesia como Gênese: Da Mãe à Terra ao Universo ...89

   A Pintura: Da Infância ao Alfabeto 91

   O Desenho, a Pulsão, o Desvio 92

   O Cinema entre a Pele e a Película 96

   Seleção Natural, Dolly, GFH Bunny 98

Mídia e Cibercultura 104

Sob o Olhar de Mercúrio: A Mensagem Publicitária 107

4. ESCRITURAS AMBIENTAIS:
   A COMUNICAÇÃO HÁPTICO-VISUAL-LOCOMOTORA

Ambiente, Intersemiose, Cognição 111

   O Espaço é um Quase-Signo 114

   A Digitalização do Espaço e a Configuração
   da Forma 114

   A Forma Instaura um Meio
   Háptico-Visual-Locomotor 115

   O Fora e o Dentro 115

   A Forma é Informação 116

   A Forma é Ambiental 116

   O Ambiente é Escritura 116

Os Objetos do Mundo 118

   Joaquim Tenreiro 121

Casas-Pensamento 126

Oswaldo Bratke 130

Os Jardins da Razão 135

Waldemar Cordeiro 136

A Cidade sob a Cidade 141

Cumpriu-se o Mar: A Sintaxe de Ouro 144

Carta de Fundação: O Colégio da Cidade 155

5. CIÊNCIA, LÓGICA, LINGUAGEM:
   A COMUNICAÇÃO EM ESTADO NASCENTE

A Ciência e os Grafos Existenciais 177

As Ciências do Direito e a Sutura dos Argumentos 182

As Ciências da Medicina e a Lição dos Índices 191

As Ciências da Educação e a Emergência dos Qualissignos 203

6. PARA UMA ECOLOGIA DA INFORMAÇÃO,
   DA LINGUAGEM E DA COMUNICAÇÃO:
   DO *PHANERON* AO *PHARMAKON* 211

BIBLIOGRAFIA 217

Agradecimentos

Este trabalho constituiu, originalmente, uma tese de doutorado desenvolvida no Programa de Estudos Pós-graduados em Comunicação e Semiótica, da Pontifícia Universidade Católica de São Paulo – PUC/SP, sob rigorosa e sensível orientação da profª dra. Lucrécia D'Alessio Ferrara, a quem sou profundamente grato, pela grandeza intelectual, pelo desprendimento em compartilhar saberes e ações, pela sensibilidade dos gestos.

Integraram a banca examinadora os professores, dra. Christine Greiner, dra. Lúcia Santaella (sob cuja insubstituível e inesquecível orientação, escrevi a dissertação de mestrado *Escritura Urbana*, publicada por esta editora, na coleção Debates, n. 225), dr. Luís Antônio Jorge, dra. Maria Angela Coelho Mirault; agradeço sinceramente a todos, pelas fundamentais contribuições que trouxeram ao trabalho.

Agradeço, igualmente, as contribuições recebidas da profª. dra. Irene Machado e do prof. dr. Norval Baitello Jr., do Programa de Comunicação e Semiótica.

O desenvolvimento deste projeto só foi possível com o estímulo e a bolsa de estudos concedida pela Universidade para o Desenvolvimento do Estado e da Região do Pantanal – Uniderp, a cuja Instituição agradeço, em nome do prof. Pedro Chaves dos Santos Filho, chanceler e da profª. Therezinha de Jesus dos Santos Samways, então pró-reitora de Administração daquela universidade.

Cumpre-me também, agradecer à presença e contribuição intelectual dos professores Alex Maymone da Silva, Eliete Martins Cardoso de Carvalho, Dra. Eluiza Bortolotto Ghizzi, Dr. Eron Brum, Fernando Antonio Castilho, Dr. Paulo de Tarso Camillo de Carvalho, bem como a Genivaldo Pereira Sales Junior, pelos trabalhos de ilustração.

Agradeço ainda, aos amigos Bruno Holpert Vale, Rodrigo Matiazzi Risso, Roselene da Silva Ribeiro, Valdinéia Garcia, sem cujo apoio não teria conseguido organizar os originais.

Apresentação

Este trabalho surge como resultado de uma tese apresentada em 2006, junto ao Programa de Pós-Graduação em Comunicação e Semiótica da PUCSP, que tive o prazer de orientar. Passar da posição de orientador de um trabalho acadêmico para aquela de apresentador de um livro, supõe enfrentar a dúplice tarefa de ser alguém ao mesmo tempo envolvido e imparcial, e isto exige superar a cumplicidade do pensar e laborar em conjunto, para ser possível planejar uma apresentação que possa orientar outras leituras.

A esse apresentador se impõe uma questão: que significa apresentar um livro? A resposta surge rápida: Ao admitir-se com qualidade de publicação, o trabalho acadêmico se submete à exposição de idéias, não importa se tímidas ou ousadas, a fim de divulgá-las ou testá-las e, sobretudo, socializá-las para que seja possível, ao autor, situar-se na rede daqueles que ousam tentar pensar a realidade social, cultural e cognitiva dos nossos dias. Como orientador e, agora, apresentador, enfrento aquela dúplice tarefa e, no processo de socialização do trabalho de Eduardo Elias, quero ser o primeiro leitor a lançar a rede a outros cientistas e leitores que procuram reconhecer o mundo que nos envolve.

Dividido em duas partes, o livro apresenta a ousada tentativa de propor uma Ecologia da Linguagem, que vai muito além dos limites da linguagem enquanto expressão, para situar-se como representação cognitiva que se situa no diversificado e ambíguo território dos cruzamentos teóricos e artístico-culturais.

XIV AUTOPOIESIS

Enquanto representação, aquela linguagem substitui o mundo, ao mesmo tempo em que oferece uma possibilidade de conhecê-lo; enquanto ecologia, a linguagem surge como sistema aberto desenhado nas fronteiras entre as ciências cognitivas, que vão além do estudo da ordem reprodutiva dos sistemas fechados, para enfrentar a entropia que reconstrói, em sistemas abertos de informação, o conhecimento que se multiplica ao se alterar em quantidade e conseqüências. Aquelas fronteiras sugerem, ou melhor, impõem a consideração de outras teorias responsáveis pela dinâmica da produção do conhecimento contemporâneo e que se insinuam como inquietações interrogativas no trabalho de Eduardo Elias.

Como reprodução cognitiva, a linguagem atravessa as modelizações que, em si mesmas, singulares, descobrem-se como reorganização em diálogo com outras e distintas manifestações de linguagens, constituindo as expressões do amplo espaço semiótico, designado por Lotman como Semiosfera que, ao lado da Biosfera de Vernadsky e da Noosfera de Teilhard de Chardin, procura criar estruturas abrangentes e integradoras das manifestações da auto-organização do universo feito de matéria viva, cognições e cultura. As modelizações são dialogantes porque, enquanto sistemas da cultura, abrem-se para dimensões especulares que as faz, ao mesmo tempo, auto-reflexivas e auto-organizativas, para superar os domínios singulares da modelização e atingir a Complexidade cognitiva de Edgar Morin. A Ideoscopia de Charles Sanders Peirce permite discriminar a semiótica daquelas modelizações e apreender, por meio da Teoria dos Grafos, as metamorfoses de registro, que não são apenas convencionais, mas secundam a semiose contínua, relacional e inesgotável dos significados e dos interpretantes. No eixo dessa semiose, encontra-se a gênese da Escritura de Jacques Derrida, entendida como elemento perturbador, que se revela e se esconde no jogo contínuo da semiose e só é atualizado pelas operações perceptivas e cognitivas da leitura. Nessa malha conceitual que não é evidente, mas exige atenta observação, porque se alicerça entre diferenças contextuais, científicas e históricas, busca-se uma abrangência teórica que se evidencia ao ser construída. Nesta operação teórica procura-se, portanto, correlações não explícitas e imediatas, para fazer surgir a integração entre elementos conhecidos e estudados, como distantes e divididos.

Essa arguta proposta de uma Ecologia da Linguagem surge, portanto, indisciplinada, porque não se comunica, mas desafia e convida o leitor a buscar, nas frestas não evidentes das teorias, os liames capazes de construir outro modo de estudar as manifestações das linguagens. A proposta dessa Ecologia da Linguagem deve ser entendida como o grande avanço teórico do trabalho de Eduardo Elias e se encontra, sem dúvida, no corajoso processo de integração entre teorias estudadas e ensinadas como territórios estanques na defesa de

APRESENTAÇÃO

uma coerência disciplinar que, há muito, já se mostrou ineficaz para a produção de conhecimento.

Como decorrência daquele convite/desafio, o livro se adianta ao leitor, permitindo-lhe usufruir do prazer da leitura em que se integram, em amplas e múltiplas manifestações de escrituras, as linguagens verbal; a visual/espacial de abrangência bi e tridimensional; a ambiental, que ocorre nos espaços públicos da cidade, do passado e do presente, e nos espaços privados desenhados em paisagens ou sistemas de objetos; ao lado das escrituras culturais do direito, que envolve os valores e as normas, a ordem material e a social; a medicina na dança morfológica dos índices que vão da saúde à doença; a educação, entendida como alteridade e responsável pela arquitetura das relações entre o indivíduo e a sociedade, entre a razão e a emoção, entre o conhecimento e a cultura. A qualidade dessa etapa está na grande e, sobretudo, diversificada apresentação de experimentais processos em que se lêem, e, ao mesmo tempo, produzem-se ou revelam-se, escrituras em textos culturais em que, não se podia imaginar, estivessem escondidas.

Se o trabalho parte da desintegração teórica para construir e exibir uma transdisciplinaridade complexa das possibilidades de conhecimento, as leituras não percorrem passos metodológicos definidos, mas procuram, entre as diferentes linguagens, os elementos que, de modo sistêmico e sempre novo, organizam a escritura que vacila entre o monólogo e o diálogo, o espaço e o tempo, a história e a cultura, o ontem e o hoje, o mortal e o eterno como instâncias integradas que se exibem na conclusão do trabalho.

A apreensão dessa organização é o desafio proposto pelo trabalho que Eduardo Elias apresenta e, da sua leitura, é inútil esperar a fruição do reconhecimento daquilo que se domina porque, entre teorias e linguagens aparentemente conhecidas, emerge a possibilidade de construção de um estranho fluxo-mapa, em semiose que se cria ou se processa entre a comunicação e a contracomunicação, entre o reconhecido e o desconhecido, entre o logos e sua autopoiesis. Na resposta a esse desafio que pode levar a descobrir um autor, desenham-se as possibilidades de várias auto-descobertas.

Lucrécia D´Alessio Ferrara

Introdução

O desenvolvimento tecnológico mundial, durante a segunda metade do século XX, possibilitou, e algumas vezes induziu, ou mesmo impôs, o contato entre áreas ou setores de geração de informação, conhecimento e comunicação, produzindo e multiplicando linguagens em velocidade espantosa, surpreendendo e envolvendo o planeta sob densas camadas de signos.

Desse modo, cientistas, filósofos, artistas, estudiosos de todas as áreas, têm se deparado, mais cedo ou mais tarde, com questões relativas à interdisciplinaridade e às interfaces do conhecimento, cujas resoluções encontram nos sistemas de signos, nas linguagens, sua competência teórica e prática.

A passagem do século XIX para o XX assistiu à criação de duas grandes correntes de pensamento, cujo objetivo residia, justamente, no estudo do signo: a semiologia de Saussure e a semiótica de Peirce. A primeira dessas correntes não logrou estabelecer as bases para uma ciência da linguagem (forjando, entretanto, o estruturalismo e, com ele, importantes instrumentos conceituais e metodológicos), cabendo à segunda a responsabilidade de instituir e estatuir aquela ciência.

Em meados do século passado, as escolas européias dedicadas ao problema deram extensa contribuição ao desenvolvimento da semiologia (hoje, relativamente revista). A escola russa trouxe considerável contribuição aos estudos do signo e seu funcionamento no âmbito da cultura, as escolas americanas, entre elas a brasileira, contribuíram, e têm contribuído intensamente, para o desenvolvimento da semiótica.

De outro lado, a questão das linguagens tem encontrado nas ciências cognitivas e da informação, nas ciências das automações e controles, na teoria da complexidade, importantes contribuições relativamente ao papel da percepção e da construção da experiência sensível, por meio da produção sígnica. Tais ciências, ainda sob o impacto da evolução no campo das ciências biológicas e da física, têm propiciado significativos desdobramentos teórico-críticos e conceituais.

O campo aberto por tais matrizes teóricas – em que pese os conflitos, contrastes e até antagonismos em parte dessas formulações – aguarda ulteriores desenvolvimentos, cuja pertinência é atestada pelas necessidades, sempre renovadas, das comunicações entre os sistemas de signos, seja qual for a sua disposição sistêmica, homem/homem, homem/máquina, homem/máquina/homem e suas inúmeras derivações, composições e integrações socioeconômicas, culturais, ambientais, noológicas.

Aqui se insere a questão fundamental deste trabalho: como se configuram os processos de informação e de comunicação nos percursos experienciais da linguagem?

Por "informação" compreendemos a medida de uma possibilidade de escolha na seleção de uma alternativa, ou o valor de eqüiprobabilidade entre elementos combináveis, que apresenta propriedade estatística e se expressa sob a unidade denominada *bit* (*binary digit*). Por sua vez, a "comunicação" estabelece e/ou possibilita ações de emissão, transmissão e recepção de mensagens (que podem ser mais ou menos informativas ou redundantes), por meio de códigos e veículos específicos que operam com sistemas discretos; repertórios de signos; regras de combinação e conjunto de instrumentos capazes de possibilitar aquela transmissão no espaço e no tempo.

Formulamos, para o estudo da questão proposta, as seguintes hipóteses:

a. A emergência da informação e da comunicação e suas respectivas veiculações constituem processos de linguagem *percepto-cognitivos*, produzidos pela experiência.

b. Os processos *percepto-cognitivos*, instaurados pela experiência, fundam sistemas de linguagem;

c. Os sistemas de linguagem se corporificam mediante a circulação de fluxos *poéticos e metassígnicos* (Jakobson), que subjazem a tais processos.

d. Os sistemas de linguagem, através dos referidos processos *percepto-cognitivos* e fluxos *poéticos e metassígnicos*, perfazem-se em contínuas operações de autogeração (*autopoiesis*)[1], representação (*semiótica*) e inscrição (*escritura*) sígnicos.

---

1. Optamos por manter, em todo o texto, a grafia *autopoiesis* e não *autopoiese* como vem sendo grafada em português. A forma original parece indicar e correlacionar, com maior clareza e precisão, as vinculações referenciais deste trabalho.

INTRODUÇÃO   XIX

e. As referidas operações integram-se em matrizes geradoras de *grafos existenciais*[2].

O presente trabalho constitui, desse modo, uma indagação acerca das operações de interfaces (operações multi, inter e transdisciplinares), para as quais concorrem e confluem faixas percepto-cognitivas e sígnicas. Tal indagação incide, particularmente, na caracterização de sistemas de geração, representação e inscrição de faixas sígnicas verbais e icônicas, tendo-se em vista os limites sintáticos relativos aos seus processos de informação e comunicação.

Nesse âmbito, a noção de *geração* irá desdobrar-se na noção de *autopoiesis*, a concepção de *representação* perfazer-se-á através de uma concepção *semiótica* e o conceito de inscrição formular-se-á como *escritura*.

Autopoiesis, semiótica, escritura constituem, pois, eixos que se entrelaçam no percurso de sondagem desta indagação.

Impõe-se, para tanto, a organização e a operação de intercâmbios e conexões entre disciplinas, saberes, campos de atuação, percursos entre teoria e prática, lógica e linguagem. Isto equivale à sondagem dos sistemas de signos como produtos e produtores informacionais, comunicacionais e culturais, por meio de intensa e extensa atividade codificadora.

A sociedade da globalização é, também, a sociedade dos processos de linguagem, na qual os entrecruzamentos entre o natural e o artificial, o real e o virtual, a representação e a comunicação, produzem esferas noológicas que estabelecem contínuas transformações informacionais na sociedade humana.

Assim, os estudos acerca dos signos e códigos – cujas integrações intersemióticas tendem, na contemporaneidade, ao aquecimento – tornam-se de suma importância para todas as atividades humanas, em particular às integrações destinadas aos desempenhos funcionais que comportam grande atividade metassígnica, como aquelas voltadas à pesquisa científica e/ou artística, à educação, à comunicação, à vida urbana etc.

Tais trabalhos de pesquisa e/ou reflexão, revelando importantes dimensões epistemológicas e, portanto, perquirindo alterações paradigmáticas, de concepções, processos ou modelos, podem oferecer conhecimentos novos, essenciais para as ampliações das competências produtoras de informação e suas respectivas operações e veiculações comunicacionais.

O plano desta pesquisa tem como eixos teóricos básicos, a semiótica de Charles Sanders Peirce; a noção de *autopoiesis*, originalmente

---

2. As palavras grafadas em itálico, que aparecem ao longo do trabalho, indicam conceitos específicos relativos às matrizes teóricas utilizadas e serão explicitadas, por meio de referências, no desenvolvimento do texto.

concebida por Humberto Maturana, e incorporada às ciências sociais por Niklas Luhmann; o estudo das funções de linguagem, no interior do processo da comunicação, tal como concebido por Roman Jakobson; a teoria da complexidade, como formulada por Edgar Morin (que também opera com a noção de *autopoiesis*); o conceito de *Escritura* como estabelecido por Jacques Derrida; bem como as ciências cognitivas e da informação. Tais eixos constituem um instrumental teórico nem sempre convergente em abordagens, mas capazes de propiciar a abrangência teórico-crítica necessária ao desenvolvimento deste projeto.

Desse modo, operando por similaridades, busca-se correlacionar e integrar os aspectos de confluência e permeabilidade estrutural, e de exponenciar certos aspectos sintáticos das referidas matrizes teóricas.

Deve-se observar que este trabalho se encontra com os fundamentos teóricos citados, em relação dialógica, não apresentando, assim, disposição *argumentativa* finalista.

O desenvolvimento do projeto em referência desdobra-se em leituras e análises de articulações sígnicas extraídas – em corte sincrônico – dos códigos da literatura, das artes, dos meios de comunicação, da arquitetura e do urbanismo, do ambiente, das ciências.

Sem vinculação a aspectos conceituais e/ou metodológicos, pautados por procedimentos de linearidade, buscamos, finalmente, identificar o entrelaçamento autopoiético, semiótico, escritural – corporificado pelos *grafos existenciais* – na produção da linguagem, apontando para a dimensão epistemológica de uma Ecologia da Informação, da Linguagem e da Comunicação.

1. O Reino dos Signos

ÍNDICES DA DISPERSÃO

A exponenciação do conhecimento e da produção relativos aos processos de informação e de comunicação constitui um meridiano fundamental que marca a passagem do século XX para o século XXI. As linguagens (verbais ou icônicas) daí decorrentes, com seus respectivos códigos, faixas sígnicas, interações sintático-semânticas, fazem espessar, com surpreendente intensidade, o ambiente noológico da vida sobre o planeta.

Neste contexto, as demarcações do saber, elaboradas pela tradição ocidental em áreas setoriais de especialização disciplinar, revelam-se insuficientes para corresponder aos fundamentos epistemológicos exigidos pela ciência contemporânea.

Com tal solicitação, a ciência não pode mais dispensar as complexas correlações entre matéria, informação, pensamento e as respectivas expressões biofísico-químicas, matemáticas e semióticas, que as formalizam e discernem. As inteligências artificiais, as redes neurais, a nanotecnologia, a bioarte, entre outras integrações disciplinares, evidenciam transformações paradigmáticas científicas, filosóficas, artísticas, ideológicas, cujos fluxos impedem, crescentemente, clausuras conceituais não solidárias.

Sob o curso de movimentações epistemológicas, cujas escalas de grandeza e impacto estamos distantes de poder avaliar, os modelos e denominações, mais ou menos precisos, mais ou menos convergentes e/

ou conciliáveis da ciência contemporânea, deslizam do singular para o plural, da fração para a integração. As chamadas "ciências cognitivas", configurando-se à semelhança de uma semeadura por dispersão, constituem o périplo, em torno do qual, esquadrinham-se formulações capazes de integrar concepções até então imprevistas acerca dos sistemas vivos, maquínicos, sígnicos.

De acordo com Jean-Pierre Dupuy (1995), a expressão "ciências cognitivas" impôs-se na segunda metade do século XX, constituindo campo teórico-disciplinar e experimental que contempla a natureza e os componentes do conhecimento, bem como suas origens e sua utilização. Mais recentemente, os cientistas que se ocupam dos problemas relativos à cognição incluem estudiosos e pesquisadores da filosofia, da psicologia, da pedagogia, da inteligência artificial, da lingüística, da antropologia, da neurociência, dentre outros.

Os fundamentos científico-filosóficos relativos às "ciências cognitivas" constituem modelizações que integram fluxos percepto-cognitivos e projeto-construtivos. Tais modelizações corporificam – por meio do universo das representações – qualidades extraídas da realidade fenomênica, circuitos formas-funções-destinos, capazes de possibilitar uma atuação sobre aquela realidade. Essas modelizações objetivam perfazer, assim, os conjuntos de qualidades organizacionais ou nexos estruturais que estão na base dos sistemas cognitivos. A dimensão representacional desses sistemas complexifica-os enormemente, posto que faz reconhecer, em seu interior, atividades auto-reflexivas; no limite, o pensamento que pensa o pensamento que pensa...

Aqui, o universo físico-energético (sinais) é operado por meio de um universo de representações mentais (signos) em cuja codificação está presente a auto-reflexividade e as conseqüentes irrupções de processos sintáticos capazes de correlacionar qualidades e cálculos.

Os estudos e pesquisas relativos à linguagem (todo e qualquer sistema de signos), seus mecanismos e instrumentos de emissão e recepção conquistaram, no transcorrer do século passado, sólido repertório de saberes, cujos fundamentos encontram-se na Grécia Clássica.

A ciência geral dos signos, designada por Ferdinand Saussure, no princípio do século XX, semiologia (com seus conceitos referentes à correlação significante/significado, na constituição do signo lingüístico e sua respectiva convencionalidade), deu origem a concepções de linguagem, progressivamente interdisciplinares, particularmente elaboradas no campo da antropologia. O movimento estruturalista europeu amplificou a semiologia nascente incorporando-lhe as conquistas obtidas pela Escola Formalista Russa e pelos posteriores círculos lingüísticos de Praga e Copenhague.

Do outro lado do Atlântico, nos Estados Unidos, Charles Sanders Peirce ao morrer, em 1914, deixou um extenso sistema de descrição

O REINO DOS SIGNOS 3

e classificação da experiência, uma ciência geral dos signos por ele denominada semiótica.

Como já observado algumas vezes, a Semiótica constitui uma ciência cognitiva, *avant la lettre*.

Em 1942, em Nova York, a Fundação Josiah Macy Jr., uma fundação médica filantrópica, promoveu uma conferência para debater os estudos relativos ao sistema nervoso central, cujos desdobramentos resultaram, a partir do pós-guerra, em 1946, numa série de encontros que ficaram conhecidos como as Conferências Macy. Dois anos mais tarde, o Fundo Hixon promoveu um congresso sobre os mecanismos cerebrais do comportamento no campus do California Institute of Technology[1].

A confluência desses estudos – envolvendo intercâmbios conceituais entre as noções de "máquina", "sistema nervoso central", "mente", "computação", "linguagem" – recebendo, ainda, o suporte decisivo da teoria matemática da informação, formulada em 1949, por Shannon e Weaver, deu origem à ciência das automações e controles, denominada cibernética.

No final dos anos de 1950, as aproximações entre a lingüística e a matemática possibilitaram vasto campo de perquirição sintática para Noam Chomsky, na concepção da gramática gerativa. Por esta ocasião, as teorias cognitivas da aprendizagem, advindas em particular da pedagogia e da psicologia, impulsionaram, sobremaneira, as contribuições construtivistas, originalmente formuladas por Vigótski e Piaget.

De outro lado, Humberto Maturana e Francisco Varela, ao estudarem as bases biológicas dos seres vivos, postularam a continuidade entre o social, o humano e suas raízes biológicas[2]. Para ambos, os seres vivos apresentam, como característica fundamental, o fato de se produzirem continuamente a si mesmos, num sistema de organização que definem como *organização autopoiética*. Tal sistema estrutura-se "por seus próprios cordões e se constitui como distinto do meio circundante mediante sua própria dinâmica, de modo que ambas as coisas são inseparáveis"[3].

O conceito de *autopoiesis*, originalmente concebido por Maturana, foi incorporado às ciências sociais, por Niklas Luhmann, no final do século XX, suscitando reações adversas por parte de Maturana (retomamos o tema em "Noosfera e Noologia").

O surpreendente desenvolvimento da biologia molecular e da genética, para as quais os conceitos de informação e código são fundamentais, permitiram o estabelecimento do Projeto Genoma

1. Cf. J.-P. Dupuy, *Nas Origens das Ciências Cognitivas*.
2. *A Árvore do Conhecimento*.
3. Idem, p. 55.

4   AUTOPOIESIS

Humano (a partir de 1980, liderado pelos Estados Unidos), com o mapeamento do patrimônio genético do homem, o "alfabeto" químico que constitui o DNA humano.

A confluência desses estudos, pesquisas e informações, tem produzido graduais deslocamentos e entrelaçamentos entre as noções de *autogênese* (desenvolvimento do indivíduo desde a fecundação até a reprodução) e *noogênese* (desenvolvimento dos fenômenos mentais desde a origem até a (re-)produção dos signos).

Os intercâmbios crescentes entre as noções *natural* e *artificial*, *natureza* e *cultura* impulsionaram não apenas revisões relativas a descrições fenomenológicas, mas também a reflexões científico-filosóficas. Não por acaso, floresce o interesse e a preocupação em torno de questões complexas concernentes aos seres vivos, objetos da bioética.

Em 1970, o filósofo norueguês Arne Naess estabeleceu os programas de uma "nova" ecologia[4], por ele denominada *Ecologia Profunda* (*Deep Ecology*), que já incluía uma visão que superava o ideário do desenvolvimento sustentável, formulando a inseparabilidade física, psicológica e espiritual, do ambiente no qual o homem vive[5].

A produção teórica e prática relativa às ciências da informação, da computação, da linguagem e do signo, no mencionado período, fizeram configurar, a despeito de perspectivas científicas ou outras, mais ou menos conciliáveis, as convergências multi, inter e trans-disciplinares, que vêm sendo denominadas "ciências cognitivas". Observemos que se para esta convergência as teorias da linguagem incluíram a noção de *autonomia* e as concepções cibernéticas introduziram a noção de *auto-organização* e *auto-referência*, as formulações da biologia do conhecimento e da semiótica trouxeram as noções de *autopoiesis* e *autogeração*[6], respectivamente. Observemos, também, que tais noções, originadas e/ou compartilhadas por uma diversidade de disciplinas, são aqui consideradas no âmbito da produção da informação e da comunicação e seus respectivos processos sígnicos.

O conjunto das concepções a que acabamos de aludir, sem o objetivo de estabelecermos uma história da semiótica, e cuja síntese está longe de se constituir, configura os contextos histórico, científico e cultural, a partir dos quais se desenvolve este trabalho.

---

4. O termo *ecologia* (do grego oikos: casa, lugar + logos: doutrina, ciência) foi definido por Ernest Haeckel (1834/1919) como a ciência que estuda as relações dos organismos com o mundo exterior que os rodeia. Cf. P. Acot, *História da Ecologia*, p. 46.

5. Cf. *Ecology, Community and Lifestyle*.

6. Cf. o conceito de *semiose* tal como desenvolvido por Lucia Santaella em *A Teoria Geral dos Signos – Semiose e Autogeração*.

NOOSFERA E NOOLOGIA

As investigações cognitivas contemporâneas reintroduzem o sujeito que observa (cognoscente), ao objeto observado (cognoscível), ultrapassando as compartimentações empiristas e idealistas da "ciência normal"[7]. Tais investigações, reconhecendo os processos cognitivos como trocas que, por mútuas interferências, correlações e incrementos nas taxas de informação, conferem ao conhecimento o estatuto da complexidade, incluem as indagações sobre si mesmas, em profícuos movimentos de auto-reflexividade.

Não por acaso, o estudo dos estratos físicos, biológicos, sociais e culturais do conhecimento parecem evidenciar crescentes interdependências estruturais, bem como parecem reafirmar a presença da entropia como fonte de integração ou desintegração desse conhecimento.

Descobre-se, pois, que os processos cognitivos são alimentados por fluxos de energia, os quais empreendem uma trajetória que vai das partículas físicas elementares às elaborações mentais, à consciência, ao sonho – da *physis* à *paidéia*. O núcleo desses processos – o coração da morfogênese – encontra-se justamente entre as oscilações da ordem e da desordem. Há que se reconhecer o papel indispensável das correlações aleatórias, das incertezas, dos acasos na origem das organizações e necessidades da matéria, dos seres vivos, do conhecimento. Caos e cosmos, *poiesis e logos* podem passar de um estado a outro, transformando oposições em (des-)regulações organizacionais, formais e funcionais.

A revolução einsteiniana da relatividade apresenta-nos um universo físico policêntrico e que, por isso mesmo, tende à des-hierarquização, ao polimorfismo, à multidimensionalidade, à policausalidade e à multifuncionalidade. Tal universo parece configurar-se também, no âmbito do conhecimento e da cultura, sobretudo pela simultaneidade sígnica que provem da produção da informação e da atuação dos meios de comunicação contemporâneos que enformam a vida da comunidade planetária. Tais características podem, igualmente, ser observadas no conjunto das propriedades, formas e funções que perfazem o entrelaçamento entre a geosfera e a biosfera, base do universo dos seres vivos, cujo extremo da escala é ocupado pelo homem, que (re-)floresce na copa das extensões sígnicas que perfazem a *Noosfera*, universo de pensamentos, representações, idéias, espíritos (signos).

Ontogênese, filogênese, noogênese constituem trabalhos de transformação, produção, reprodução de emergências informacionais que, ao se desencadearem, inscrevem, como condição desse desencadeamento, a possibilidade de reprodução do(s) código(s) que os corporificam.

---

7. Cf. T. Kuhn, *A Estrututa das Revoluções Científicas*.

Este mecanismo de repetição, presente nos sistemas maquínicos, físicos, biológicos, socioculturais, transitando entre as franjas do natural e do artificial – da síntese protéica à palavra e ao artefato – desdobra-se em todas as direções, num movimento organizacional que, como observa Edgard Morin, pode produzir a sua própria organização produtiva, num movimento de criação, produção, prática e poesia[8].

A máquina viva distingue-se da máquina artificial pela sua teleonomia, sua capacidade de homeostase, de auto-regulação às mudanças, autoproduzindo-se e autogerando-se ou auto-regenerando-se a si mesma. A máquina artificial é incapaz de gerar-se e de regenerar-se descrevendo, apenas, o encadeamento da repetição, embora os modelos de inteligência artificial, em desenvolvimento, pareçam adquirir características diferenciadas das estruturas meramente repetitivas (algoritmos genéticos).

Os veículos cognitivos resultantes daquelas interações biofísicas, maquínicas e semióticas, ao ultrapassarem a simples repetição e o próprio conhecimento, estruturam-se com base em permutas de energia, permeabilidades de organização, contágio de informação (entre si e com o meio circundante), tecendo a teia dos ecossistemas, estatuindo as "ecologias"; no dizer de Guattari, a ecologia do sujeito, da cultura e do meio ambiente[9]. Aqui, as máquinas semióticas integram o campo cibernético – constituído pelas ciências dos programas, automações, memórias, computações, controles – à biologia do conhecimento, impulsionadas pela física da informação e pela biologia molecular.

Aliás, o encontro entre informação e biologia tem proporcionado enorme desenvolvimento à genética, à engenharia genética. Lembre-se: a ordem dos gens, dispostos em dupla hélice, transportados pela macromolécula de ADN, que combina a adenina, timina, guanina, citosina, constitui mensagem codificada por autocomputação. O conjunto genético dos sistemas vivos, sua estruturação e reprodução são de natureza autônoma, informacional e regenerativa, são autocomputantes.

Torna-se necessário observar que o caráter informacional e regenerativo dos sistemas vivos, adquire desdobramentos inesperados no âmbito do universo dos signos, isto é, da linguagem, cuja dimensão fenomênica incluindo processos sinópticos, pensamentos, mitos, sonhos, idéias, fazem das faixas culturais, ecossistemas de signos, camadas de semiossistemas, a *Noosfera* (que a pouco fizemos referência).

Conforme Edgard Morin, a esfera noológica (de noosfera: noûs/ genitivo grego: da mente, do pensamento, do espírito + sphaíra/ grego: esfera) define um

novo campo de estudo que faz um reexame da cultura no sentido etnossociológico (ideologias, religiões, crenças, literaturas), no sentido antropológico (dispositivo men-

8. Cf. *O Método,* v. 1 a 6.
9. Cf. *As Três Ecologias.*

O REINO DOS SIGNOS 7

tal filogeneticamente determinado) e, enfim, formula a questão biológica (produção e regras do cérebro, química das idéias)[10].

A concepção conceitual relativa à *Noosfera* parece ter sido, sobretudo, desenvolvida por Teilhard de Chardin (1881-1955), que lhe deu o sentido e a abrangência com a qual aqui operamos. Contudo, estiveram com Chardin, no desenvolvimento desta concepção, Edouard Le Roy (1870-1954) e Vladimir Ivanovich Vernadsky (1863-1945).

A concepção contou, particularmente, com o empenho dos dois primeiros, dedicando-se Vernadsky, mais amplamente, à concepção do conceito de *Biosfera*, cujo termo foi utilizado pela primeira vez, por Edouard Suess, em 1875[11].

De outro lado, cabe observar que Heinrich Gomperz (1873-1943) desenvolveu um conceito de *noologia*, cuja dimensão fenomenológica incide sobre o papel desempenhado pelos "sentimentos cognitivos" que dão forma à experiência e produzem representações (tal concepção foi denominada *Pathempirismus*). Gomperz se refere também a uma *Semasiologia*, que deveria ser capaz de proporcionar a operação das relações entre as ciências, conectando a lógica, a psicologia, a biologia[12].

Cabe lembrar ainda, com relação a Gomperz, que Jakobson sugere a possibilidade de Saussure ter se baseado na *noologia* de Gomperz, para a elaboração de seu conceito relativo ao signo[13].

Finalmente, cabe observar que, mais tarde, Iuri Lotman (1922-1993) cunhou o conceito *semiosfera*, igualmente para designar o universo dos signos, a partir de Vernadsky. Lotman enfatiza, em sua concepção, o aspecto convencional e abstrato, isto é "cultural", do universo dos signos.

Para Lotman,

Noosfera é uma determinada etapa no desenvolvimento da biosfera, uma etapa vinculada à atividade racional do homem. A biosfera de Vernadski é um mecanismo cósmico que ocupa um determinado lugar estrutural na unidade planetária. Disposta sobre a superfície de nosso planeta e integradora de todo o conjunto da matéria viva, a biosfera transforma a energia radiante do sol em energia química e física, dirigida por sua vez à transformação da "conservadora" matéria inerte de nosso planeta. A noosfera se forma quando neste processo adquire um papel dominante a razão do homem. Enquanto que a noosfera tem uma existência material e espacial e abarca uma parte de nosso planeta, o espaço da semiosfera tem um caráter abstracto[14].

10. *O Enigma do Homem*, p. 67-68. Cf. P. R.Samson; D. Pitt (eds.), *The Biosfhere and Noosphere Reader* , p. 4.
11. P. R. Samson; D. Pitt (eds.), op. cit., p. 4.
12. M. H. Hacohen, *Karl Popper*: the formative years 1902-1945, p. 149 e s.
13. *Linguística e Comunicação*, p. 99
14. *La Semiosfera*, v. I, p. 22-23.

A concepção de Lotman inclui novas formulações relativas às noções de *texto* e *cultura* e suas respectivas configurações, na perspectiva do papel desempenhado pelos sistemas de signos e/ou das relações entre esses sistemas, na constituição dos textos da cultura; isto é, estruturas sígnicas verbais ou não-verbais transmitidas coletivamente e características de determinada sociedade.

É importante observar que, em tal concepção, o essencial, no estudo da cultura, encontra-se nas relações entre signos e não no signo em si mesmo. Os objetos de investigação, para Lotman, são os "sistemas de modelização secundários" – a arte, os mitos, a religião, o folclore, dentre outros –, constituindo a "língua natural", o código que cria e modeliza o mundo, o sistema de modelização primário.

Assim, o ponto de partida de qualquer sistema semiótico não é o signo isolado, mas a relação entre signos, o que possibilita a compreensão conceitual dos *espaços semióticos*.

Ao conjunto desses espaços, Lotman denomina *continuum* semiótico (formações semióticas de diversos tipos, que se encontram em diversos níveis e/ou estágios de organização). A este *continuum,* em analogia com o conceito de biosfera (Vernadsky), Lotman chamou *semiosfera.*

Para Lotman, o espaço da biosfera constitui o espaço da matéria viva, o conjunto dos organismos e suas interações e o espaço da semiosfera constitui o espaço do universo semiótico ou, o conjunto de textos e linguagens. A semiosfera possui duas características essenciais, quais sejam:

a. FRONTEIRA. O caráter delimitado ou *fronteira* é o que permite reconhecer uma homogeneidade e individualidade nos espaços semióticos, o que confere a esses espaços um interior e um exterior. Entre ambos, atuam os *tradutores-filtros* cuja função é operar a conversão de um texto em outro, ou entre fragmentos de textos.

A fronteira constitui pois uma disposição estrutural e funcional, limitando a penetração do externo ao interno, filtrando-o e reelaborando-o adaptativamente.

A fronteira separa também o que é "próprio" do que é "alheio" aos espaços semióticos, adquirindo o jogo entre os dois pólos, a competência dialógica sobre a qual repousa o processo de produção da informação nova.

Ela atua, ainda, na semiosfera, primeiramente na periferia, dirigindo-se posteriormente às estruturas nucleares, por vezes, desalojando-as ou modificando-as.

Deve-se observar que a periferia não é necessariamente espaço de rarefação sígnica; na periferia podem estar presentes, e agir, sistemas de signos vizinhos, prestes a romperem a fronteira, por isso mesmo, tornando esta fronteira um lugar capaz de concentrar altas

O REINO DOS SIGNOS 9

taxas informacionais (pertencentes a outras homogeneidades e individualidades semióticas).

b. A IRREGULARIDADE SEMIÓTICA, possuindo caráter de regularidade universal, está presente em toda a semiosfera em função da diversidade de fronteiras espaciais e/ou temporais e seus respectivos territórios e ciclos. Tais fronteiras, em permanente processo de movimento e mudança, são responsáveis por todas as espécies de irrupções semióticas.

Para Chardin, a noosfera constitui um reino concretamente co-extensivo aos reinos físicos (mineral, vegetal, animal, humano), a esfera dos seres noológicos, que implicam em linguagem e em autonomia objetiva. Trata-se da camada de produção de percepção, pensamento e linguagem que se origina a partir da Terra; realidade física e espiritual, que floresce com o processo de hominização, com o desabrochar da capacidade (auto-)reflexiva do homem, tornando-se consciente de si.

A noosfera origina-se, pois, como produto da atividade cerebral, mental, cognitiva, no espraiamento da socialização do *sapiens*, o que constitui, para Chardin, precisamente, a *noogênese*. Trata-se, portanto, de concepção evolucionária, que supõe etapas de desenvolvimento (não lineares) capazes de organização de espécies, gêneros, famílias, ordens, classes, reinos. Esta organização caracteriza-se por inclinar-se sobre si mesma, *pari passu* com a evolução do homem e da vida, permeando sua estrutura do micro ao macrocosmo.

A noosfera constitui a camada mais "exterior" da esfera terrestre, cuja composição integra a geosfera (litosfera, hidrosfera, atmosfera e suas subcamadas: troposfera, estratosfera, mesosfera, termosfera, exosfera) e a biosfera. As três camadas interagem em co-evolução. Chardin chama a tal interação "Alma da Terra".

A organização do conhecimento dispõe-se a partir de intercâmbios e traduções, entre as esferas biofísico-químicas e psíquico-culturais, que são possibilitados, justamente, pelos seres noológicos.

As ordens física, espacial, temporal, ambiental, humana e psíquica erigem-se por meio da constituição de faixas, freqüências e ciclos noológicos. Textos, artefatos, cidades, paisagens, civilizações, aprendizagens integram processos culturais globais, co-extensivos à natureza com suas estabilidades e perturbações, entropia e neguentropia, isto é *auto-eco-noo-organizam-se.*

Os processos cognitivos, incorporando aquelas ordens, que implicam competências (aptidões), desempenhos (ações operatórias), saberes (aquisições) materializados pelos seres noológicos, reclamam uma nova ciência: a *Noologia*; ciência na qual tais processos impõem indagar acerca do conhecimento do conhecimento, refazendo as interações sujeito/objeto para além de subjetivismos metafísicos, idealismos e materialismos, inserindo a noção de computação na base das instâncias biofísico-químicas, lógicas e sígnicas do conhecimento.

Assim, a competência (auto-)cognitiva pode ser examinada através da complexidade organizacional da linguagem pois, no limite, conhecimento e linguagem são as duas faces do *grafo* noológico. É através da linguagem que as condições biocerebrais e socioculturais do conhecimento se integram em um território a um só tempo interdependente e autônomo. Toda morfogênese implica, assim, uma noogênese.

Conforme Wieser, o homem apresenta dois sistemas de comunicação: humoral (no qual um hormônio é portador de informação cuja tarefa é ativar ou inibir uma reação do organismo) e nervoso (no qual impulsos eletroquímicos são portadores de informação cuja tarefa é permitir um número ilimitado de combinações informacionais[15]). Tais sistemas, responsáveis pela coordenação dos organismos, constitui a base da linguagem, sobre a qual se organiza a vida antropossocial. Em conjunto transformam substâncias e produzem energia. A linguagem alimenta-se dessas substâncias e dessa energia, confunde-se com elas, no movimento autônomo dos seres vivos.

Jacques Monod observa que a capacidade simbólica humana, acontecimento único na biosfera, permitiu o caminho para uma outra evolução, criadora do reino das idéias, da cultura, do conhecimento[16]. Monod vincula, ainda, o desenvolvimento do neocórtex e do sistema nervoso central ao desenvolvimento da linguagem e vice-versa.

Para Pierre Auger, a complexidade representada pelo homem é decorrente de um "horizonte vivo" que se prolonga num "horizonte de idéias", por meio de recíprocas auto-reflexividades[17].

Assim, a capacidade de simbolização articulada resulta de modificações neuromotoras, que se autoproduzem, integrando uma *autopoiesis*.

O conceito *autopoiesis* foi introduzido no campo das ciências sociais por Niklas Luhmann[18], para cuja teoria confluem a noção de interdisciplinaridade, de simultaneidade, a integração experiência/observador (na qual o fenômeno social é considerado como tal, desde o ato de conhecer, estabelecendo-se, desde então, como rede de comunicação), a concepção sistêmica, os paradigmas de auto-referência e de auto-organização.

Em percuciente estudo de Darío Rodrigue e Javier Nafarrate Torres[19], relativo às relações entre o pensamento de Maturana e Luhmann, é

15. *Organismos, Estruturas, Máquinas.*
16. *O Acaso e a Necessidade.*
17. *L'Homme microscopique.*
18. *Essays on Self-reference.*
19 Autopoiesis, La Unidad de Una Diferencia: Luhmann y Maturana, *Sociologias*, p. 106-140.

O REINO DOS SIGNOS   11

cuidadosamente examinado as posições de ambos, referentes às objeções do primeiro quanto à incorporação da noção de *autopoiesis* pelo
segundo, bem como o alcance que o trabalho de Luhmann apresenta
para a compreensão da sociedade globalizada.

A concepção de Luhmann, acompanhando a de Maturana, estabelece uma continuidade entre o social, o humano e suas raízes
biológicas, ou seja, a partir do princípio constitutivo da célula (princípio autopoiético, isto é, princípio por meio do qual um sistema
produz sua própria organização, perfazendo uma unidade autônoma), em níveis de complexidade crescente, desenvolvem-se organismos, sistema nervoso, comunicação, linguagem, consciência,
sociedade.

O citado estudo faz observar – após abordar relações de vínculo
entre *autopoiesis* e teoria do conhecimento e as relações entre *autopoiesis* e teoria da sociedade, distinguindo nesta o fenômeno da comunicação como seu eixo (autopoiético) – a suposta " divergência"
entre ambas as concepções, quais sejam:

a. O desenvolvimento autopoiético, para Maturana, exige um "fechamento", uma "clausura", para proporcionar a formação de cadeias de reações moleculares de tipos particulares, capazes de,
   circularmente, se auto(re-)produzirem. O fenômeno da *autopoiesis* apresenta cinco características: autonomia, emergência, clausura operativa, auto-estruturação, (re-)produção autopoiética. Tal
   fenômeno constitui, ainda, um fenômeno de coordenação que
   visa o acoplamento estrutural da ontogênese.

b. Para Luhmann, o próprio processo da hominização (vale dizer, a
   expansão da socialização humana, em virtude da expansão da
   consciência, da linguagem e integrando aquelas cinco características) impõe uma emergência cuja base encontra-se no desenvolvimento (autopoiético) do sistema vivo humano qual seja, a
   de uma rede fechada (autopoiética) de comunicação, rede esta
   auto-referente e auto-organizada. O ambiente exterior comparece
   tematizado nesta rede.

Desse modo, para Luhmann, ainda conforme Darío Rodriguez
e Javier Torres, os sistemas vivos, os neuronais, as consciências e
os sistemas sociais, constituem sistemas autopoiéticos, isto é, sistemas que se realizam por meio de uma (re-)produção recursiva de suas
unidades autônomas. Aqui, a clausura operacional encontra-se aco-
plada estruturalmente aos sistemas de consciência, constituindo, con-
seqüentemente, tais sistemas sociais, redes de comunicações geradas
autopoieticamente por suas próprias operações .
Como observam Rodriguez e Torres:

Luhmann conecta diretamente [o sistema social] com o conceito de *autopoiesis* no momento em que considera a sociedade como uma rede fechada, auto-referente. A crítica a este tipo de sociologia está na observação de que considera a sociedade como uma espécie de realidade orgânica apreensível em grande formato. Acusa-se a teoria de sociobiologia. Luhmann se defende: "Se a noção de *autopoiesis*, que descreve a forma da vida (e para Maturana, não apenas a descreve, mas define o conceito mesmo da vida), é aceitável para os biólogos, não se segue daí, que o conceito seja apenas biológico. Se constatamos que os automóveis trabalham com um motor interior, não significa que o conceito de motor deve permanecer reduzido aos automóveis. Nada há que impeça de considerarmos se os sistemas sociais são autopoiéticos, nos termos de seu próprio modo de produção e reprodução, ao invés de considerá-los nos termos da operação bioquímica da vida[20].

Sem nos estendermos mais nas objeções feitas por Maturana, relativamente à concepção de Luhmann, devemos acrescentar que, em que pesem esforços conceituais diferenciadores, os termos *autopoiesis* e auto-organização têm sido utilizados, em grande parte dos trabalhos relativos às ciências cognitivas, sem a consignação de eventuais diferenças[21].

De outro lado, para Edgar Morin, o conceito de *autopoiesis* está relacionado não apenas à computação viva que reorganiza e regenera constantemente a máquina viva (incorporando a morte nesta computação), mas que, também, oferece o substrato cognitivo por meio do qual se torna possível o fenômeno da auto-reflexividade e sua respectiva expressão, aptidão para se autocomputar[22].

Ampliando o conceito original de Maturana e Varela[23], Morin compreende a autocomputação, que caracteriza a *autopoiesis*, como "operação sobre/através de signos/símbolos/formas", um sistema (e aqui nos afastamos da concepção de Maturana) simultaneamente aberto (condição de existência e evolução) e fechado (condição de identidade) com relação ao seu ambiente. A *autopoiesis* para Morin constitui a capacidade dos sistemas vivos de se autoproduzirem de modo permanente, capacidade esta que caracteriza também a especificidade das operações sígnicas. Decorre daí que a representação,

que é ao mesmo tempo a emergência, o produto global e o material de trabalho de megacomputação cerebral, pode ser considerada como a construção "simuladora" de

20. Idem, p. 123.
21. Cf. R. A. Wilson; F. C. Keil (eds.), *The Mit Encyclopedia of the Cognitive Sciences*, p. 66 e 737. A referida obra remete o termo *autopoiesis* para *self-organizing systems*, assinalando a dificuldade em atribuir a ambos os termos os respectivos contornos diferenciadores. Edgar Morin, assinala a correlação entre as noções de *autopoiesis, auto-organização, auto-reorganização, autoprodução, auto-referência*, destacando as especificidades quanto às origens destas noções, porém, assinalando-lhes a interdependência entre as idéias de "clausura" e "fechamento", que se encontram na base de todas elas. Cf. *O Método*, v. 2, p. 103 e s.
22. Cf. *O Método*, v.1 e 2.
23. Op. cit..

O REINO DOS SIGNOS 13

uma *analogon* mental "apresentando" e "tornando presente" (e daí a justeza do termo) a parte do mundo exterior captada pelos sentidos[24].

As estratégias cognitivas têm como objetivo sintetizar informação, produzir representação, induzir e/ou possibilitar a ação. Tais estratégias encontram no aparelho neurocerebral a complexidade organizacional que permite a tradução permanente de computações e cogitações, por meio da linguagem – síntese morfogenética, biofísico-química e sígnica, produzida pelos mapas processados pelos hemisférios direito (capacidades analógicas) e esquerdo (capacidades digitais) do cérebro, cuja plasticidade possibilita todo tipo de trocas e interações.

As raízes da noosfera encontram-se na biosfera, no próprio processo de hominização, integrando computações, memórias e programas. A noosfera, constituindo territórios sígnicos em trânsito, dá origem a uma nova ciência cognitiva (integrativa por definição): a noologia. Tal ciência deve ser capaz de integrar *praxis, techne, poiesis* e romper clausuras disciplinares clássicas, operando a abertura e o fechamento das concepções conceituais, lógicas e antropossociais em baixa definição, isto é, incluindo a incerteza, o inacabamento, a ausência de finalismo que atravessa os seres vivos, desde o unicelular autocomputante até o homem espiritual.

O *PHANERON* DE PEIRCE

Charles Sanders Peirce (1839-1914), o matemático e filósofo norte-americano, elaborou, durante toda a sua vida, uma extensa ciência dos signos, por ele denominada Semiótica (do grego *semeion*: signo).

Esta ciência apresenta um sistema de descrição dos fenômenos, a faneroscopia (do grego *phaneron*: fenômeno), a qual se ocupa de tudo o que é presente ao espírito, em algum sentido, tratando-se a fenomenologia, propriamente dita, da análise do tipo de constituintes que compõem pensamento e vida, independentes de qualquer espécie de validade (CP 3.284/1974:91)[25].

A partir da caracterização do *phaneron*, Peirce erige o sistema central da semiótica, que constitui o desenvolvimento de meticuloso sistema de descrição e classificação da experiência, a *Ideoscopia*.

A *Ideoscopia* (CP 8.328 e s./1974:119) é constituída por três grandes grupos de valências semióticas – qualidades formais por meio das

---

24. *O Método*, v. 3, p. 59.
25. A sigla CP refere-se à obra *Collected Papers of Charles Sanders Peirce*. O primeiro algarismo, após a sigla, refere-se ao volume e os algarismos, após o ponto, referem-se ao parágrafo, onde se localiza a citação. Daqui por diante, sempre que nos referirmos a Peirce, utilizaremos esta forma de notação. Indicamos após a referência à obra original, a tradução brasileira utilizada, seguida da indicação da página, mantendo a referência no corpo do texto.

quais os elementos constituintes do *phaneron* podem sofrer variações – mônadas, díades, tríades, aos quais correspondem três categorias experienciais, *primeiridade, secundidade, terceiridade*. O funcionamento e a interação dessas categorias descrevem um processo cognitivo no interior do qual percepção e cognição se constroem como integração progressiva, com crescente interdependência sígnica.

À *primeiridade* pertence o campo das qualidades puras, qualidades de sensação ou sentimento (valência semiótica de um elemento indecomponível, um poder-ser não necessariamente realizado): uma cor, um odor, um som, um sabor, uma qualidade de sentir.

À *secundidade* pertence o campo das ações e reações (valências semióticas de dois elementos indecomponíveis, a ação mútua de duas coisas sem relação com uma terceira ou aquilo que caracteriza mudanças repentinas de percepção): choque, conflito produzidos *hic et nunc*.

À *terceiridade* pertence o campo das realizações (valências semióticas de três elementos indecomponíveis, veículo que comunica algo do exterior): representações, signos.

Diz Peirce (CP 2.228/1977:46):

um signo, ou *representâmen*, é aquilo que, sob certo aspecto ou modo, representa algo para alguém. Dirige-se a alguém, isto é, cria, na mente dessa pessoa, um equivalente, ou talvez um signo mais desenvolvido. Ao signo assim criado denomino *interpretante* do primeiro signo. O signo representa alguma coisa, seu *objeto*. Representa esse objeto não em todos os seus aspectos, mas com referência a um tipo de idéia que eu, por vezes, denominei *fundamento* do representâmen.

A elaboração do signo, que constitui uma operação cognitiva, descreve um percurso experiencial que caminha enquanto se estrutura sensível e materialmente, de altas para baixas taxas informacionais, e de baixas para altas definições representacionais, da *primeiridade* para a *terceiridade* ou vice-versa. À medida que o signo se perfaz, emergindo do universo de possibilidades (puras qualidades), para o universo de necessidades (operações mentais) ele "perde" informação e "ganha" potencial de representação (de comunicação). À medida que o signo codificado estratifica-se em repertórios cristalizados, mais ele produz redundância.

O signo é produzido, conforme Morris, sintática (relações signo/signo), semântica (relações signo/objeto) e pragmaticamente (relações signo/interpretante)[26], entre a ordem e a desordem, entre a informação e a redundância, segundo o princípio de entropia.

O percurso empreendido pelo signo inicia-se através de um *signo* anterior (primeiro), o qual estabelece uma relação com seu *objeto* (segundo) por meio de um *interpretante* (terceiro). Cada componente do circuito – *signo, objeto, interpretante* – não constitui uma "coisa" mas um conjunto de relações. Conforme Peirce (CP 8.177/1974:137):

26. *Introdução à Teoria dos Signos.*

O REINO DOS SIGNOS   15

Signo é um cognoscível, que, de um lado, é assim determinado [...] por algo *diverso dele*, chamado o seu Objeto, enquanto, por outro lado, ele próprio determina uma Mente existente ou potencial, determinação essa que denomino Interpretante criado pelo Signo, e onde essa Mente Interpretante se acha assim determinada mediatamente pelo Objeto.

O interpretante constitui, desse modo, um novo signo, que, em relação com seu objeto, produzirá um outro signo e assim *ad infinitum*, tratando-se o percurso sígnico, de uma *autogeração* ou *autopoiesis*, como conceituamos anteriormente; o significado de um signo é sempre outro signo.

Peirce classifica o objeto em *objeto dinâmico* (uma qualidade geral) e um *objeto imediato* (uma qualidade atualizada) e o *interpretante*, correspondentemente, classifica-se em *interpretante dinâmico* (um significado possível) e *interpretante imediato* (um significado atualizado), sendo que haveria ainda um *interpretante final* (um significado último).

Peirce (CP 2.243 e s./1977:55 e s.) classifica os signos de acordo com as três categorias. Os signos de *primeiridade*, que se relacionam consigo mesmos, subdividem-se em *qualissigno* (uma qualidade), *sinssigno* (uma qualidade singular), *legissigno* (uma qualidade geral). Os signos de *secundidade*, que se relacionam com seus objetos, subdividem-se em *ícone* (qualidade análoga), *índice* (qualidade sinalizadora), *símbolo* (qualidade de representação). Os *ícones* apresentam uma subdivisão em hipoícones: *imagens* (analogias), *diagramas* (esquemas), *metáforas* (comparações). Os índices também apresentam uma subdivisão em *índices genuínos* (relação existencial) ou *degenerados* (relação referencial). Finalmente, os signos de *terceiridade*, que se relacionam com seus interpretantes, subdividem-se em *rema* (termo de uma proposição), *discente* (uma proposição), *argumento* (um conjunto de proposições).

Conforme Peirce, as três tricotomias dos signos, em conjunto, proporcionam uma divisão dos signos em dez classes, a saber:

1.Qualissigno
2.Sinssigno Icônico
3.Sinssigno Indicial Remático
4.Sinssigno Dicente
5.Legissigno Icônico
6.Legissigno Indicial Remático
7.Legissigno Indicial Dicente
8.Símbolo Remático
9.Símbolo Dicente
10.Argumento

Peirce (CP 5.121 e s./1974:43 e s.) classifica a *Filosofia*, igualmente, em três grandes divisões: a *Fenomenologia* (estudo das relações entre os fenômenos e a experiência), a *Ciência Normativa* (estudo das relações entre os fenômenos e os seus fins), a *Metafísica* (estudo das relações entre os fenômenos e a realidade).

A *Ciência Normativa*, que trata das leis que conformam as coisas às finalidades, também apresenta uma divisão em três classes, chamadas *Ciências Normativas Particulares*: a *estética* (que se ocupa das coisas cujo fim é encarnar qualidades de sensação); a *ética* (que se ocupa das coisas cujo fim reside na ação); a *lógica* ou *semiótica* (que se ocupa das coisas cujo fim é representar algo).

As operações de percepções, representações, ações – passando pelo *percepto, juízos perceptivos, inferências (juízos normativos)* – possuem três planos ou degraus de raciocínio (CP 5.145/1974:45): *abdução* (inferência de que algo *pode ser*), *indução* (inferência de que algo *é*), *dedução* (inferência de que algo *deve ser*).

Peirce devota especial atenção à inferência abdutiva pois (CP 5.171/1974: 52), "abdução é o processo para formar hipóteses explicativas. É a única operação a introduzir idéias novas; pois que a indução não faz mais que determinar um valor, e a dedução envolve apenas as conseqüências necessárias de uma pura hipótese".

Conforme Peirce, a abdução constitui uma compreensão (*insight*) da *terceiridade*, tendo a natureza do instinto animal na sua qualidade antecipatória e reduzida tendência ao erro. A inferência abdutiva (CP 5.181-3/1974:57) "dissolve-se gradualmente nas sombras do juízo perceptivo", através do qual os elementos gerais de uma percepção são apreendidos.

A fundação do *Pragmatismo* (posteriormente *Pragmaticismo*), por Peirce, estabelece-se como uma *lógica da abdução*, daí decorrendo seu objetivo de perquirição acerca da *excelência lógica*, da *realidade* e da *verdade*. O Pragmatismo, conforme Mota e Hegenberg, constrói um sistema que visa ao

esclarecimento das idéias. Esta, aliás, a sua maior contribuição para a filosofia contemporânea: procurar conduzir para o terreno da análise filosófica as técnicas de investigação experimental, típica da física e da biologia. Em tentativa, deixa assentado, entre outros pontos, que os dados científicos são coligidos, em uma investigação, sob condições planejadas de observação – e não casualmente recolhidos, como se fossem impressões isoladas de vários órgãos do sentido[27].

Não por acaso, a ciência, para Peirce, deve ser concebida como "coisa viva" e não como definição abstrata, incluindo o livre curso da imaginação, da paixão, da vontade.

Cabe observar que a semiótica, ou ciência geral dos signos, é uma ciência cognitiva que, se ocupando da produção dos signos, tem

27. Introdução, em C. Peirce, *Semiótica e Filosofia*, p. 20.

O REINO DOS SIGNOS   17

em seu *corpus* de investigação, necessariamente, o circuito experiencial que vai da percepção de um fenômeno à sistematização do conhecimento, do funcionamento da máquina biofísico-química (que dá origem aos signos) às suas interações na consciência da linguagem; isto é, investiga a *autopoiesis* do signo, as correlações computacionais, informacionais e comunicacionais do circuito signo/vida.

Observa Peirce que (CP 5.314 e s/1974:88-89):

o signo usado pelo homem *é* o próprio homem. Se cada pensamento é um signo e a vida é uma corrente de pensamento, o homem é um signo; o fato de cada pensamento ser um signo *exterior* prova que o homem é um signo exterior. Quer dizer, o homem e o signo exterior são idênticos, no mesmo sentido em que as palavras *homo* e homem são idênticas. A minha linguagem, assim, é a soma de mim próprio; porque o homem é o pensamento.

É difícil o homem entender isto, pois persiste em identificar-se com a vontade, com o seu poder sobre o organismo animal, com força bruta. Ora, o organismo é tão-somente um instrumento do pensamento. E a identidade do homem consiste na *consistência* daquilo que faz e pensa, e esta é o caráter intelectual de uma coisa, o expressar algo.

O conhecimento real de uma coisa só ocorrerá num estágio ideal de informação completa, de modo que a realidade depende da decisão derradeira da comunidade; o pensamento constitui-se caminhando na direção de um pensamento futuro, que tem como pensamento o mesmo valor que ele, só que mais desenvolvido; desta forma, a existência do pensamento de agora depende do que virá; tem apenas existência potencial, dependente do pensamento futuro da comunidade.

O homem individual, cuja existência separada se manifesta apenas através do erro e da ignorância, separado de seus companheiros e daquilo que ele e eles hão de vir a ser, é apenas uma negação. Este é o homem,...proud man. Most ignorant of what he's most assured, his glassy essence*.

O pensamento peirceano converge, pois, para uma fenomenologia de caráter pragmático, experiencial e falibilista, cuja dimensão evolucionária estrutura-se em três grandes eixos: a realidade do *continuum* (*sinequismo*), a emergência do acaso (*tiquismo*), o amor à criação (*agapismo*). Tal pensamento aponta, desse modo, para uma fenomenologia acerca da origem e da evolução do pensamento e das idéias (por meio dos signos) e, no limite, do universo, constituindo, desse modo, uma cosmogonia.

Observemos aqui as profundas semelhanças entre as concepções evolucionárias da atividade de produção noológica, como concebida por Chardin, e a atividade de produção sígnica, como formulada por Peirce.

_____
* ... homem orgulhoso. Mais ignorante do que seguro, sua transparente essência. (N. da. E.)

COMUNICAÇÃO, CONTRACOMUNICAÇÃO, COMPLEXIDADE

Félix Guattari[28], visando uma concepção transversal para o campo disciplinar da Ecologia, bem como uma dimensão ético-política para a prática das relações humanas com o meio ambiente, formula três níveis de registros ecológicos a que já fizemos referência, a saber: o meio ambiente, as relações sociais, a subjetividade humana. Sob o contexto do capitalismo pós-industrial, tais registros se estabelecem por meio de esferas estruturais que incluem: semióticas econômicas (instrumentos monetários, financeiros, contábeis, de decisão etc.); semióticas jurídicas (títulos de propriedade, legislações, regulamentações diversas etc.); semióticas técnico-científicas (planos, diagramas, programas, estudos, pesquisas etc.) e semióticas de subjetivação.

Arne Naess[29], a quem, igualmente, já nos referimos, visando formular o conceito de "Ecologia Profunda", identifica o mundo físico, social, cultural como rede de fenômenos interconectados e interdependentes, no qual os seres humanos constituem fios particulares. Por meio de uma concepção integrativa da vida sobre a terra, de caráter não antropocêntrico, mas ecológico, e sob a égide de novas reflexões ético-políticas, Naess reconhece novos anéis de correlação entre o mundo físico e cultural.

As concepções de Guattari e Naess, convergentes por vias diversas, estruturam-se por meio de uma nova compreensão das ciências no mundo contemporâneo, bem como seus desdobramentos tecnológicos e as respectivas intervenções sobre o meio ambiente, impostos pelos paradigmas econômicos da globalização, pelas comunicações teleguiadas, pelas mídias invasoras.

A atual concepção holística da emergência da vida – a matemática e a física, as ciências biológicas e da terra, as ciências sociais e da cultura – caminha em direção à uma completa superação do pensamento mecanicista e cuja expansão desdobra-se em concepções sistêmicas (Bertalanffy[30]), ecológicas (Naess[31]), complexas (Morin[32]).

Ao pensamento sistêmico correlacionam-se as idéias de relação, conexão e compartilhamento contextual; ao pensamento ecológico correlacionam-se as idéias de ambiente, relações formais e funcionais entre comunidades de seres vivos, ecossistemas (*Umwelt*, Jackob von Uexküll[33]); ao pensamento complexo correlacionam-se as idéias de autogeração, auto-organização, auto-referência, *autopoiesis*.

28. Op. cit.
29. Op. cit.
30. *General System Theory.*
31. Op. cit.
32. *O Problema Epistemológico da Complexidade.*
33. *Dos Animais e dos Homens.*

O REINO DOS SIGNOS 19

Não por acaso, a certeza cartesiana, o argumento funcionalista, a razão instrumental, que buscam presidir o conhecimento científico têm se evidenciado insuficientes e limitados, no espaço e no tempo provisórios dos instrumentos e métodos.

Finalmente, o presente parece incluir as noções relativas às estruturas, sistemas e processos como manifestações inter-relacionadas e constitutivas do planeta, da vida, da cultura[34].

Tais noções permitem amplo desenho do contexto contemporâneo sob o qual se inscrevem a produção da informação e da comunicação, dos signos e da linguagem. Operações binárias para a síntese de informação; meios e veículos para a comunicação; signos, mensagens e linguagens para a representação do mundo fundem-se em complexos processos de coordenação, tecendo os constituintes (internos e externos, individuais e coletivos, em graus e níveis diversos) da Noosfera – esse progressivo complexo movimento de acoplamento estrutural e de auto-organização físicos e espirituais –, anelando crescentes correlações de *autopoiesis*.

Para Morin, a complexidade é, sobretudo, da ordem da dificuldade do pensar, porque "o pensamento é um combate com e contra a lógica, com e contra as palavras, com e contra o conceito"[35].

Morin lembra que Peirce "introduziu a palavra abdução para dar conta da invenção de hipóteses", fundamental para o pensamento e para a sondagem da "cientificidade", esta "parte emersa de um iceberg profundo de não-cientificidade", para onde confluem o racional e o irracional, a consciência e o inconsciente, o lógico e o analógico, sendo portanto "necessário conhecer esta espécie de universo que se pode chamar noosfera, com a sua noologia, ou seja, o modo de existência e de organização das idéias".

Essa Noosfera é, sobretudo, tecido de quase-signos, pensamentos e idéias impulsionados pela abdução.

Desse modo, o homem é um ser auto-eco-organizador, capaz de organizações complexas a partir, sobretudo, da abdução: uma meta-máquina celular e semiótica operando seleções e escolhas, permanentemente, por meio de operações abdutivas e computacionais: a célula (re-)produz a célula, o cerébro (re-)processa o *cogito*, o espírito (per-)faz os signos e a linguagem – a consciência é produto da informação e da comunicação, oscilando entre a determinação socioeconômica e histórico-cultural e a indeterminação da atividade do pensamento, das idéias, da ação.

É justamente por meio dessa indeterminação ou dessa incerteza (*qualissignos*), que se abre o ângulo de divergência que, por sua vez,

---

34. Cf. P. Auger et al., *Problemas da Física Moderna.*
35. *O Problema Epistemológico da Complexidade*, p. 14-19.

poderá (re-)organizar formas e funções em novos agrupamentos, ou arranjos matriciais, de significação.

Algumas formulações da neurociência e da cognição, tal como elaboradas por Kandel, parecem coincidir com a noção peirceana relativa aos qualissignos. Conforme Kandel:

Estudos celulares dos sistemas sensoriais do cérebro nos permitiram compreender como as informações são recebidas pelas várias regiões do cérebro e transferidas para outras, e como essas regiões contribuem para a percepção e a ação planejada. Por exemplo, análises celulares do processamento de informações nas vias visuais mostraram que o cérebro não recebe simplesmente quadros do mundo exterior mas constrói imagens baseadas numa integração altamente seletiva de entradas a partir de vias paralelas distintas.

Os diferentes modos de interação com o mundo – um objeto visto, uma face tocada, ou uma melodia ouvida – são processados em paralelo por diferentes sistemas sensoriais. Primeiro, os receptores em cada sistema analisam e desconstroem as informações do estímulo. Cada sistema sensorial, então, abstrai essas informações e as representa no cérebro por vias e regiões cerebrais específicas. De momento a momento, esse fluxo constante de informações é editado em um contínuo aparentemente ininterrupto de percepções unificadas. Assim, a aparência de nossas percepções como imagens *diretas* e *precisas* do mundo é uma ilusão.

O cérebro realiza essas façanhas porque seus componentes básicos, as células nervosas, estão em interconexão precisa e ordenada. Apesar das conexões serem precisas em cada cérebro, não são exatamente as mesmas em todos os indivíduos. As conexões entre as células podem ser alteradas pela atividade e pelo aprendizado. Lembramos de eventos porque a estrutura e a função das conexões entre as células nervosas são modificadas pela experiência[36].

As qualidades de sentir, o pensamento, o planejamento sistemático e metódico para a memória e a ação, correlacionam-se aos processos de cognição, cuja origem parece encontrar-se nos processos celulares e neurais, que são capazes de oferecer as condições necessárias ao indivíduo, para a elaboração de "representações internas" de eventos perceptivos e cerebrais. Tais eventos organizam as atividades mentais, por meio de padrões de conexões e módulos de processamentos de informações, que, por sua vez, incluem a transformação, o armazenamento e a recuperação dessas informações.

As representações internas produzidas por esses eventos, são passíveis de estudos por meio de mapas corticais; mapas que objetivam conhecer o sistema sensorial somático, elaborado a partir de técnicas eletrofísicas (que envolvem o acionamento de estímulos físicos e a conseqüente evocação de um potencial de resposta neuromotora), onde estão envolvidos o córtex e a sensibilização de qualquer parte do corpo.

Os mapas corticais correlacionam-se, pois, a mapas motores. Esses mapas têm sido utilizados para o estudo dos chamados "espaços pessoais" (intra-corpo), "espaços peripessoais" (inter-corpos), "espaços

36. E. R. Kandel et.al., *Fundamentos da Neurociência e do Comportamento*, p. 261 e s.

O REINO DOS SIGNOS 21

extrapessoais" (extra-corpos). As representações internas desses espaços originam-se no plano celular, desenvolvendo-se e/ou modificando-se, de acordo com a experiência percepto-cognitiva.

Kandel assinala, também, que a representação interna desses espaços são produto das áreas de associação parietal anterior e, para a sua consecução, como lembrança ou imaginação, são acionadas as áreas de associação parietal posterior.

Isto significa que o desenvolvimento e o desempenho das funções percepto-cognitivas dependem de uma interação de áreas corticais.

Conforme Kandel, há três principais córtex de associação que concorrem para diferentes funções cognitivas: o córtex de associação pré-frontal (responsável por ações motoras simples e imediatas e pela execução de ações motoras complexas que envolvem planejamento para a sua execução); o córtex de associação parietal-temporal-occipital (responsável pela integração de funções sensoriais na produção da linguagem); o córtex de associação límbico (responsável pela emergência da memória e dos aspectos emocionais e motivacionais do comportamento).

Essas áreas de associação localizam-se nos dois hemisférios cerebrais que apresentam anatomias e especializações assimétricas, embora funcionem de modo coordenado.

O conhecimento crescente destas áreas, funções e processos tem permitido a simulação das redes neurais artificiais, integrando conhecimentos acerca da cognição, da fisiologia do cérebro e da computação.

Ainda de acordo com Kandel, o trabalho dos sentidos, fundamental nos processos percepto-cognitivos, desenvolve-se em três etapas: um estímulo físico, um conjunto de eventos pelos quais o estímulo é traduzido ("transduzido", para Kandel) em uma mensagem de impulsos nervosos e uma resposta à mensagem (inicialmente, como uma percepção e posteriormente, como representação interna das sensações).

Isto significa que as qualidades de sentir apresentam propriedades específicas que podem ser mais ou menos associadas ou compartilhadas, de acordo com a ordem dos estímulos e os sentidos envolvidos (visão, audição, tato, gustação, olfato), por exemplo: estímulos luminosos, mecânicos, térmicos, químicos etc. De outro lado, os estímulos podem ser produzidos por fontes "menos físicas", ou "menos precisamente identificáveis", como por exemplo: qualidades de sentir capazes de propiciar o desenvolvimento de sentimentos como alegria, tristeza, dor, prazer, otimismo etc.

Isto também significa que as qualidades de sentir apresentam modalidades, intensidades, durações, localizações físicas e/ou mentais e, possivelmente, inúmeros outros atributos.

Essas qualidades dão origem aos qualissignos, de acordo com certos fatores: as fontes que lhes deram origem, o campo receptivo, a abdução, ações volitivas e involuntárias, a memória; a consciência e o inconsciente.

A codificação dessas qualidades, na geração de qualissignos, passam, pois, por conversões eletroquímicas do estímulo, alcançando padrões de atividade neural, de acordo com freqüências e velocidades de propagação, transformação, adaptação. Os qualissignos são frutos de processos de coordenação das vias perceptivas: *percepto, juízo perceptivo, qualidade, quase-signo, qualissigno*.

É oportuno destacar que os genes codificam proteínas que determinam e/ou estabelecem possibilidades de acionamento dos circuitos neurais, subjacentes às ações e aos comportamentos, sobre os impactos do ambiente global.

Entre a hereditariedade e a mutação processam-se e organizam-se qualidades que – do puro "fenômeno natural" ou "original" ao complexo "fenômeno cultural" ou "espiritual" – medeiam o desenvolvimento da sexualidade, da atividade cerebral, da linguagem e da comunicação; o *oikos* de onde provêem e para o qual retornam.

A linguagem – elementos qualitativos, sistemicamente organizados – constitui assim, um processo transformacional complexo que, ao deslizar sobre si mesmo, (auto-)(re-)ge(-ne-)ra-se produzindo padrões, memórias, regras, sintaxes.

Nessa perspectiva, a linguagem faz movimentar o corpo físico para alcançar o corpo semiótico por meio de novas relações de vínculo: a descoberta de si mesmo, na relação com o outro, por meio dos signos.

A linguagem conecta-nos com a dimensão pancrônica da cultura e do cosmos, impulsionando dialogias não programadas pelas emissões, podendo propiciar o resgate de mensagens perdidas ou dar vez e voz a mensagens imprevistas colocando-as em circulação.

A comunicação constitui, deste modo, leques pragmáticos que proporcionam a reiteração, a derivação, a transformação de pensamentos e ações. Por entre os compartimentos socioculturais ela infiltra-se e faz expandir suas formas de organizações internas, isto é, semióticas, permeando as franjas lógicas, éticas e estéticas das mensagens e, portanto, dos signos e dos códigos.

A linguagem parece, assim, em suma, capaz de fortalecer a sustentabilidade comunicacional planetária, por isso instaura-se como processo probabilístico, e não determinístico, ou finalista.

A evolução dos meios e técnicas de comunicações e o desenvolvimento dos signos e da linguagem mútuo-requerem-se, no âmbito da ecologia que lhes concernem. Ambos modificam e/ou adaptam constantemente o *oikos*, pressionando-o a um processo de semiotização crescente. Leis da matéria e leis da representação integram-se às leis comunicacionais, que fazem imbricar natureza e cultura, dotando as faixas ecológicas de amplificações e/ou extensões, próteses, virtualidades.

O circuito vida/linguagem, que assim se estabelece, tende ao aquecimento constante, com o aquecimento midiático. Este circuito

O REINO DOS SIGNOS 23

é capaz de integrar uma *poiesis*, uma geratividade, fundindo sistemas semióticos numa espécie de "motor" que organiza e reorganiza o seu próprio ser, enquanto processo de (re-)produção e (retro-)alimentação contínuos: uma *autopoiesis*.

As formas que por meio desta *autopoiesis* se inauguram são as responsáveis pela ruptura com as disposições organizacionais finalistas: instituições, sistemas de governo, sistemas de produção etc. Essas formas são também responsáveis pelas diferenças introduzidas nas comunicações, imprimindo movimentos de *turn over* e mutações nos modos de produção do mundo e seus conseqüentes ecossistemas semióticos, sua ecologia comunicacional.

A linguagem pode estabelecer-se como fértil e expansivo campo a esta *autopoiesis*, possibilitando um ressoar de mensagens e significados, pelo desdobramento de feixes significantes obscurecidos ou adormecidos, pela colonização do tempo vital, produzindo uma contracomunicação[37] capaz de despertar novas e inesperadas percepções e ações, proporcionando ao *oikos* o estabelecimento de novas relações de vínculos cognitivos, psíquicos, afetivos, produtivos, sociais, culturais.

Isto significa que a vivência e a experimentação do *oikos* se modificam, desvendando alfabetos e legibilidades inusuais, modificando regiões noológicas, forjando instrumentos de recriação das linguagens e das comunicações, expandindo novos mundos sob o mundo.

O *oikos* perfazendo-se sem dentro ou fora, sob o impacto dos signos, pode tornar-se produto e produtor de si mesmo, em movimento de auto-reflexão e *autopoiesis* através do qual o eu e o outro descrevem, simultaneamente, a unidade e a multiplicidade das vozes no concerto dialógico da comunicação.

A apreensão das mensagens do *oikos* conduz a uma profundidade perceptiva do real e suas representações, tendendo a franquear o conhecimento de processos e estados, em particular, relativos ao espaço e ao tempo. A linguagem consegue, dessa forma, captar qualidades de sentimentos, pensamentos, imagens cujo entrelaçamento impulsiona o desenvolvimento da consciência, por meio da expansão das comunicações, que são as responsáveis pelo encontro e convivência intra e intersubjetivos, ativando, peculiarmente, funções mentais e intelectuais como o entendimento, a memória, o *insight*, desarticulando as verticalizações "lógicas" impostas pelos domínios ideológicos.

---

37. Acompanhamos, aqui, a noção de "contracomunicação" conforme concebida por Décio Pignatari, como possibilidade, no campo da comunicação, propiciada por um planejamento aberto e autocorretivo, capaz de neutralizar "os desprodutos do assalto predatório ao homem biológico, esse agora museu orgânico do homem, vida, uma vez". A contracomunicação colocar-se-ia, assim, como exponenciação de linguagem ("tecnologia das tecnologias") e entre a exigência do tempo linear do lucro e o sincronismo da cultura. Cf. *Contracomunicação*, p. 8.

24 AUTOPOIESIS

Não por acaso, sob o paradigma da complexidade, a linguagem subsume-se, implicando redes de elementos heterogêneos mas coordenados, (des-)velando o paradoxo da coexistência do uno e do múltiplo, do determinado e do probabilístico, da ordem e da desordem em cuja configuração sígnica potencializa e faz abrir as comportas da comunicação à não comunicação, à incomunicação, ou mesmo, à contracomunicação.

A contracomunicação, ou a comunicação que (dis-)funcionaliza, estatui, justamente, no ato de sua corporificação pelos signos e pela linguagem, o paradoxo da complexidade.

O *oikos* vivo – a Noosfera – não se detém diante de nenhum *argumento*; em contracomunicação transita entre a singularidade e a pluralidade, o invariante e a diversidade das qualidades de sentir, entre uma *natura naturans* e uma *natura naturata*[38] diante de cuja energia ascende uma espontaneidade, e por isso mesmo uma *autopoiesis* – que funda e ilumina – por meio de prodigiosa *semiosis*, toda a *escritura*; eterno prelúdio evolutivo à cooperação e à solidariedade.

A ESCRITURA E OS GRAFOS EXISTENCIAIS

Para Peirce, *grafo existencial*, ou simplesmente *grafo*, constitui um *diagrama* – relação ou conjunto de relações sígnicas capazes de representar sinteticamente um fenômeno (CP 4.533 e s./1977:175 e s). Tal representação, comumente expressões gráficas, pode ser inscrita, por exemplo, em suportes como a mente, o papel, o monitor etc. Segundo uma perspectiva matemático-geométrica, esse *diagrama* pode ser composto por pontos e linhas que ligam alguns dos pontos, constituindo, assim, algo que não se pode abolir de uma área na qual esteja traçado e, segundo uma perspectiva lógica, esse *diagrama* pode ser composto por singularidades de caracteres capazes de dar origem a um *legissigno*, constituindo, deste modo, algo como um modelo.

Os *grafos* perfazem um *tipo*, que se atualiza numa *ocorrência,* por meio de um *tom*. Isto é, o *tipo,* em sua atualização (uma palavra impressa, por exemplo), constitui uma *ocorrência* que, por sua vez, na especificidade de sua atualização (uma qualidade atual, um tom de voz, por exemplo), constitui um *tom*.

Se a perspectiva matemática objetiva um meio de se chegar a conclusões, por meio de métodos sintéticos e seguros, produzindo um *diagrama sintético*, a perspectiva lógica tem como escopo a compreensão da natureza do processo pelo qual se alcança o resultado, com destaque para cada etapa distintiva do processo, objetivando-se, assim, um *diagrama analítico*.

38. H. Blumenberg, *La Legibilidad del Mundo.*

O REINO DOS SIGNOS

Os *grafos* revelam-se, pois, no interior dos sistemas de signos, perfazendo etapas codificadoras de percursos que vão da experiência individual aos processos coletivos da cultura.

Importa destacar a presença do *grafo* e o processo que lhe dá origem, no âmbito dos sistemas de signos, compreendidos como sistemas culturais e, portanto, informacionais e comunicacionais no interior da *escritura*.

Conforme Derrida, a *escritura* diz respeito ao conjunto dos sistemas de notação e registro sígnicos, mas também, ou sobretudo, ao modo como estes sistemas se originam[39]. Isto significa a codificação de um roteiro semiótico que se iniciando em qualidades de sentir, torna-se *grafo*, que se integra a sistemas de significação mais ou menos complexos. Assim sucede também, como esclarece Derrida, ao *programa* relativo aos processos elementares de informação na célula viva, ou ao campo de atividades desenvolvidas pela cibernética.

A *escritura* apresenta algo de precipitação biofísico-química. A fala, as impressões gráficas, acústicas, ópticas, magnéticas, os relevos e volumes, o ambiente, o corpo, constituem vastas faixas escriturais que, ao atualizarem os *grafos* (*tipo*), os reinauguram (*ocorrência*), sob nova ordem e configuração (*tom*).

A *escritura* estrutura-se sempre mediante um fora e um dentro que se alternam permanentemente, em jogos de ocultamento e revelação nos quais se dá o corpo dialógico da alteridade. Entre o fechamento, que lhe dá força argumentativa, e a abertura, que a impele às qualidades de sentir, a *escritura* organiza-se sob fluxos percepto-cognitivos, hábitos e costumes, padrões socioeconômico-culturais, perfis antropológicos, dentre outros.

As correlações sígnicas, tornadas discerníveis por meio de uma sintaxe, estabelecem fenômenos de registro e inscrição, cujas funções ultrapassam, em muito, o objetivo de garantir a permanência e o comércio das comunicações, no âmbito de suas funções meramente referenciais (os *grafos* têm papel fundamental nessas correlações). Tais registros guardam, na sua dinamicidade, um conjunto de operações mentais e lógicas que, no plano de sua normalização (*terceiridade*), englobando termos, proposições e argumentos, materializam *grafos existenciais*, que podem se expressar por meio de gravações, desenhos, propagações sonoras ou luminosas, expressões lingüísticas ou algébricas, objetos, espaços, ambientes etc.

O *grafo existencial*, em sua matriz geradora, constitui o diagrama de uma qualidade de sentir, ou de um conjunto de qualidades de sentir que, à semelhança de um negativo fotográfico, sensibilizado pela luz, faz imprimir, nos suportes que o veicula – mente, papel, espaço, fita magnética, cd-rom, *ecran* –, o ideograma dos processos físicos

39. Cf. *Gramatologia*, p. 11 e s.

e espirituais que o geraram. Este ideograma retém as marcas ou vetores, indicativos de uma série de operações percepto-cognitivas, tal qual a descrição de uma série de comandos que, obedecidos (algoritmos), resultam no sucesso de determinado escopo.

Deste modo, o *grafo existencial* constitui a materialização de um tipo (*legissigno*) e a atualização de uma ocorrência (*sinssigno*), por meio da integração gradativa e crescente de qualidades de sentir (*qualissignos*).

O *grafo* perfaz uma tríade lógica capaz de permitir à linguagem uma organização espaciotemporal, que lhe confere as condições necessárias à sua inscrição e ao seu registro. O *grafo* encontra-se, assim, nas raízes da *escritura*, erigindo-se a partir da interação dialógica entre qualidades de sentir, pulsações percepto-cognitivas, formas.

Da experienciação concreta à abstração mental, a *escritura* materializa-se no recorte discreto do signo, que é extraído do *continuum* das qualidades, por meio da elaboração dos juízos perceptivos que funcionam como filtros de um *protótipo* cujo processo (diagramático), ao completar-se, perfaz o *grafo*, que, por seu lado, encontra, através da dialética tipo/ocorrência, seu estatuto[40].

Os processos de codificação constituem processos configuracionais – podendo alcançar vastas construções sintáticas e lexicais, coleções ou séries – que permitem as inscrições, cuja materialidade sígnica (*grafos*) vão do sopro à voz, à linguagem, à *escritura*.

A *escritura*, encontrando sua gênese, no fluxo das qualidades de sentir, apresenta-se como criadora de ramagens sígnicas reconhecíveis, estabelecendo *filos* icônicos ou verbais, construindo uma hereditariedade sígnica, fundada na capacidade (auto)(-re-)ge(-ne-)rativa dos *grafos*, da linguagem.

A *escritura* não apenas temporaliza o espaço por meio de *grafos*, mas constitui, ela própria, corpo e memória da circulação de sentimentos, percepções, pensamentos, liberdades, interdições, jurisdições ou subversões sígnicas, estatuindo e instituindo-se como linguagem, instaurando-se como uma *autopoiesis*.

Já observamos, contudo, que a *escritura* não se constrói, tão somente, de sua abertura (*primeiridade*), o que a impediria de consolidar-se como tal. É o seu fechamento (*terceiridade*), seu conjunto de regras, prescrições, normas etc., que lhe garante a disposição argumentativa. Lembremos: tais pólos organizam-se por similaridade (decorrentes de operações analógicas, de acordo com o eixo de seleção) e por contigüidade (decorrentes de operações lógicas, de acordo com o eixo de combinação). O primeiro estrutura-se por meio de correlações paradigmáticas de isomorfismo, homologia, coordenação (*parataxe*);

---

40. A questão relativa aos *grafos existenciais* será retomada mais adiante, no capítulo 5.

O REINO DOS SIGNOS

o segundo estrutura-se por meio de correlações sintagmáticas, conexões lógicas, subordinação (*hipotaxe*).

Escritura implica *leitura* que, no desdobramento que a caracteriza, refaz em seu percurso a rede qualitativa, isto é, as formas que subjazem ao processo que dá corpo aos *grafos* que integram a primeira.

O binômio *escritura/leitura* estabelece uma relação dialógica com estes *grafos*, os quais, entre emissões e recepções de linguagem, instauram toda espécie de imbricamento entre o real e o virtual. Tal binômio é tributário dos planos de competência e desempenho, com os quais os pólos emissores e receptores operam suas instâncias – codificação e decodificação – adquirindo aqui os *materiais* e *procedimentos*[41] sintático-semânticos, relevância fundamental.

O universo da *escritura* é permeado pelos processos de informação e de comunicação, que constituem as raízes de todo conhecimento. Conhecer é *grafar* que é (re-)conhecer; é onde a autonomia da linguagem – no policentrismo e na polifonia que a caracterizam – dá origem às heteronomias e seus mundos, individuais ou coletivos, conscientes ou inconscientes, gerados pelo universo dos signos.

A travessia noológica – da célula às idéias –, a qual não cessa de se (auto)(-re-)produzir, encontra na *escritura*, nos textos concretos da cultura, as moradas privilegiadas da vida do homem, das ciências e das artes, das filosofias e das ideologias. Dotada de uma teleonomia, de um programa cuja *episteme* detém o significante que possibilitou suas elaborações, a *escritura* perfaz-se em alteridade, voz, corpo, *grafos* existenciais co-extensivos à *semiosis* que a enforma e à *autopoiesis* que a informa.

A *escritura* constitui, pois, uma pluralidade semiótica que envolve um processo percepto-cognitivo, constituindo um conjunto de traduções de qualidades, do qual fazem parte os sentidos humanos e seus aparelhos neuromotores (visuais, auditivos, olfativos, gustativos, táteis); as conversões sinal-signos; a memória; a organização espacio-temporal; o repertório cultural. Trata-se de processo não-linear que dá origem à própria estrutura dos *grafos*, com o que ela tem de abdutivo e antecipatório, trazidos à emergência pela concreção sígnica.

As relações sígnicas, que aí têm origem, adquirem crescente complexidade na medida em que se elevam as taxas de informação e se rompem os repertórios de expectativas, resultando em assimetrias de toda espécie. Aqui, os deslocamentos de espaços, tempos, repertórios podem imprimir, ao fluxo comunicacional, deslizamentos, perdas, recuperações, múltiplos ruídos ou surpresas. São esses deslocamentos

---

41. "Material" e "Procedimento" constituem conceitos desenvolvidos pelo formalismo russo, particularmente por V. Chklovski, para superar a dicotomia forma/conteúdo. Ao primeiro correlaciona-se a concreção sígnica e ao segundo as instâncias metassígnicas e poéticas da linguagem. Cf. a respeito: D. O. Toledo (org.), *Teoria da Literatura*: Formalistas Russos. Cf. também: L. D. Ferrara, *A Estratégia dos Signos*, p. 5-7.

que tornam as faixas referenciais da linguagem tão importantes para a *escritura* (e a *leitura*), dos textos da cultura.

É de se notar, contudo, que tais faixas são insuficientes para a compreensão e a operação do processo comunicacional, cuja realidade sígnica demanda atenções e acuidades com outras faixas de linguagem, sobretudo com aquelas faixas capazes de fazer exponenciar na linguagem sua dimensão fenomênica. Isto é, faixas que, ao mesmo tempo em que possibilitam a comunicação referencial, reclamam atenção para si mesmas, para os códigos e os signos com os quais operam, para os *grafos* que a habitam, modulam.

A *escritura* é uma espécie de veículo múltiplo, na qual realidades e representações interpenetram-se, onde o veículo e o nome parecem contaminar-se reciprocamente, até à unidade, constituindo, ela própria, complexidade emissora e receptora de *grafos existenciais*, por entre limites e vizinhanças, topologias.

Não por acaso, a *escritura* apresenta uma característica organizativa, uma capacidade de sintetizar representações interiores e/ou exteriores de induzir à ação *hic et nunc*, de desencadear elaborações projetuais, de ativar os estoques da memória, em suma, de produzir experiência.

Os *grafos existenciais* atuam na produção escritural, enquanto produtos elaborados pela experiência; expressões cognitivas que dão cumprimento a um complexo programa semiótico que resgata o passado (memória ou lembrança) e indicia o futuro (ações nascentes), na atualização do presente (aqui, agora): propriedades, estruturas, funções, vínculos e unificações, recuperações, diagramas, apresentações.

Os *grafos existenciais* integram constelações de qualidades que ao se alinharem no desenho dessa constelação (*legissignos*), evidenciam o sujeito permeado e constituído pela linguagem. Tal sujeito, estatuído pelo significante, pelo inconsciente, pelo outro, deixa-se assim inscrever, constituindo, no limite, ele próprio, sujeito e objeto da *escritura*, veículo de *grafos*, por excelência.

Torna-se necessário observar que os *grafos* entrelaçam corpos e vozes sob o impacto pulsional da sexualidade e suas representações, de suas fusões na e pela linguagem; é pelo sexual-inconsciente que o significante permeia, dá origem à vida e ao mundo ou à morte e à dissolução.

Por entre abduções e choques, não apenas se constituem os *grafos*, mas o sujeito mesmo, que através de uma caixa de ressonância, seu corpo, perfaz-se em *escritura* – entrelaçamento de sistemas vivos, maquínicos, sígnicos – com tudo o que ele tem de paradoxal, de revelação ou ocultamento, intimidade ou risco, identidade ou alteridade, perdas ou compensações. Aqui, irregularidades e fronteiras semióticas ao indiciarem a subjetivação como ensaio, como processo ético e estético[42], como experiência, fazem evidenciar um vas-

---

42. Cf. L. Santaella, *Corpo e Comunicação*, p. 20.

to campo experiencial de linguagem. A ordem do sujeito – sempre inédita – integra este campo experiencial, cujos *grafos* são os seus marcadores e como tais infiltrarão a *escritura*, constituindo seu diagrama fundamental.

Aqui reside, justamente, a *Lógica da Abdução* (isto é, do Pragmatismo); explicações de fenômenos tidas como "sugestões esperançosas", a partir das quais se constroem a indução e a dedução.

A *Lógica da Abdução* realiza-se, pois, também, como uma lógica de *grafos existenciais*, isto é, uma lógica que se desenvolve e se estabelece pelo itinerário que conduz as qualidades de sentimentos aos *argumentos*, por meio de *legissignos* ou ainda, pelo trânsito diagramático dos *grafos*, cuja sede primeira é o sujeito. Os primeiros relacionam-se ao *objeto dinâmico* do signo, ao *tipo* e os segundos ao *objeto imediato* do signo, à *ocorrência*. O corpo desta Lógica – *legissignos, ícones, diagramas, grafos* – deve ser capaz de erigir *argumentos*, ou *argumentos verdadeiros*, os quais material e sensivelmente organizados, dispõem-se à ação pragmática, na/pela *escritura*.

A abdução peirceana, às vezes como uma espécie de redemoinho, outras de *gap* ou suplemento, e sempre propiciadora de choques – para onde convergem e interagem o acaso, o inconsciente, o involuntário, juntamente com as necessidades, o consciente, o volitivo da linguagem –, constitui a base do movimento experiencial, podendo ser especialmente verificada nas camadas verbais (em qualquer uma de suas modalidades, falada ou escrita), em seus diversos suportes ou veículos.

É assim possível a identificação de que entre o fonema e a letra, entre a voz e o desenho gráfico pulsa o *ethos* inaugural da linguagem, vale dizer o traço abdutivo, que faz emergir percepções, sentimentos, pensamentos, *grafos*. Tal reconhecimento pode incluir os mecanismos mentais e/ou psíquicos que permeiam a produção dos signos, bem como as suas articulações tais como deslocamentos, condensações, denegações, interrupções, atos falhos, lapsos, chistes, alucinações, ruídos de toda espécie que impregnam aquelas camadas verbais.

É através da abdução que o circuito dos *grafos existenciais* se estabelece e possibilita as (des-)conexões entre percepções, juízos, registros.

Homólogos e isomorfos à percepção fenomênica do mundo, os *grafos* incorporam o trânsito qualitativo da abdução, retendo-o e podendo fazer fulgurar a sua brecha irrefreável, o choque que o torna perceptível, constituindo, assim, um corpo – autopoiético, semiótico, escritural –, uma corpografia.

Repetição (o que fixa) e diferença (o que deriva), redundância e imprevisibilidade alimentam um processo auto-reflexivo e autogerador. Tal processo desenvolve-se por meio de aparelhos neurais, motores e mnêmicos, os quais são ao mesmo tempo o berço e a ressonância dos *grafos*, sua permanência ou sua dissolução.

Conforme Philippe Willemart,

em 1924, com *Uma Nota sobre O Bloco Maravilhoso,* Freud projeta o aparelho psíquico nessa 'máquina de escrita de uma maravilhosa complexidade'. O bloco mágico é parecido com o aparelho psíquico de três maneiras: 1. A folha de cera semelhante à primeira camada da percepção reduz a importância da excitação e protege a segunda camada que recebe os estímulos, paradigma do sistema pré-consciente; 2. A escrita desaparece se tirarmos a folha de cobertura, mas fica gravada na cera. No aparelho psíquico, o sistema pré-consciente não mantém nenhum traço durável. Lê-se o percebido no passado. A escrita, ou a memória, supre a percepção. O inconsciente é a folha de cera; 3. No bloco mágico, a escrita apaga-se toda vez que se interrompe o contato estreito entre o papel "excitado" e a folha de cera. Da mesma maneira, a consciência apaga-se todas as vezes que o investimento é retirado[43].

É de se constatar, contudo, que o processo descrito encontra-se em todas as estruturas de linguagem, verbais ou icônicas. No limite, o desenvolvimento destas estruturas é tributário das mesmas genealogias sígnicas nas quais têm origem ramos, ordens, famílias, indivíduos sígnicos os quais são responsáveis pela geração e funcionamento dos códigos, na organização corpográfica do mundo, em que estão inclusos o desejo, o recalque, a rasura, o gozo.

Atravessando, pois, o somático, o semiótico, infiltrando-se no escritural, a abdução nutre-se dos substratos energético-pulsionais, impõe elaborações mentais e/ou psíquicas, produz trabalho (sígnico). Aqui, o sujeito funda-se na linguagem, institui-se e estatui-se na corpografia que lhe dá voz e/ou letra; vive, morre, renasce na *autopoiesis* que é o seu sopro.

Cadeia de significantes, mútuo-referentes, o sujeito-consciente (filtrado) e inconsciente (automático), ao atualizar-se, por meio dos *grafos existenciais,* faz transbordar o outro, para continuar num ainda outro e assim *ad infinitum.*

Como observa Fink:

O "vivente" (*le vivant*) – nossa natureza animal – morre e a linguagem surge em seu lugar, vivendo-nos. O corpo é reescrito, de certa maneira, a fisiologia dá lugar ao significante, e todos os nossos prazeres corporais acabam por implicar/envolver uma relação com o Outro.

ou ainda,

o ser do sujeito está eclipsado pela linguagem, que o sujeito aqui desliza para baixo ou para trás do significante, é em parte devido ao fato de que o sujeito está completamente submerso na linguagem, sendo seu único traço um marcador de lugar ou um sinal na ordem simbólica[44].

43. *Além da Psicanálise,* p. 139.
44. *O Sujeito Lacaniano,* p. 30 e 75.

2. O Corpo da Linguagem:

a comunicação verbal

LINGUAGEM E *AUTOPOIESIS*

A constituição fenomênica do signo e da linguagem permeia, como já observamos, a constituição do sujeito, o sentido de *si mesmo*, a consciência (com o que tem de inconsciente). Isto significa que a consciência implica sempre uma autoconsciência, portanto uma auto-referência estabelecida ao mesmo tempo que o signo e a linguagem; uma auto-referência, sendo, também, inextricavelmente, uma auto-referência de linguagem.

Esse *si mesmo* está presente na unidade celular, no corpo, no sujeito sociolingüístico, constituindo-se na/pela experiência e sua representação, no fluxo eu/outro, na relação interno/externo. A organização autopoiética desdobra-se assim, do biológico para o semió-tico, da biosfera para a noosfera, num *continuum* em que o "vivo" *strictu sensu* constitui plena elisão natureza/cultura.

O sistema vivo humano e seu respectivo sistema semiótico cons-tituem-se na medida em que, mutuamente, se auto-produzem e se in-tegram, incorporando as perturbações em suas próprias organizações, fazendo implicar, nessa auto-produção, funções orgânicas e cognitivas.

Para Morin, entre tais funções existem processos de tradução[1], mas é importante salientar que a organização do conhecimento não é mero reflexo da organização física; entre ambas há, possivelmente,

---

1. *O Método*, v. 1, p. 322 e s

um princípio de equivalência entre o físico e o psíquico, possibilitado pelos mediadores ou tradutores noológicos.

A linguagem instaura-se, assim, como intercambiância de camadas físicas e semióticas cuja constituição, lembre-se, é de natureza autopoiética.

O cerne destas trocas e interações está na base da experiência, na emergência e na percepção das qualidades de sentir; isto também quer dizer, no afloramento de toda espécie de abdução.

É pela abdução, por meio do perceber que raciocina, que a inferência produzida por uma qualidade de sentir irá constituir parte da matéria do pensamento e é também por isso que toda forma lógica do pensamento é dada, fundamentalmente, pela percepção. A inferência abdutiva, mediada pelos filtros pré-lógicos, constituídos pelo juízo perceptivo, integra, assim, toda a experiência sígnica, da elaboração qualitativa de um signo à sua saturação simbólica.

A linguagem perfaz-se assim, mediante um triplo engendramento fenomênico: do *signo*, do *objeto*, do *interpretante*. Lembremos, o *phaneron* é (auto)(-re-)ge(-ne-)rativo. Assim, linguagem é *autopoiesis*, realimentação permanente de inferências abdutivas, que lhe permitem nascer, crescer, reproduzir, morrer, renascer. Tal processo encontra, na inferência abdutiva, meio privilegiado para a sua expansão.

É neste sentido que o desenvolvimento do pensamento e das idéias acompanham e amplificam a evolução dos sistemas vivos, constituindo linhagens que se desdobram ao passar de uma faixa semiótica para outra. É também, neste sentido, que a complexidade das produções mentais e psíquicas humanas inclui a estrutura e o modo de funcionamento do cérebro e da mente.

Decorre daí que a linguagem, oscilando entre os pólos da repetição e da diferença, entrelaça todo o campo do sensível e do inteligível, do que é volitivo e do que é involuntário, do quase-signo ao pensamento logicamente articulado e comunicado.

Pensar é criar por meio de valências semióticas potenciais que, em suas correlações, constituem a substância e a expressão da unidade e da multiplicidade, dos objetos *imediato e dinâmico*, do signo-pensamento.

É este movimento de sentir-pensar – *ergon* do signo – que metaboliza o espaço e o tempo da linguagem, em que a atividade sígnica tem origem ou onde ela faz saturar e transbordar o eixo *argumentativo* da *terceiridade*, isto é, da representação estratificada, transitando entre o sinal e o signo, entre singularidades e pluralidades, entre estados nascentes, convergências, dissoluções, rupturas etc.

Desse modo, é a linguagem que põe em funcionamento os processos semióticos, que dá origem a unidades morfológicas e imprime respostas motoras, neuromotoras, ou reflexas, aos seres humanos.

Os universos analógico e digital não constituem para a linguagem antinomias inconciliáveis, pois tal qual o sistema nervoso central,

O CORPO DA LINGUAGEM 33

a sua principal atividade é traduzir, comutar, produzir e organizar informações, proporcionando-lhes condições operativas em cuja autonomia repousa a invenção permanente dessa linguagem.

A atividade noológica, produção e produto de linguagem, evidencia universos não-finalistas, em que os estratos físico-energéticos e socioculturais são contingências provisórias, fechamentos reversíveis, a fim de tornar efetiva a vida que avança em todas as direções, através de prodigiosas ondas sígnicas, incerteza e liberdade assustadoras às quais o homem responde, paradoxalmente; de um lado com os recursos, em permanente elaboração, de sua sintaxe e de outro, com toda sorte de confinamentos e constrangimentos ideológicos.

Entre a vastidão da informação potencial e, por vezes, a indigência *argumentativa*, a linguagem expande-se, ampliando consciências e competências, derruindo supostas jurisdições exteriores e instaurando a vida da vida.

A linguagem – o *self*, o outro, nós – perfaz, ao mesmo tempo, mensagens e mensageiros, organizando a existência *hic et nunc*, liderando o corpo do indivíduo e do sujeito, as imaginações e os afetos, marcando os ritmos primordiais da fala, do gesto, do desenho, configurando ambientes. Territórios em trânsito, cujos contornos esgarçam-se em baixa definição, os sistemas de signos fazem fulgurar a presença e a ausência, a continuidade e o intervalo, a norma e o desvio, a identidade e a diferença.

A linguagem é semeadura de topologias que instauram, irradiam, difundem abduções, quase-signos, signos, seres noológicos, que transmigram entre o real e o virtual, mapas e calendários, reinos e espécies, por meio das funções diversas que pode desempenhar.

FUNÇÕES DE LINGUAGEM

A dimensão comunicacional da linguagem assume, nos âmbitos da emissão e recepção dos textos, discursos, mensagens, os pólos dialógicos identificadores da comunicação humana; simetrias ou assimetrias de espaços, tempos, repertórios que podem imprimir, ao fluxo comunicacional, deslizamentos, perdas, recuperações, múltiplos ruídos ou surpresas. São esses deslocamentos que tornam as faixas referenciais da linguagem fundamentais para a escritura e a leitura dos textos da cultura.

É de se notar, contudo, que tais faixas são insuficientes para a compreensão e a operação do processo comunicacional, cuja realidade sígnica demanda atenções e acuidades com outras faixas de linguagem, sobretudo com aquelas que erigem a linguagem, como um ser fenomênico. Isto é, aquelas que, ao mesmo tempo em que possibilitam a comunicação referencial, reclamam atenção para si mesmas, para os signos e os códigos com os quais operam. Torna-se necessário, portanto, estudar essas faixas, na perspectiva das posições que ocupam no processo de comunicação.

Roman Jakobson legou-nos, com precisão, uma ampla análise acerca das funções que a linguagem pode desempenhar no processo de comunicação humana[2]. Tendo por foco o código verbal e apontando para a diversidade dos sistemas de signos, sua contribuição pode ser desdobrada para os campos da arte, da antropologia, da comunicação e, particularmente, da poética.

Ocupando-se das relações entre som e sentido, Jakobson parte do caráter "simbólico" do sistema lingüístico para – passando pela codificação estrutural desta relação – alcançar a noção de uma metaestrutura. A correlação som/sentido decorre, para ele, do movimento dos eixos de similaridade e de contigüidade, o mesmo movimento que subjaz às comutações de códigos, às traduções de um modo geral, e às conversões de um sistema semiótico para outro.

É na dissemetria da linguagem dos afásicos, ocasionada pelas deficiências operatórias daqueles eixos, que Jakobson localiza o caráter gerativo da linguagem, constituindo tal caráter o nexo produzido pelas associações sígnicas.

Com base na teoria matemática da informação, Jakobson detecta seis pólos no processo comunicacional, conexos às mensagens a serem comunicadas: o emissor, o receptor, o contexto da mensagem, o canal, o código utilizado, os signos constituintes da mensagem[3]. De acordo com a prevalência de um destes pólos na transmissão de uma mensagem, a linguagem pode assumir diferentes funções.

Assim, temos a função *emotiva* (mensagem cuja função de linguagem incide, predominantemente, no pólo emissor); a função *imperativa* ou *conativa* (mensagem cuja função de linguagem incide, predominantemente, no pólo receptor); a função *referencial* (mensagem cuja função de linguagem incide, predominantemente, no seu contexto); a função *fática* (mensagem cuja função de linguagem incide, predominantemente, no canal ou veículo de comunicação que a transmite); função *metalingüística* ou *metassígnica*[4] (mensagem cuja função de linguagem incide, predominantemente, no código que a normaliza); função *poética* ou *estética* (mensagem cuja função de linguagem incide, predominantemente, nos signos que a constituem).

2. Cf. *Lingüística e Comunicação*.

3. É de se observar que estes pólos tornam-se enormemente complexos na contemporaneidade, constituindo, cada um deles, pluralidades semióticas e comunicacionais. É de se observar, igualmente, que há outros modelos de abordagem do processo comunicacional. Cf. L. Santaella, *Comunicação e Pesquisa* e B. Miège, *O Pensamento Comunicacional*.

4. Para designar, mais amplamente, a função de linguagem auto-reflexiva, de modo a contemplar sua incidência nos sistemas de signos verbais e não-verbais.

O CORPO DA LINGUAGEM 35

As duas últimas funções (metassígnica e poética) apresentam relevância especial para os estudos da linguagem, pois incidem diretamente no cerne da produção do signo e de seus encadeamentos, constituindo funções de caráter eminentemente cognitivo. Tais funções estão na base das demais, e, por isso mesmo, são tão importantes para as investigações relativas à aquisição primária da linguagem verbal e ao funcionamento regular da linguagem em geral. Os constituintes destas funções fundem-se ao signo e ao código, por uma relação interna (operações de seleção/similaridade) e possibilitam a aderência de um referente, por uma relação externa (operações de combinação/contigüidade). Ambas as funções aproximam a linguagem das fontes qualitativas que a alimentam, tornando-se ela mesma, fonte fenomênica de (auto-)produção sígnica.

A rede de funções de linguagem estabelece ambientes de envolvimento entre os indivíduos e a coletividade, o próximo e o distante, produzindo contatos entre os meios, canais e veículos, com fluxos de mensagens que fazem espessar as esferas noológicas, atualizando-as na interação dialógica das pluralidades emissoras e receptoras.

Os processos de significação implicam, pois, a transformação e/ou geração sucessiva de um signo em outro (semiose); procedimentos denotativos e conotativos, retóricos, persuasivos, ideológicos; taxas variáveis de informação e redundância; repertórios; previsibilidades e imprevisibilidades; ruídos; disposições sistêmicas fonte/destinatário; organizações sígnicas estabelecidas por analogias ou convenções etc.

Esses processos de significação – redes funcionais de linguagem – confluem, sempre, para espirais cognitivas e mesmo pedagógicas, sob a emergência das funções poética e metassígnica que mútuo-interferentes permeiam saberes e ações.

Ensinar e aprender perfazem as duas faces de uma síntese programática, teleonômica, por meio da qual o *homo sapiens/faber/loquens/demens* distende o olhar sobre o horizonte projeto-construtivo, cujo finalismo, ao afastar-se, o sustém.

A história da educação é esta tessitura dialógica na qual estão presentes todos os indícios da linguagem, que emergem e submergem na construção do conhecimento: olhares, gestos, afetos, vozes, juízos. A linguagem – verbo ou ícone – é oscilação contínua do eu em outro e vice-versa, (re-)conversibilidade de falas e *grafos*, entrecruzamento de sensações e sentimentos, ubiqüidades intenções-ações.

A linguagem é, também, desse modo, construção da consciência que se correlaciona à construção do organismo, ao funcionamento do sistema nervoso central, à pulsação de qualidades, a um só tempo precisas e indefiníveis, que constituem o sujeito. O sujeito é, pois, linguagem; sua plenitude e sua insuficiência são a plenitude e a insuficiência da linguagem.

Articulando-se entre o inato e o adquirido, pelo acoplamento das competências orgânicas e semióticas, a linguagem conduz à circulação de sentimentos, pensamentos, textos, imagens, artefatos, ambientes. O signo-pensamento é a sua forma-intersecção fundamental e inequívoca, instaurando-se entre realidades e representações.

As funções de linguagem, ao atuarem no transcurso sígnico, não silenciam os ruídos, as intraduções, os deslizamentos das galerias significantes que as inauguram, atravessam ou ultrapassam, mas chegam, algumas vezes, a super-potencializar qualidades, descrevendo estratégias e caminhos para a percepção, tornando regular ou irregular fronteiras sígnicas.

Walter Benjamin, ao deparar-se com essa funcionalidade da linguagem na corporificação do livro e de sua presença nas elaborações da infância, através do prazer cognitivo da leitura, observa-nos, num fragmento denominado "Ampliações":

Criança lendo. Da biblioteca da escola recebe-se um livro. Nas classes inferiores é feita uma distribuição. Só uma vez e outra ousa-se um desejo. Muitas vezes vêem-se livros cobiçosamente desejados chegar a outras mãos. Por fim, recebia-se o seu. Por uma semana estava-se inteiramente entregue ao empuxo do texto, que envolvia branda e secretamente, densa e incessantemente, como flocos de neve. Dentro dele se entrava com confiança sem limites. Quietude do livro, que seduzia mais e mais! Cujo conteúdo nem era tão importante. Pois a leitura caía ainda no tempo em que se inventavam histórias para si próprio na cama. Em seus caminhos semi-encobertos de neve a criança rastreia. Ao ler, ela mantém as orelhas tapadas; seu livro fica sobre a mesa alta demais e uma das mãos fica sempre pousada sobre a folha. Para ela as aventuras do herói são legíveis ainda no redemoinho das letras como figura e mensagem no empuxo dos flocos. Sua respiração está no ar dos acontecimentos e todas as figuras lhe sopram. Ela está misturada entre as personagens muito mais de perto que o adulto. É indizivelmente concernida pelo acontecer e pelas palavras trocadas e, quando se levanta, está totalmente coberta pela neve do lido[5].

É no desenvolvimento da linguagem – no seu empuxo – que se pode constatar como a *escritura* e a *leitura* dão-se como experiência fenomênica e cognitiva. Por entre as variáveis qualitativas sob as quais se erigem os jogos semióticos, vale dizer dos textos do mundo, pode-se observar como a linguagem, por meio de seus signos, confirma ou nega, autoriza ou desautoriza, torna livre ou limita a apreensão desse mundo.

As funções de linguagem, ao fazerem confluir ou defluir significações, organizam a *escritura* e a *leitura*, fazendo de ambas objetos em construção; construção de processos cognitivos e comunicacionais, bem como de integrações dialógicas das multiplicidades de emissão e recepção.

---

5. *Obras Escolhidas II – Rua de Mão Única*, p. 37.

CORPO, SENTIMENTO, MEMÓRIA

O corpo humano é uma espécie de veículo múltiplo, em que realidades e representações interpenetram-se, onde o veículo e o nome parecem contaminar-se reciprocamente, até à unidade. Constituindo ele próprio, emissor e receptor de mensagens, por entre limites, vizinhanças e topologias, tal veículo encontra nos órgãos dos sentidos filtros-tradutores por excelência. Capazes de pôr em contato o interior e o exterior, tais filtros estão na base de qualquer ação de codificação ou decodificação de mensagens, perpassando as camadas da percepção, cognição, reflexão.

A semiologia do corpo humano – composição e funcionamento sistêmico – estuda-o como um veículo sensível de qualidades (sinais, sintomas, síndromes), que são responsáveis por seus mecanismos funcionais; entre estes, os mecanismos nervosos relacionados à percepção e à atividade motora.

O sistema nervoso estimulado faz ativar músculos, impulsionar gestos, sintetizar representações interiores ou exteriores, reais ou virtuais, induzir a ação *hic et nunc*, ao projeto, aos estoques da memória, em suma, possibilita o desencadeamento da experiência.

Os *grafos existenciais* são, enquanto produtos elaborados pela experiência, expressões corporais, registros cognitivos, (re-)conhecimentos, que dão cumprimento a um complexo programa semiótico que resgata o passado (memória ou lembrança) e indicia o futuro (ações nascentes), na atualização do corpo presente (aqui, agora): propriedades, estruturas, funções; vínculos e unificações; recuperações; apresentações.

O corpo humano – policentro integrador de *grafos* – perfaz uma *arqui-escritura*, abrigando camadas sígnicas que caminham da densidade material física aos esgarçamentos sutis da linguagem, corpos dentro de corpos: o corpo pulsa, o corpo sente, o corpo pensa, o corpo apreende, o corpo registra, o corpo lembra, o corpo opera representações; o corpo é o *soma* que funda todos os processos cognitivos e afetivos.

Saúde ou doença, bem-estar ou aflição, o corpo é um metassistema noológico, passagem contínua do subjetivo ao objetivo, do inconsciente ao consciente, do rígido ao flexível, lugar exemplar das (re-)conversões e ressonâncias sígnicas.

Tal qual a circulação sangüínea, que conduz oxigênio vitalizado às células, insuflando-lhes alimento e recolhendo-lhes os desprodutos (*hemocitopoiesis*), a linguagem anima o corpo, que anima a *escritura* e a *leitura*, em movimento sem fim e sem finalidade.

A natureza e a cultura são corpos. Necessidades e desejos são atravessados pelo mesmo vórtice pulsional; grandezas energéticas, anímicas, somáticas, a exigir trabalho demandado pelos estímulos e/ou excitações cujas elaborações constituem, para o homem, precisamente, os signos.

O trabalho sígnico encontra, nos dispositivos da memória e da lembrança, as cotas essenciais de referência, através das quais os signos adquirem propriedades de fixação, associação, recuperação voluntária ou involuntária e organizam-se em estoques sêmicos.

A memória estabelece, para a linguagem, um complexo de filtros-tradutores (que operam através dos órgãos dos sentidos), que, ao recepcionarem qualidades de sentir, podem absorvê-las, ou retê-las, sob modos diversos.

Ao perfazer o corpo, a linguagem elide o fora e o dentro, dando origem a ondas de codificações, estabelecendo esferas ambientais e/ou noológicas, dissolvendo contornos, bordas, margens, em espaços contínuos e dinâmicos, onde o particular e o universal são travessias provisórias (linguagens) nas quais o corpo (psicossoma, *habitat*, paisagem, território, identidade) encontra sua morada no outro.

O signo encontra seu estatuto e seu significado em outro signo. A linguagem, voltando-se sobre si mesma, dá-se simultaneamente à experiência e à configuração deste corpo-sentimento-memória.

O corpo é assim, conforme Bruce Fink – numa abordagem lacaniana do sujeito, situando-o entre a linguagem e o gozo –, "uma clivagem entre duas formas de alteridade – o eu como Outro e o inconsciente como o discurso do Outro – a clivagem em si permanece além do Outro". Tal clivagem é, de certo modo, "a condição da possibilidade da existência de um sujeito e o deslocamento intermitente parece ser sua realização"[6].

Desse modo, o sujeito encontra-se aquém e além de seu marcador, de seu significante, pois que inteiramente submerso pelo câmbio contínuo da linguagem. Assim, "o homem deseja o desejo do outro por ele", e isto também significa que o sujeito "está sempre *quase chegando* – está a ponto de chegar – ou *já terá chegado* em algum momento mais adiante no tempo".

A síntese lacaniana do sujeito inclui três registros: o *simbólico* (o masculino), o *real* (o feminino), o *imaginário* (o *significante da falta,* ou do *furo do outro*).

Nesse sentido, a cognição – um sujeito que conhece – implica em operações abertas entre os três termos. Se no plano do consciente parece haver forte distinção entre eles, no plano do inconsciente tais distinções se diluem. Nessa perspectiva, para a cognição parecem confluir, na ordem dos termos, e conforme a concepção peirceana, o voluntário e a dedução, os fluxos do significante e a indução, o involuntário e a abdução.

Da vida intrauterina à infância, à juventude, à vida adulta e à velhice (da proto-representação e do analógico irredutível à memória saturada e ao transbordamento dirigido ou aleatório), cognição e sujeito

6. *O Sujeito Lacaniano*, p. 68-89.

O CORPO DA LINGUAGEM   39

fazem fundir corpo, sentimento, memória, constituindo sistemas so-
mático-semiótico-mnemônicos integrados, multidimensionais, poli-
funcionais, policêntricos, inter-solidários, autopoiéticos.

LITERATURA COMO CORPOGRAFIA

Como observa Deleuze, a propósito de *A La Recherche du Temps
Perdu,* aprender diz respeito, essencialmente, aos signos:

> Aprender é, de início, considerar uma matéria, um objeto, um ser, como se emitis-
> sem signos a serem decifrados, interpretados. Não existe aprendiz que não seja egiptó-
> logo de alguma coisa. Alguém só se torna marceneiro tornando-se sensível aos signos
> da madeira, e médico tornando-se sensível aos signos da doença. A vocação é sempre
> uma predestinação com relação a signos. Tudo que nos ensina alguma coisa emite sig-
> nos, todo ato de aprender é uma interpretação de signos ou de hieróglifos[7].

É o signo que, singular e plural, instaura os processos de conhecimento, de *escritura* e *leitura*[8], com suas potências semióticas; formas,
forças, densidades específicas a *encarnar* os textos e a linguagem. O
signo perfaz, pois, um amálgama corpo-linguagem que é, ele mesmo,
o cerne do aprendizado, da (re-)cognição: "Tomado por um estranho
sabor, o herói se inclina sobre a xícara de chá, bebe um segundo e um
terceiro gole, como se o próprio objeto fosse revelar-lhe o segredo
do signo"[9].

Em que pese a variedade dos textos, não é justamente aquele
"segredo", a sua comunicação, uma intradução, o coração do que se
denomina *Literatura?*

Formas de discursos que se organizam em estruturas tipológicas,
ou por gêneros (drama, narrativa, lírica), cujos esforços de definição e
classificação encontram na *Poética* de Aristóteles suas raízes; a literatura (toda ela, mas, especialmente, a contemporânea) problematiza as
disposições taxionômicas, na configuração de obras em "processo",
"abertas", "sistemas de textos", tais como estudados pelo formalismo russo, pelo estruturalismo europeu, pelo *New Criticism* norte-
americano, nos âmbitos do que se convencionou designar "Teoria da
Literatura" e "Literatura Comparada".

Wellek e Warren chamam-nos a atenção para as diferenças entre
literatura e estudos literários[10], a primeira uma arte e os segundos (se
não propriamente), próximos de uma ciência, ambas apresentando
inúmeras interfaces com outros códigos e campos disciplinares (abordagens extrínsecas aos estudos da literatura).

---

7. *Proust e os Signos,* p. 4.
8. Cf. L. D. Ferrara, *A Estratégia dos Signos,* p. 73 e s.
9. *Proust e os Signos,* p. 28.
10. *Teoria da Literatura e Metodologia dos Estudos Literários.*

Para Northrop Frye, a literatura estaria entre a música (ritmo, tempo) e a pintura (padrão, espaço), constituindo as permeabilidades daí decorrentes, o corpo do que se chama, para Frye, "escritura experimental"[11]. O ritmo da literatura ligar-se-ia, ainda, à narrativa e o padrão à apreensão simultânea da estrutura verbal (do significado, ou da significação). A interrelação de ambos encontraria suas raízes em arquétipos.

De fato, o pensamento de Frye parece fazer evidenciar algo na literatura (em seus processos de informação e comunicação) que, flutuando entre qualidades de sentir (as mesmas que subjazem à arte ou à ciência) e carreando ritmos e padrões, resulta em modelos exemplares à semelhança dos arquétipos, ou mesmo dos *legissignos*, que constituem, precisamente, os *grafos existenciais*.

Para Hans Robert Jauss, a comunicação literária estabelece-se como experiência (estética) enquanto puder manter um caráter de prazer pela recepção, cuja atividade inclui uma *poiesis*, uma *aisthesis*, uma *katharsis*, as quais podem ser assim resumidas:

a conduta de prazer estético, que é ao mesmo tempo liberação *de* e liberação *para* realiza-se por meio de três funções: para a consciência produtora, pela criação do mundo como sua própria obra (*poiesis*); para a consciência receptora, pela possibilidade de renovar a sua percepção, tanto na realidade externa quanto na interna (*aisthesis*); e, por fim, para que a experiência subjetiva se transforme em inter-subjetiva, pela anuência ao juízo exigido pela obra, ou pela identificação com normas de ação predeterminadas a serem explicitadas (*katharsis*)[...].

As três categorias básicas da experiência estética, *poiesis, aisthesis e katharsis* não devem ser vistas numa hierarquia de camadas, mas sim como uma relação de funções autônomas: não se subordinam uma às outras, mas podem estabelecer relações de seqüência[12].

Observemos que a literatura também está constituída pela dupla face *escritura/leitura* e que a experiência vivida no âmbito da emissão, ou da recepção, é a experiência que subjaz à constituição do signo e de sua comunicação (sobretudo em planos reflexivos), tratando-se, portanto, de uma experiência cognitiva, cuja sede é o sujeito, aquele cujo estatuto erige-se, justamente, na condição de corpo-linguagem e na experienciação estética a que se refere Jauss.

Este corpo-linguagem constitui-se pelo intercâmbio de três núcleos de estruturação, quais sejam:

O Autor e o Código

O núcleo emissor, integrado pelo autor e pelo código, constitui um núcleo de codificação para o qual convergem competências e repertórios estruturais adquiridos e suas respectivas possibilidades de

11. *Fábulas de Identidade*, p. 20.
12. O Prazer Estético e as Experiências Fundamentais da *Poiesis, Aisthesis* e *Katharsis*, em L. Costa Lima (org.), *A Literatura e o Leitor*, p. 85-102.

O CORPO DA LINGUAGEM   41

desempenho, bem como intenções "menos precisas", sentimentos, acasos, por exemplo. Este núcleo tem como fonte a realidade contextual
de entorno, ponto de partida de toda comunicação.

O Texto e o Veículo
O núcleo contextual, integrado pelo texto e pelo veículo (o livro, o
disquete, o cd-rom, o monitor etc.), constituem um núcleo de veiculação para o qual convergem implicações técnicas e econômicas,
editoriais e mercadológicas e suas respectivas estratégias.

O Leitor e a Leitura
O núcleo receptor, integrado pelo leitor e pela leitura, constitui a decodificação para a qual convergem competências e repertórios de leitura
(do leitor que busca entretenimento ao leitor teórico-crítico e científico) adquiridos e suas respectivas possibilidades de desempenho, bem
como percursos erráticos, sentimentos, acasos, por exemplo.

Tais núcleos encontram seu espaço-lugar de reunião ou dispersão na *escritura*, real ou virtual, onde aquele corpo-linguagem, por
entre restrições e liberdades, insuficiências ou transbordamentos, se
(auto)(-re-)ge(-ne-)ra, núcleo que é gerador de abduções.

O processo abdutivo – *hemocitopoiesis* dos *grafos existenciais*
e, portanto, da *escritura* – perfaz o eixo que faz reincidir e reafirmar
a dimensão fenomênica da linguagem, (re-)velando os índices corpográficos, semióticos e escriturais – e por isso mesmo autopoiéticos – da sua materialidade sensível. Materialidade essa que parece
constituir a especificidade mesma da literatura.

Estes índices corpográficos a que nos referimos como uma especificidade da literatura – aqui compreendida na perspectiva da prática das operações relativas aos domínios verbais ficcionais, nos quais
incidem, especialmente, as funções metassígnicas e poéticas de linguagem – encontra nos *grafos* a sua própria configuração. Vínculos
inextricáveis entre percepção, sentimento, pensamento, linguagem,
os *grafos*, tal como flagrados pela literatura, podem constituir vastas
galerias epistemológicas.

Essas galerias apresentam-se, particularmente, férteis à observação e ao estudo quanto às junções ou disjunções entre aqueles vínculos: *fala ou escritura, voz ou texto, narrador ou narrativa* deixam
expor as contradições inerentes às estruturas sígnicas ao exibirem em
si mesmas as dissemetrias, entre outras, do sujeito e do objeto, do real
e do imaginado – dissemetrias capazes de fazer expor, com maiores
ou menores evidências, as suturas *argumentativas* da linguagem.

Tal é a perspectiva a partir da qual são verificadas aqui articulações
sígnicas, divisadas em momentos de exponenciação semiótica, perqui-
rida através dos *grafos* que lhes dão corpo e infiltram-lhes vozes.

42 AUTOPOIESIS

Em corte sincrônico, e em *flashes* metonímicos, buscamos evidenciar, através de processos abdutivos e icônicos, *grafos existenciais*, que, ao serem flagrados e/ou materializados pela literatura, iluminam, a um só tempo, por entre a *escritura* e a *leitura*, a pulsação informacional que sustenta suas configurações.

Assim, selecionamos cinco obras literárias que proporcionassem, nos respectivos textos narrativos, aquela exponenciação capaz de fazer emergir os *grafos*, objeto de nossa sondagem. Devemos observar que tal exponenciação incide também sobre as funções poética e metassígnica de linguagem.

Devemos observar que não nos ocupamos com uma "análise literária", ou outra, dessas obras, todas extraídas do repertório da literatura americana, produzido no século XX, de expressões portuguesa, espanhola, inglesa, quais sejam: *Um Copo de Cólera*, de Raduan Nassar; *Grande Sertão: Veredas*, de Guimarães Rosa; *Avalovara*, de Osman Lins; *Pedro Páramo*, de Juan Rulfo; *The Invention of Solitude*, de Paul Auster[13].

Reiteramos: importa-nos aqui, individuar modelizações, extraídas dos domínios da literatura, capazes de fazer evidenciar *grafos existenciais* e suas respectivas correlações com aquele corpo-linguagem a que nos referimos.

Um Copo de Cólera

Em *Um Copo de Cólera* o personagem central narra uma noite de amor e a manhã subseqüente a esta noite, quando as diferenças entre ele e sua parceira fazem aflorar imensas tensões entre os gêneros, a sexualidade, as idéias, o amor, o erotismo.

Através de texto conciso e preciso, desenvolvido em sete capítulos (sendo cada capítulo constituído por um único parágrafo, quais sejam: "A Chegada"; "Na Cama"; "O Levantar"; "O Banho'; "O Café da Manhã"; "O Esporro"; "A Chegada"), no qual o final alcança o ponto de partida, *Um Copo de Cólera* descreve uma geometria passional, constituída por circularidades, tecida através do relacionamento entre um homem e uma mulher, ambos não nomeados, mas construídos na e pela linguagem – "o corpo antes da roupa" (p. 40).

---

13. Utilizamos para este estudo as seguintes edições: Raduan Nassar, *Um Copo de Cólera*, São Paulo: Companhia das Letras, 2000; João Guimarães Rosa, *Grande Sertão: veredas*, Rio de Janeiro: Nova Fronteira, 1986; Osman Lins, *Avalovara,* São Paulo: Melhoramentos, 1974; Juan Rulfo, *Pedro Páramo*, Madri: Cátedra, 1999 (trad. Eliane Zagury, São Paulo: Paz e Terra, 1992); Paul Auster, *The Invention of Solitude*, New York: Penguin, 1988 (trad. Rubens Figueiredo, *A Invenção da Solidão*, São Paulo: Companhia das Letras, 1999). As citações às obras de Rulfo e Auster obedecerão sempre aos textos originais, seguidos dos textos traduzidos. A indicação das respectivas páginas encontra-se no corpo do texto.

O CORPO DA LINGUAGEM

O cerne da narrativa constitui o embate entre o corpo (o masculino) – "ator em carne viva" (p. 79) – e a palavra (o feminino) – "impregnada de um pecado original" (p. 81) – com a destituição crescente e provisória da primazia do homem pela mulher e a restituição triunfante do primeiro em detrimento da segunda, postos em movimento pelo motor da cólera, acionado pelas diferenças:

"tipos como você babam por uma bota, tipos como você babam por uma pata" eu disse dispondo com perfeito equilíbrio a ambivalência da minha suspeição – a vontade de poder misturada à volúpia da submissão – mas versátil, versátil a jovenzinha, atirou pra dentro do carro a bolsa a tiracolo e apoiou as mãos na lata como se me chamasse para o tapa, e era evidente o que ela queria, mas eu não queria propriamente dar nela "você acha que estou nessa de te surrar, hem imbecil?" e vendo nisso quem sabe um recuo, fraqueza, ou sei lá o quê, e associando tudo isso do seu jeito, ela reagiu que nem faísca, e foi metálico, e foi cortante o riso de escárnio "há-há-há... bicha!" foi a mordida afiada da piranha, tentando numa só dentada me capar co'a navalha, ("óbvio!..."), traindo-se por sinal, feito um travesti de carnaval, nos grossos pêlos da sua ideologia, ela que trombeteava o protesto contra a tortura enquanto era ao mesmo tempo um descarado algoz do dia-a-dia, igualzinha ao povo, feito à sua imagem, lá nos estádios de futebol, igualzinha ao governo, repressor, que ela sem descanso combatia, eu só sei que aí a coisa foi suspensa, o circo pegou fogo (no chão do picadeiro tinha uma máscara), minha arquitetura em chamas veio abaixo, inclusive os ferros da estrutura, e eu me queimando disse "puta" que foi uma explosão na boca e minha mão voando outra explosão na cara dela, e não era a bofetada generosa parte de um ritual, eu agora combinava intencionalmente a palma co'as armas repressivas do seu arsenal (seria sim no esporro e na porrada!), por isso tornei a dizer "puta" e tornei a voar a mão, e vi sua pele cor-de-rosa manchar-se de vermelho, e de repente o rosto todo ser tomado por um formigueiro, seus olhos ficaram molhados, eu fiquei atento, meus olhos em brasa na cara dela, ela sem se mexer amparada pelo carro, eu já recuperado no aço da coluna, ela mantendo com volúpia o recuo lascivo da bofetada, cristalizando com talento um sistema complexo de gestos, o corpo torcido, a cabeça jogada de lado, os cabelos turvos, transtornados, fruindo, quase até o orgasmo, o drama sensual da própria postura, mas nada disso me surpreendia, afinal, eu a conhecia bem, pouco importava a qualidade da surra, ela nunca tinha o bastante, só o suficiente, estava claro naquele instante que eu tinha o pêndulo e o seguro controle do seu movimento, estava claro que eu tinha mudado decisivamente a rotação do tempo, sabendo, como eu sabia, que eu tinha a explorar áreas imensas da sua gula, sabendo, como eu sabia, de que transformações eu era capaz (p. 68-70).

Sob o pano de fundo da realidade brasileira, das fragilidades e cegueiras político-ideológicas, sob a ira (que se estende até a bofetada), sob o aço da coluna (o masculino), sob a insuficiência do gozo (o feminino), o *grafo* dos deslocamentos, comandados pelo masculino (na oscilação do pêndulo), perfaz-se nas dimensões legissígnicas da linguagem, que apontam para a língua (idioma) com suas polissemias, sua lógica interna, suas pulsões: "eu passei então a usar a língua, muda e coleante" [...] "era preciso conhecer de perto sua boca pra saber o que ela tinha dito"[...] "forjei uma víbora no músculo viscoso da língua" [...] "você nunca tinha imaginado antes que tivesse no teu corpo um lugar tão certo pr'esse meu dedo enquanto eu te varava e você gemia" [...] "eu podia subverter – debaixo da minha forja – o suposto rigor da sua lógica" [...] "e quem é o macho absoluto do teu barro" (p. 71-75).

Destituindo a disposição *argumentativa* da palavra, pela língua, "muda e coleante" do corpo – o idioma, a linguagem, o corpo-personagem-texto –, a novela constrói-se, desconstruindo *grafos existenciais*. É esta desconstrução, cujo objeto é a restituição do vigor único e insubstituível que alimenta aqueles *grafos*, a responsável pela abertura das comportas qualitativas das sensações originais, que dão a estes *grafos* os *tons* de suas emergências (ocorrências).

Isto é, devolve aos símbolos a força icônica da qual vieram e a quem devem pagar tributo, se desejarem manter-se vivos: "um compêndio aberto contra o chão, cuja lombada virada para cima remetia diretamente ao conteúdo calhamaço" (p. 85). Permeado de ambigüidades, a *escritura* (a lombada-livro-dorso/o feminino e o calhamaço-livro-falo/o masculino) avança ao lançar os nós capazes de conduzir aos *grafos* inequívocos.

Tal é o movimento semiótico que ao mesmo tempo em que lança a narrativa à sua circularidade, ilumina sua própria estrutura, e, ao assim proceder, entrelaça-se ao jogo dos *grafos* das sexualidades e erotismos, suas oscilações de comando, cambiâncias, alternâncias e complementaridades, saturando-se no texto-calhamaço "fala, sim, por ele mesmo, quando fala, como falo, com o corpo" (p. 61) – a espécie (a literatura), o feto final cuja completude circular (re-)inaugura o fluxo dos *grafos* ou da vida, ela mesma, corpo da linguagem e/ou corpo (linguagem) outra vez.

Grande Sertão: Veredas

Em *Grande Sertão: Veredas*, Riobaldo, velho jagunço do interior das Minas Gerais, narra a história de sua vida a um interlocutor que registra as suas palavras. Tal história se organiza sob o influxo da oralidade contínua, a qual se antecipa ou posterga, esclarece ou confunde, presentifica ou esconde a seqüência dos fatos e/ou situações, enfraquecendo a habitual construção narrativa (hipotaxe), abrindo-a à parataxe com marcada acentuação poética, emotiva e, finalmente, metassígnica.

É pela voz de Riobaldo que todos os personagens falam; sob sua voz manifestam-se todas as demais vozes, a ele incorporadas pelos *grafos* da memória, incluindo a voz de Diadorim, cujo fascínio exerce sobre ele sentimentos e desejos ambíguos. A amizade entre ambos – para onde conflui a vida naquela região brasileira, a luta pela propriedade, o jogo do poder, a República Velha, o misticismo que brota daquilo que não se entende e, naturalmente, a discussão sobre a linguagem (oral e escrita) – constitui o núcleo central da

O CORPO DA LINGUAGEM 45

narrativa, através do qual Riobaldo entrevê – com o auxílio do interlocutor que permanece em silêncio – os *grafos* capazes de lhe propiciar a compreensão de sua própria vida, cuja história esgarça-se sob a vida do sertão, suas imposições e seus limites, naturais e políticos, onde é três vezes renomeado (Cerzidor, Taturana, Urutu Branco), até atingir a posição de chefe do grupo de jagunços a que pertence.

Quando Diadorim mata e morre, em duelo a faca com Hermógenes, e seu corpo vai ser preparado para o enterro, Riobaldo é envolvido pelo relâmpago da descoberta:

Diadorim, Diadorim, oh, ah, meus buritizais levados de verdes... Buriti, do ouro da flor... E subiram as escadas com ele, em cima de mesa foi posto. Diadorim, Diadorim – será que a mereci só por metade? Com meus molhados olhos não olhei bem – como que garças voavam... E que fossem campear velas ou tocha de cera, e acender altas fogueiras de boa lenha, em volta do escuro do arraial...

Sufoquei, numa estrangulação de dó. Constante o que a Mulher disse: carecia de se lavar e vestir o corpo. Piedade, como que ela mesma, embebendo toalha, limpou as faces de Diadorim, casca de tão grosso sangue, repisado. E a beleza dele permanecia, só permanecia, mais impossivelmente. Mesmo como jazendo assim, nesse pó de palidez, feito a coisa e máscara, sem gota nenhuma. Os olhos dele ficados para a gente ver. A cara economizada, a boca secada. Os cabelos com marca de duráveis... Não escrevo, não falo! – para assim não ser: não foi, não é, não fica sendo! Diadorim...

Eu dizendo que a Mulher ia lavar o corpo dele. Ela rezava rezas da Bahia. Mandou todo o mundo sair. Eu fiquei. E a Mulher abanou brandamente a cabeça, consoante deu um suspiro simples. Ela me mal-entendia. Não me mostrou de propósito o corpo. E disse...

Diadorim – nu de tudo. E ela disse:

– "A Deus dada. Pobrezinha..."

E disse. Eu conheci! Como em todo o tempo antes eu não contei ao senhor – e mercê peço: – mas para o senhor divulgar comigo, a par, justo o travo de tanto segredo, sabendo somente no átimo em que eu também só soube... Que Diadorim era o corpo de uma mulher, moça perfeita... Estarreci. A dor não pode mais do que a surpresa. A coice d'arma, da coronha...

Ela era. Tal que assim se desencantava, num encanto tão terrível; e levantei mão para me benzer – mas com ela tapei foi um soluçar, e enxuguei as lágrimas maiores. Uivei. Diadorim! Diadorim era uma mulher. Diadorim era mulher como o sol não acende a água do rio Urucuia, como eu solucei meu desespero.

O senhor não repare. Demore, que eu conto. A vida da gente nunca tem termo real.

Eu estendi as mãos para tocar naquele corpo, e estremeci, retirando as mãos para trás, incendiável: abaixei meus olhos. E a Mulher estendeu a toalha, recobrindo as partes. Mas aqueles olhos eu beijei, e as faces, a boca. Adivinhava os cabelos. Cabelos que cortou com tesoura de prata... Cabelos que, no só ser, haviam de dar para baixo da cintura... E eu não sabia por que nome chamar; eu exclamei me doendo:

– "Meu amor!..."

Foi assim. Eu tinha me debruçado na janela, para poder não presenciar o mundo.

A Mulher lavou o corpo, que revestiu com a melhor peça de roupa que ela tirou da trouxa dela mesma. No peito, entre as mãos postas, ainda depositou o cordão com o escapulário que tinha sido meu, e um rosário, de coquinhos de ouricuri e contas de lágrimas-de-nossa-senhora. Só faltou – ah! – a pedra-de-ametista, tanto trazida... O

Quipes veio, com as velas, que acendemos em quadral. Essas coisas se passavam perto de mim. Como tinham ido abrir a cova, cristamente. Pelo repugnar e revoltar, primeiro eu quis: – "Enterrem separado dos outros, num aliso de vereda, adonde ninguém ache, nunca se saiba..." Tal que disse, doidava. Recaí no marcar do sofrer. Em real me vi, que com a Mulher junto abraçado, nós dois chorávamos extenso. E todos meus jagunços decididos choravam. Daí, fomos, e em sepultura deixamos, no cemitério do Paredão enterrada, em campo do sertão.

Ela tinha amor em mim.

E aquela era a hora do mais tarde. O céu vem abaixando. Narrei ao senhor. No que narrei, o senhor talvez até ache mais do que eu, a minha verdade. Fim que foi.

Aqui a estória se acabou.

Aqui, a estória acabada.

Aqui a estória acaba. (p. 529-531).

O *Grande Sertão*, texto entretecido pela fala e memória de Riobaldo, resiste à disposição *argumentativa* até à radicalidade da revelação sexual, paroxismo cuja explosão, impossível e pressentida, derrama-se sobre a disposição escritural. É o corpo-texto e seus *grafos* que desenham e resistem aos desdobramentos do presente... "não escrevo, não falo! – para assim não ser: não foi, não é, não fica sendo! Diadorim..."

Diadorim, uma constelação de qualidades a desdobrar faixas de ambigüidade, o chão, a flor, a forma perfeita, a mulher que se ensolara, onde os pólos metonímicos e metafóricos se fundem ("meus buritizais levados de verdes"; "ouro da flor"; "moça perfeita"; "mulher como o sol"), cuja emergência ("no átimo"; "a dor não pode mais do que a surpresa"; "coice d'arma") e atualização ("uivei"; "solucei meu desespero") dá origem ao *grafo* indelével ("eu não sabia por que nome chamar"; "eu exclamei me doendo: meu amor!"), cuja permanência reside justamente na possibilidade da surpresa, sempre renovada para além do narrador, da *escritura*, da *leitura* ("no que narrei, o senhor talvez até ache mais do que eu").

Avalovara

Em *Avalovara*, uma narrativa é construída em torno de um homem, Abel, e das mulheres que amou, Rosa, Cecília, e aquela designada pelo signo ⊙. Tal narrativa estrutura-se sob a ordem geométrica e reversível do palíndromo latino "Sator Arepo Tenet Opera Rotas" ("O lavrador mantém cuidadosamente a charrua nos sulcos" ou "O lavrador sustém cuidadosamente o mundo em sua órbita", conforme traduções contidas na própria obra).

As oito letras integrantes da frase latina codificam oito linhas narrativas que se entretecem à medida que o texto se desenvolve, a partir da faixa mais exterior de uma espiral, atravessando as letras do palíndromo em disposição reticular (um quadrado de cinco letras por cinco letras), conforme o modelo contido na obra:

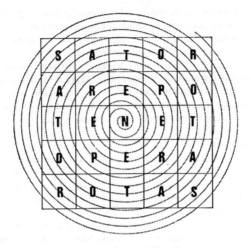

As linhas narrativas são assim codificadas:

R ☿ e Abel: Encontros, Percursos, Revelações (Fragmentos 1 a 22)
S A Espiral e o Quadrado (Fragmentos 1 a 10)
O História de ☿, Nascida e Nascida (Fragmentos 1 a 24)
A Roos e as Cidades (Fragmentos 1 a 21)
T Cecília entre os Leões (Fragmentos 1 a 17)
P O Relógio de Julius Heckethorn (Fragmentos 1 a 10)
E ☿ e Abel: ante o Paraíso (Fragmentos 1 a 17)
N ☿ e Abel: o Paraíso (Fragmentos 1 e 2)

A narrativa desenvolve-se por meio do desdobramento escritural do palíndromo, por meio do qual irrompe a linguagem dos seus personagens que, por sua vez, derramam-se por entre espaços, tempos, músicas, objetos, cidades, na Europa, no Brasil, em Recife e, em particular, em São Paulo, no edifício Martinelli, no "centro velho" da cidade, que se deteriora sob o vai e vem de uma comunidade marginal.

À semelhança de uma máquina semiótica, capaz de provocar invenções, simultaneidades, elisões espaciotemporais, a narrativa embaralha narrador, autor, presente, passado e futuro, citações, gêneros literários (prosa, poesia, romance, teoria da literatura), toponímias, sinonímias, geometrias, cálculos e qualidades.

No entrecruzamento múltiplo da estrutura que preside o texto e seus personagens, em particular, Abel, ☿ e a Cidade (o plano reticulado, o encadeamento fonético e gráfico, a tessitura de um tapete), grafam-se o corpo como linguagem e a linguagem como corpo (e com ambos a sexualidade, a sensualidade, o erotismo, o amor), nas cifras sintáticas de sua arquitetura, cuja mesma iconicidade a tudo e a todos perpassa, tal qual se deixam exprimir ante o Paraíso (o texto, a cidade, a literatura, enfim configurados):

A Cidade, faustosa e já em ruínas (textos de prestígio prometem a volta de legendários reinos submersos), aparece no centro da cisterna, como um peixe que houvesse crescido e envelhecido em segredo no fundo deste cubo, exatamente no lugar onde costumo indagar: 'Que procuro?' Persigo uma caça ignorada, anos, caço na cegueira. Posso, se desconheço o objeto da procura, chegar um dia ao seu termo? Compulsiva, insensata e sem qualquer esperança a minha busca. Agora, próxima e contudo imaterial na sua transparência, a resposta se apresenta. Busco uma cidade, esta, com seus templos e suas construções profanas, algumas de um luxo para mim ofensivo, entre obeliscos e arcos, sobre colinas que separa um rio ou braço de mar. Que cidade é, porém, não sei, ela não se nomeia.

Sem objetivo, levanto-me num salto e corro em direção ao chalé. São que olhos, estes que me aparecem com a Cidade e percebem-na? Uma visão inteligente e aguda? A vinte passos da cisterna e dando-me conta das primeiras estrelas, surpreso apesar de vê-las há quase vinte anos, também vejo que os grãos de que é feita a Cidade, móveis como formigas e incontáveis, vão cisterna adentro e das torres e cúpulas algumas não mais apontam o céu de zinco (vozes dos meus irmãos e sons dos seus instrumentos, o vento move as frondes das mangueiras e suas folhas mortas), desfaço o percurso imotivado. As sombras adensando-se na água e no cimento rachado: e a Cidade boiando no centro do recinto, anacrônica, com suas praças de esmalte, circulares e não maiores que anéis. A sensualidade dos que a edificam manifesta-se em cada aresta de parede. Assim, as fortificações, expressão da soberba e da brutalidade militares, parecem nascer de mãos estrangeiras. Cedo são arrombados esses muros sólidos, desabam os torreões, as torres, as ameias, mas também vão-se as construções particulares e os templos, funde-se como sal a estátua do menino a quem o pai ou mestre parece oferecer num gesto largo o mundo, toda a Cidade alui no silêncio, dissolve-se em nada a Cidade e o seu mergulho na cisterna em nada perturba a superfície calma da água, em silêncio a Cidade deixa de existir e não me diz seu Nome. Dissolve-se a visão, sim, não me revela seu Nome, sim, mas a procura de seis ou sete anos afinal se define, sei por fim o que devo buscar e contemplar, sendo indispensável que o intente. Vai, Abel, busca a Cidade: eis a tua incumbência.

As cobras fogem ao calor do meio-dia na espessura do canavial. As sombras, vagarosas, das nuvens, deslocam-se através da paisagem, em direção a mim, cobrem-me e vão-se, arma-se e arma-se o encontro sonhado, vem a Cidade ao encontro do homem que – havendo-a farejado como um insensato por muitos países – admite o insucesso e renuncia à procura. Sua rota, na direção este-oeste, é perpendicular à direção do vento, que leva as nuvens para o sul.

Giramos abraçados e rindo sobre o largo tapete, o carneiro observa-nos, um de nós bate com o flanco na mesa de centro, tombam a mesa e o bule de prata agravando a desordem que o nosso desejo vai impondo, ela corre as mãos pelo meu corpo e prende num assomo os testículos como se receasse que fugissem, esmaga-os sem precauções, crava os dentes no meu ombro direito, cruzam-se as dores que me perfuram e a sua nudez ilumina esses atos veementes. O ar que expele entre os incisivos escalda-me a tábua do peito, enquanto (gestos de quem lida com alaúde ou lira) corre as pontas dos dedos no meu sexo, da base à glande, elevando-os compassada, acima do nível real da glande. Modela um caule imaginário, muito longo – além de tenro – e o extremo do caule abre-se em umbela. O ar escaldante da boca vai pelo meu ventre, uma esfera nos envolve, ela beija o caule nodoso, vozes correm no caule, o caule cresce e dasata-se a umbela que a sua mão modela, abre-se e abre-se e abre-se, grande guarda-sol, flor súbita e mágica onde vozes – como aves – habitam. Dois ou três sinais pontuam a uniforme alvura do seu dorso, tornando-o – não se sabe por que – mais deleitável. Outros surgem, agitados, a carne os absorve: maiores, reaparecem nos rins. Ela explora com unhas penetrantes a região em torno do meu sexo, busca a raiz obscura da força que o alça, beija-o, beija-o voraz e seus cabelos rastejam sobre ele. Pesam os culhões como pedras e as pedras me queimam, ovos de fogo, abro em cruz os braços, clamo ou julgo clamar o seu nome – e o tapete me recebe entre pássaros e flores, um tiro. A visão

O CORPO DA LINGUAGEM

lampeja em mim – um tiro – e ensurdece-me, eu sob a umbela no seu caule, a meus pés um rio imóvel e ☾☉ do outro lado, nua e severa, eu, ela e a umbela que me cobre (a ainda o rio imóvel) cobertos por uma árvore de nove ramos imensos, árvores das árvores, os ramos, nove, como estradas e veredas, signos incontáveis entrançados sem ordem, os signos, no corpo nu do outro lado do rio, tão visíveis que bem os posso tomar por sombras e réstias das flores, dos frutos, da folhagem nos nove ramos desmedidos. Essa rede ilegível, entretanto, constitui seu corpo, o mesmo corpo e outro, e não devo crer que sobre ele se projete. Ela: carnal e também ente verbal. Imóvel como o rio cujas margens, nus, demarcamos, é a hora clara e sem cuidados que faz parte deste mundo, visto – um lampejo – e logo perdido: um tiro (p. 387-389).

Aí está a Cidade ("textos de prestígio"; lugar de indagação) e os grãos de que é feita (percebidos no fundo da cisterna – água e sensualidade); sob os espelhos da realidade brasileira e a cuja busca Abel (o que é morto?) se dedica (a cidade literária; a Literatura, permeada de sexualidades e pulsões, de árvores e ramos, personagens e nomes – entes carnais e verbais; lampejos; tiros).

No Paraíso (a obra/arquitetura concluída), revelam-se a Abel a origem cosmo-caos da carne, da linguagem, em estilhaçamentos de corpo, sexualidade e linguagem, cujos *grafos* encontram, nos fluxos de paramorfismos e continuidade que os atravessam, os índices de sua origem:

a esfera o Jardim ainda impenetrável hirtas figuras circunspectas meio devoradas pelas traças seu flébil odor de flores e de luvas guardadas em malas de viagem (pêlos cambiantes dos flancos carne amável airosos peitos coxas venustas fragrância inebriante do púbis o falo insigne as egrégias nádegas de margaridas camélias e açucenas a língua sábia a excelsa fenda dúplice) ah corpo verbal e ressoante e proliferador eis que supondo invadir-te por ti sou invadido libra-se o pássaro de pássaros em círculos maiores e mais altos roçando chapas como de aço as chapas giram devagar voa o pássaro através pesadas nuvens feridas por relâmpagos pouco para as cinco prematuras completas da chuvosa abafada tarde de novembro o guarda-chuva molhado no braço esquerdo do Agente ele ignora o ascensor galga os degraus de mármore lama nas solas. Contemplo a Cidade, radiosa e insulada, sobre o canavial, contemplo as águas imóveis, os palácios brilhantes como quartzo, as colunas muito altas e, de súbito, como se tivesse nas mãos um pássaro de plumagem sedosa e multicor, e, soprando-a, descobrisse no pássaro um animal escamoso, minado de piolhos, pústulas e vermes, a Cidade, sem nada perder da pompa visível, revela o seu asco, a sua doença, suas camadas maléficas, até aqui dissimuladas. Volvo para o teto à vulva ergo-a para o zênite escuro como à espera de que finquem em mim do alto e para sempre o tronco da árvore do mundo cruzo os pés nos briosos rins de Abel e alteio o mais que posso a vulva em fogo boca de cão uivando uiva o meu útero eu uivo e abro-me abro-me e urro trovão amor girassóis estendo os braços em T os visitantes abstrusos e seu cheiro de sótão conservo o membro implantado prego batido lâmina e cabo forço e não recuo os beiços do períneo mordem a pele do saco estendo a mão esquerda ao longo do seu braço direito prostrado no tapete cruzam-se os dedos convulsos espécie de aflição o quase o ápice o limite os animais em nós as lianas em nós o pássaro de pássaros as placas de metal ferruginoso empluma-se um pássaro em nosso corpo e uma grande ave preta uma ave não visível sobre as nuvens baixas voa (p. 410-411).

É assim, a metáfora por excelência, o "corpo verbal e ressoante e proliferador" (p. 410), a espiral, o palíndromo, a quadratura do círculo, onde "ataviado com todas as cores dos pavões, o Avalovara" (o sexo, a memória, a cidade, a linguagem, o nome, o livro, o texto, a Literatura) lembra "um manuscrito iluminado. Nele, quase é possível ler" (p. 281) pois que, os *grafos* vida/linguagem e linguagem/vida inscrevem-se na corporificação da Literatura.

Pedro Páramo

Pedro Páramo constitui uma novela em que os *grafos* existenciais são a própria vida da narrativa, cuja síntese é a viagem de Juan Preciado a Comala a procura de seu pai Pedro Páramo, após a morte de sua mãe e a seu pedido (motor de sua viagem).

À medida que inicia o trajeto da viagem que empreende – até alcançar ou reconhecer a própria morte –, Juan Preciado estabelece um diálogo (que parece não ter começo, nem fim) com inúmeros habitantes de Comala, ou da região, os quais lhe trazem algumas elucidações sobre algo da vida passada de seus pais, que ele desconhecia. Aos poucos, Preciado descobre que tais habitantes encontram-se mortos.

Para tanto, a sinuosa narrativa desenha ambíguas vozes e silêncios, presenças e ausências, fatos e situações reais, sonhados ou meditados, fundindo tempos verbais através de fios narrativos espiralados – os quais focam e desfocam, abandonam ou retomam, perdem ou resgatam os *grafos* capazes de dar coerência e sentido à vida de Juan Preciado e à própria narrativa – cujo centro geométrico, embora pressentido, não se sabe onde se encontra, mas parece obedecer a perfeita disposição estrutural, como se observa:

yo preguntaba por el pueblo, que se ve tan solo, como si estuviera abandonado. Parece que no lo habitara nadie.
– No es que lo parezca. Así es. Aquí no vive nadie.
  – ¿Y Pedro Páramo?
  – Pedro Páramo murió hace muchos años. (p. 70).

eu perguntava pelo povoado, que parece tão só, como se estivesse abandonado. É como se ninguém o habitasse.
– Não é que pareça. É assim mesmo. Não vive ninguém aqui.
– E Pedro Páramo?
– Pedro Páramo morreu há muitos anos. (p.: 12).

Me di cuenta que su voz estaba hecha de hebras humanas, que su boca tenía dientes y una lengua que se trababa y destrababa al hablar, y que sus ojos eran como todos los ojos de la gente que vive sobre la tierra.
Había oscurecido.
Volvió a darme las buenas noches. Y aunque no había niños jugando, ni palomas, ni tejados azules, sentí que el pueblo vivía. Y que si yo escuchaba solamente el silencio, era porque aún no estaba acostumbrado al silencio; tal vez porque mi cabeza venía llena de ruidos y de voces.

O CORPO DA LINGUAGEM   51

De voces, sí. Y aquí, donde el aire era escaso, se oían mejor. Se quedaban dentro de uno, pesadas. Me acordé de lo que me había dicho mi madre: "Allá me oirás mejor. Estaré más cerca de ti. Encontrarás más cercana la voz de mis recuerdos que la de mi muerte, si es que alguna vez la muerte ha tenido alguna voz". Mi madre... la viva.
Hubiera querido decirle: "Te equivocaste de domicilio. Me diste una dirección mal dada. Me mandaste al '¿dónde es esta y dónde es aquello?' A un pueblo solitario. Buscando a alguien que no existe". (p. 71-72).

Observei que sua voz era feita de fibras humanas, que sua boca tinha dentes e uma língua que travava e destravava ao falar e que seus olhos eram como todos os olhos das pessoas que vivem sobre a terra.

Escurecera.

Tornou a me dar boa-noite. E embora não houvesse crianças brincando, nem pombas, nem telhados azuis, senti que o povoado vivia. E que se eu escutava somente o silêncio era porque não estava acostumado com o silêncio; talvez porque a minha cabeça vinha cheia de ruídos e de vozes.

De vozes, sim. E aqui, onde o vento era escasso, ouviam-se melhor. Ficavam dentro da gente, pesadas. Lembrei-me do que me dissera minha mãe: "Lá você vai me ouvir melhor. Estarei mais perto. Vai achar a voz das minhas recordações mais próxima que a da minha morte, se é que algum dia a morte teve voz". Minha mãe... a viva.

Gostaria de ter dito a ela: "Você se enganou de domicílio. Deu o endereço mal dado. Mandou que eu fosse ver 'onde é isso e onde é aquilo?' E num povoado solitário, procurando alguém que não existe". (p. 13)

Diálogos obliterados, reais ou imaginados, mais ou menos intensos ("onde o vento é mais escasso, ouve-se melhor") acionados pela memória, entretecidos por vozes de "fibras humanas", que "travam e destravam", assíncronas, que revelam, pouco a pouco, a história que, pessoal, evidencia-se coletiva.

Pai e mãe de Juan Preciado confundem-se entre vida e morte, com a comunidade de Comala que se revela uma metáfora de seu país, o México, sua história, a idiossincrasia de seu povo relativa à morte. A memória saturada faz transbordar o *argumento* (a voz das recordações, mais próximas que a da morte), refazendo os *grafos* pela renovação dos circuitos sinais-signos, como se observa:

Por la puerta se veía el amanecer en el cielo. No había estrellas. Sólo un cielo plomizo, gris, aún no aclarado por la luminosidad del sol. Una luz parda, como si no fuera a comenzar el día, sino como si apenas estuviera llegando el principio de la noche. (p. 89)

Pela porta se via amanhecer no céu. Não havia estrelas. Só um céu de chumbo, cinzento, ainda não clareado pela luminosidade do sol. Uma luz parda, como se não fosse começar o dia, mas sim como se estivesse chegando o princípio da noite. (p. 25)

– ¿No será mala señal?
– ¿Para quién?
– Quizá tu hermana está nostálgica por su regreso.
– ¿A quién le hablas?
– A ti. (p. 94-95).

52 AUTOPOIESIS

– Não será mau sinal?
– Pra quem?
– Talvez a sua irmã esteja ansiosa pela volta dele.
– Você está falando com quem?
– Com você. (p. 29).

Os pensamentos que se desdobram em intermitências verbais persistentes, entrelaçam as qualidades fazendo reter a vibração "surda" e permanente dos *grafos* que animam a linguagem narrativa:

Oía de vez em cuando el sonido de las palabras, y notaba la diferencia. Porque las palabras que había oído hasta entonces, hasta entonces lo supe, no tenían ningún sonido, no sonaban; se sentían; pero sin sonido, como las que se oyen durante los sueños. (p. 114-115).

Ouvia de vez em quando o som das palavras e notava a diferença. Porque as palavras que ouvira até então, e então fiquei sabendo, não tinham nenhum som, não vibravam. Eram sentidas, mas sem som, como as que se ouvem durante os sonhos. (p. 43)

[...] – ¿Cómo se va uno de aquí?
– ¿Para dónde?
– Para donde sea.
– Hay multitud de caminos. Hay uno que va para Contla; otro que viene de allá. Otro más que enfila derecho a la sierra. Ése que se mira desde aquí, que no sé para dónde irá – y me señaló con sus dedos el hueco del tejado, allí donde el techo estaba roto – Este otro de por acá, que pasa por la Media Luna. Y hay outro más, que atraviesa toda la tierra y es el que va más lejos.
– Quizá por ése fue por donde vine.
[...]
– ¿Y quién la puede ver si aquí no hay nadie? He recorrido el pueblo y no he visto a nadie.
– Eso cree usted; pero todavía hay algunos. ¿Dígame si Filomeno no vive, si Dorotea, si Melquiades, si Prudencio el viejo, si Sóstenes y todos ésos no viven? Lo que acontece es que se la pasan encerrados. De día no sé qué harán; pero las noches se las pasan en su encierro. Aquí esas horas están llenas de espantos. Si usted viera el gentío de ánimas que andan sueltas por la calle. En cuanto oscurece comienzan a salir. Y a nadie le gusta verlas. Son tantas, y nosotros tan poquitos, que ya ni la lucha le hacemos para rezar porque salgan de sus penas. No ajustarían nuestras oraciones para todos. Si acaso les tocaría un pedazo de Padre nuestro ª. Y eso no les puede servir de nada. Luego están nuestros pecados de por medio. Ninguno de los que todavía vivimos está en gracia de Dios. (p. 117-119)

[...] Como é que se sai daqui?
– Pra onde?
– Pra qualquer lugar.
– Há uma quantidade de caminhos. Há um que vai para Contla, outro que vem de lá. Mais outro que dá direto na serra. Este que se vê daqui, não sei para onde vai – e apontou com os dedos o buraco do telhado, bem onde o teto estava furado. Este outro aqui passa pela Media Luna. E há mais outro que atravessa a terra inteira e é o que vai mais longe.
– Talvez tenha sido por este que eu vim.
[...]

O CORPO DA LINGUAGEM   53

– E quem é que pode ver a senhora, se não há ninguém aqui? Percorri o povoado
e não vi ninguém.
– Isto é o que o senhor pensa, ainda há alguns. Vai me dizer que o Filomeno não
está vivo, que a Dorotéa, o Melquíades, Prudêncio o velho, Sóstenes e todos aqueles
outros não estão vivos? O que acontece é que ficam fechados. De dia não sei o que
fazem, mas passam as noites na sua prisão. Aqui, estas horas são cheias de fantasmas.
Se o senhor visse a quantidade de almas que andam soltas pela rua! Logo que escurece
começam a sair. E ninguém gosta de vê-las. São tantas e nós tão poucos que já nem
lutamos rezando, para que deixem de penar. Nossas orações não chegariam para todos.
Talvez coubesse a cada uma delas um pedaço de padre-nosso. E isso não serve para
nada. E ainda há os nossos pecados de permeio. Nenhum dos que ainda vivemos está
na graça de Deus. (p. 45-46)

Os movimentos ubíquos da narrativa passam, imperceptivelmen-
te, de uma memória a outra, de uma consciência a outra, vivendo por
si e de si, onde a vida está mais viva, na mesma nervura dialógica dos
grafos ("como é que se sai daqui?"). Vida e morte se equivalem, fala
e emudecimento só o são enquanto *grafos*, ainda que, por vezes, feitos de pressentimentos, suspensões, cancelamentos. Como senhas an-
tecipam ou postergam, confundem sonho e vigília, dia e noite, calor
e frio, esvaziando certezas, mas evidenciando acontecimentos reais,
por meio de cerrado diálogo de mensagens sussurradas.

Juan Preciado conhece sua própria história enquanto procura por
seu pai Pedro Páramo, através dos *grafos* que os unem sejam eles
ruídos, ecos, silêncios, as próprias mortes de pai e filho:

*"Llegué a la plaza, tienes tú razón. Me llevó hasta allí el bullicio de la gente y
creí que de verdad la había. Yo ya no estaba muy en mis cabales; recuerdo que me vine
apoyando en las paredes como si caminara con las manos. Y de las paredes parecían
destilar los murmullos como si se filtraran de entre las grietas y las descarapeladu-
ras. Yo los oía. Eran voces de gente; pero no voces claras, sino secretas, como si me
murmuraran algo al pasar, o como si zumbaran contra mis oídos. Me aparté de las
paredes y seguí por mitad de la calle; pero las oía igual, igual que si vinieran conmi-
go, delante o detrás de mí. No sentía calor, como te dije antes; antes por el contrario,
sentía frío. Desde que salí de la casa de aquella mujer que me prestó su cama y que,
como te decía, la vi deshacerse en el agua de su sudor, desde entonces me entró frío. Y
conforme yo andaba, el frío, aumentaba más y más, hasta que se me enchinó el pellejo.
Quise retroceder porque pensé que regresando podría encontrar el calor que acababa
de dejar; pero me di cuenta a poco andar que el frío salía de mí, de mi propia sangre.
Entonces reconocí que estaba asustado. Oí el alboroto mayor en la plaza y creí que
allí entre la gente se me bajaría el miedo. Por eso es que ustedes me encontraron en
la plaza. ¿De modo que siempre volvió Donis? La mujer estaba segura de que jamás
lo volvería a ver".*
– *Fue ya de mãnana cuando te encontramos. Él venía de no sé dónde. No se lo
pregunté.*
– *Bueno, pues llegué a la plaza. Me recargué en un pilar de los portales. Vi que no
había nadie, aunque seguía oyendo el murmullo como de mucha gente en día de mercado. Un rumor parejo, sin ton ni son, parecido al que hace el viento contra las ramas de
un árbol en la noche, cuando no se ven ni el árbol ni las ramas, pero se oye el murmurar.
Así. Ya no di un paso más. Comencé a sentir que se me acercaba y daba vueltas a mi
alrededor aquel bisbiseo apretado como un enjambre, hasta que alcancé a distinguir*

54   AUTOPOIESIS

unas palabras casi vacías de ruido: "Ruega a Dios por nosotros." Eso oí que me decían.
Entonces se me heló el alma. Por eso es que ustedes me encontraron muerto.
*   – Mejor no hubieras salido de tu tierra. ¿Qué viniste a hacer aquí?*
*   – Ya te lo dije en un principio. Vine a buscar a Pedro Páramo, que según parece*
fue mi padre. Me trajo la ilusión. (p. 127-128)

"Cheguei à praça, você tem razão. O burburinho das pessoas me levou até lá e
pensei que elas existiam mesmo. Eu já não estava muito nos eixos; lembro que vim me
apoiando nas paredes como se caminhasse com as mãos. E as paredes pareciam destilar
os sussurros como se os filtrassem por entre as gretas e os descascados. Eu ouvia. Eram
vozes de gente; não vozes claras, mas sim secretas, como se murmurassem alguma coisa
para mim, ao passar, ou como se zumbissem nos meus ouvidos. Afastei-me das paredes e
continuei pelo meio da rua; mas ouvia do mesmo jeito, como se viessem comigo, na frente ou atrás de mim. Eu não sentia calor, como já disse a você; pelo contrário, sentia frio.
Desde que saí da casa daquela mulher que me emprestou sua cama e que, conforme dizia
a você, vi se desfazer na água do meu suor, desde aí, fiquei com frio. E conforme eu ia
andando, o frio aumentava cada vez mais, até que a minha pele ficou arrepiada. Quis retroceder, porque pensei que regressando poderia encontrar o calor que acabava de deixar.
Mas percebi, depois de andar um pouco, que o frio saía de mim, do meu próprio sangue.
Então vi que estava assustado. Ouvi um alvoroço maior na praça e pensei que ali, entre
as pessoas, o medo diminuiria. Foi por isso que vocês me encontraram na praça. Então, o
Donis voltou mesmo? A mulher estava certa de que nunca mais tornaria a vê-lo".
   – Já era de manhã quando encontramos você. Ele vinha não sei de onde. Não
perguntei.
   – Bem, pois cheguei à praça. Apoiei-me num pilar do pórtico. Vi que não havia
ninguém, embora continuasse ouvindo um burburinho como de muita gente em dia
de feira. Um ruído todo por igual, fora de propósito, semelhante ao que o vento faz
contra os ramos de uma árvore durante a noite, quando não se vêem nem a árvore nem
os ramos, mas se ouve o sussurro. Assim. Não dei mais um passo. Comecei a sentir
que se aproximava de mim e rodopiava à minha volta aquele cochicho denso como um
enxame, até que pude distinguir algumas palavras quase esvaziadas de som: 'Rogue a
Deus por nós'. Ouvi que me diziam isso. Aí minha alma gelou. Foi por isso que vocês
me encontraram morto.
   – Era melhor que você não tivesse saído da sua terra. O que é que veio fazer aqui?
   – Já disse a você no começo. Vim procurar Pedro Páramo, que segundo dizem é
meu pai. Foi a ilusão que me trouxe. (p. 52-53)

   "Sé que dentro de pocas horas vendrá Abundio con sus manos ensangrentadas a
pedirme la ayuda que le negué. Y yo no tendré manos para taparme los ojos y no verlo.
Tendré que oírlo; hasta que su voz se apague con el día, hasta que se le muera su voz".
   Sintió que unas manos le tocaban los hombros y enderezó el cuerpo, endurecién-
dolo.
   – Soy yo, don Pedro – dijo Damiana–. ¿No quiere que le traiga su almuerzo?
   Pedro Páramo respondió:
   – Voy para allá. Ya voy.
   Se apoyó en los brazos de Damiana Cisneros y hizo intento de caminar. Después
de unos cuantos pasos cayó, suplicando por dentro; pero sin decir una sola palabra.
Dio un golpe seco contra la tierra y se rue desmoronando como si fuera un montón de
piedras. (p. 194-195).

"Sei que dentro de poucas horas Abundio virá, com as mãos ensangüentadas,
pedir a ajuda que eu neguei a ele. E não vou ter mãos para tapar os olhos e não ver. Vou
ter que ouvir, até que a sua voz se apague com o dia, até que morra a sua voz".
   Sentiu que havia mãos tocando os ombros e aprumou o corpo, endurecendo-o.

O CORPO DA LINGUAGEM   55

– Sou eu, dom Pedro – disse Damiana. Não quer que lhe traga o almoço?
Pedro Páramo respondeu:
– Vou lá. Já estou indo.
Apoiou-se nos braços de Damiana Cisneros e tentou andar. Depois de uns tantos
passos caiu, fazendo súplicas por dentro, mas sem dizer uma só palavra. Deu uma panca-
da seca na terra e foi-se desmoronando, como se fosse um monte de pedras. (p. 103)

Ao fim da narrativa os *grafos* se completam, a origem (a morte)
revela as representações (a ilusão) contidas nesses *grafos* os quais
fazem reverberar, em permanentes espelhos e ecos, uma labiríntica e
ruidosa história cuja disposição *argumentativa* esforça-se por emude-
cer. A verdadeira vida (a memória) sobrevive e impõe sua voz, justamente na pregnância dos seus *grafos*, ainda que sob terreno deserto,
sem cultivo e sem abrigo, páramo.

The Invention of Solitude

Em *The Invention of Solitude* (A Invenção da Solidão), narrativa de traços autobiográficos composta de duas partes, "Portrait of an Invisible
Man" (Retrato de um Homem Invisível) (o retrato do pai) e "The Book
of Memory" (O Livro da Memória). Subdividida em treze partes, a
memória, no que traz de lembranças, espelhamentos, labirintos, entra
em ação na vida do filho, com a repentina morte do pai.

Enquanto toma providências *post-mortem*, o personagem "A"
(Auster tornando-se signo escrito, *escritura, autopersonagem, auto-
biografia*) busca reconstituir a personalidade fugidia do pai e, com
isto, de sua própria personalidade. É pois, no movimento de lembranças afloradas, pela irrupção de sentimentos e vice-versa, que se im-
bricam na *escritura*, que a narrativa se constrói, perquirindo o ato de
escrever e sua reflexão.

Os *grafos* em espelho – a vida do pai, do filho, do filho do filho,
o neto – iluminam aparentes acasos e coincidências, ocorrências e reiterações, parecendo, assim, indiciar insidiosos padrões submersos na
corporificação da memória a qual se atualiza em texto, arte e vida,
infância e velhice, linguagem e metalinguagem, em vozes que ecoam
e intervêm automaticamente, no perfazer de um organismo escritural.
Iniciando pela descrição do pai:

For fifteen years he had lived alone. Doggedly, opaquely, as if immune to the
world. He did not seem to be a man occupying space, but rather a block of impenetrable
space in the form of a man. The world bounced off him, shattered against him, at times
adhered to him – but it never got through. For fifteen years he haunted an enormous
house, all by himself, and it was in that house that he died. (p. 7)

Durante quinze anos, ele viveu sozinho. Arredio, opaco, como que imune ao mundo. Não parecia um homem que ocupa um espaço, mas antes um bloco de espaço impenetrável na forma de um homem. O mundo ricocheteava nele, se espatifava de encontro a
ele, às vezes aderia a ele – mas nunca entrava. Durante quinze anos, meu pai assombrou
uma casa enorme, completamente sozinho, e foi nessa casa que morreu. (p. 13)

A fotografia como índice instantâneo dos *grafos existenciais*:

Discovering these photographs was important to me because they seemed to reaffirm my father's physical presence in the world, to give me the illusion that he was still there. The fact that many of these pictures were ones I had never seen before, especially the ones of his youth, gave me the odd sensation that I was meeting him for the first time, that a part of him was only just beginning to exist. I had lost my father. But at the same time, I had also found him. As long as I kept these pictures before my eyes, as long as I continued to study them with my complete attention, it was as though he were still alive, even in death. Or if not alive, at least not dead. Or rather, somehow suspended, locked in a universe that had nothing to do with death, in which death could never make an entrance. (p. 14)

Descobrir essas fotografias foi importante para mim porque elas pareciam reafirmar a presença física de meu pai no mundo, me dar a ilusão de que ele ainda estava presente. O fato de eu nunca ter visto antes muitas dessas fotografias, sobretudo aquelas da juventude de meu pai, me dava a sensação estranha de que eu o encontrava pela primeira vez, de que uma parte dele só agora começava a existir. Eu havia perdido meu pai. Mas ao mesmo tempo eu também o encontrara. Enquanto eu mantinha essas fotos diante dos olhos, enquanto eu as examinava com toda a minha atenção, parecia que ele ainda estava vivo, mesmo na morte. Se não vivo, pelo menos não estava morto. Ou melhor, suspenso de algum modo, encerrado em um universo que nada tinha a ver com a morte, no qual a morte nunca poderia entrar. (p. 21)

He was so implacably neutral on the surface, his behavior was so flatly predictable, that everything he did came as a surprise. One could not believe there was such a man–who lacked feeling, who wanted so little of others. And if there was not such a man, that means there was another man, a man hidden inside the man who was not there, and the trick of it, then, is to find him. On the condition that he is there to be found.

To recognize, right from the start, that the essence of this project is failure. (p. 20)

Meu pai se mantinha na superfície de forma tão implacável, seu comportamento era tão obviamente previsível, que tudo o que fazia vinha como uma surpresa. Não dava para acreditar que existisse um homem assim – destituído de sentimento, que quisesse tão pouco dos outros. E se não existia um homem assim, significa que havia um outro homem, escondido dentro do homem que não estava ali, e a graça da história, portanto, consistia em descobri-lo. Na condição de que ele estivesse lá para ser descoberto.

Admitir, desde o início, que a essência desse projeto é o fracasso. (p. 28)

O pai e o nome, a assinatura e o ensaio de vida:

In the same way, it always amused me as a child to watch him sign his name. He could not simply put the pen against the paper and write. As if unconsciously delaying the moment of truth, he would always make a slight, preliminary flourish, a circular movement an inch or two off the page, like a fly buzzing in the air and zeroing in on its spot, before he could get down to business. (p. 30)

Do mesmo modo, quando menino, sempre me divertia ver meu pai assinar seu nome. Ele não conseguia simplesmente pôr a ponta da caneta no papel e escrever. Como se adiasse de forma inconsciente a hora da verdade, ele sempre fazia um breve floreio preliminar, um movimento circular a quatro ou cinco centímetros da página, como um inseto zumbindo no ar e ajustando a mira no seu alvo, antes de poder baixar e pôr mãos à obra (p. 38).

O CORPO DA LINGUAGEM 57

A tarefa de conversão, literatura e presentificação:

When I first started, I thought it would come spontaneously, in a trance-like out-pouring. So great was my need to write that I thought the story would be written by itself. But the words have come very slowly so far. Even on the best days I have not been abble, to write more than a page or two. I seem to be afflicted, cursed by some failure of mind to concentrate on what I am doing. Again and again I have watched my thoughts trail off from the thing in front of me. No sooner have I thought one thing than it evokes another thing, and then another thing, until there is an accumulation of detail so dense that I feel I am going to suffocate. Never before have I been so aware of the rift between thinking and writing. For the past few days, in fact, I have begun to feel that the story I am trying to tell is somehow incompatible with language, that the degree to which it resists language is an exact measure of how closely I have come to saying something important, and that when the moment arrives for me to say the one truly important thing (assuming it exists), I will not be able to say it.

There has been a wound, and I realize now that it is very deep. Instead of healing me as I thought it would, the act of writing has kept this wound open. At times I have even felt the pain of it concentrated in my right hand, as if each time I picked up the pen and pressed it against the page, my hand were being torn apart. Instead of burying my father for me, these words have kept him alive, perhaps more so than ever. (p. 32)

Quando comecei, achei que a coisa viria de forma espontânea, de um jato, semelhante a um transe. Tão grande era a minha necessidade de escrever, que achei que a história se escreveria a si mesma. Mas as palavras até aqui vieram muito devagar. Mesmo nos melhores dias não fui capaz de escrever mais do que uma ou duas páginas. Pareço atormentado, assolado por alguma incapacidade mental de me concentrar no que estou fazendo. Vezes seguidas vi meus pensamentos se desviarem do objeto à minha frente. Tão logo penso uma coisa, ela evoca uma outra, depois outra, até que há um acúmulo de detalhes tão densos que sinto que vou sufocar. Nunca antes estive tão consciente da fenda que separa pensar e escrever. Nos últimos dias, de fato, comecei a sentir que a história que tento contar é de algum modo incompatível com a linguagem, que o grau de sua resistência à linguagem dá a medida exata do quanto me aproximei de dizer algo importante, e que quando chegar o momento de eu dizer a única coisa verdadeiramente importante (supondo que ela exista), não serei capaz de dizê-la.

Houve uma ferida, e agora me dou conta de que é muito profunda. Em vez de me curar, como pensei que fosse acontecer, o ato de escrever manteve essa ferida aberta. Algumas vezes, cheguei até a sentir sua dor concentrada na minha mão direita, como se toda vez que eu pegava a caneta e pressionava a ponta sobre o papel minha mão estivesse sendo arrancada do braço. Em lugar de enterrar meu pai, para mim, estas palavras o mantiveram vivo, talvez mais do que nunca. (p. 41)

It begins, therefore, with this room. And then it begins with that room. And beyond that there is the father, there is the son, and there is the war. To speak of fear, and to remember that the man who hid in that little room was a Jew. To note as well: that the city was Paris, a place A. had just returned from (December fifteenth), and that for a whole year he once lived in a Paris chambre de bonne – where he wrote his first book of poems, and where his own father, on his only trip to Europe, once carne to see him. To remem her his father's death. And beyond that, to understand – this most important of all – that M.'s story has no meaning.

Nevertheless, this is where it begins. The first word appears only at a moment when nothing can be explained anymore, at some instant of experience that defies all sense. To be reduced to saying nothing. Or else, to say to himself: his is what haunts me. And then to realize, almost in the same breath, that this is what he haunts.

58   AUTOPOIESIS

He lays out a blank sheet of paper on the table before him and writes these words
with his pen. Possible epigraph for The Book of Memory.
Then he opens a book by Wallace Stevens (Opus Posthumous) and copies out the
following sentence.
"In the presence of extraordinary reality, consciousness takes the place of ima-
gination". (p. 80-81)

Começa, portanto, com este quarto. E depois começa com aquele quarto. Além
disso, há o pai, há o filho e há a guerra. Falar sobre o medo e lembrar que o homem que
se escondeu naquele quartinho era judeu. Assinalar também: que a cidade era Paris, o
lugar de onde A. tinha acabado de voltar [no dia 15 de dezembro], e que durante um
ano inteiro ele morou em um *chambre de bonne* em Paris – onde escreveu seu primeiro
livro de poemas e onde seu próprio pai, em sua única viagem à Europa, veio um dia
visitá-lo. Recordar a morte do pai. Além disso, compreender – eis o mais importante de
tudo – que a história de M. não significa nada.

Entretanto, é aí que começa. A primeira palavra só aparece em um momento em
que nada mais pode ser explicado, em algum instante da experiência que desafia toda
compreensão. Ser reduzido a não dizer nada. Ou então, dizer para si mesmo: é isto
que me persegue. E então entender, quase no mesmo sopro de ar, que é isto que ele
persegue.

Põe uma folha de papel em branco sobre a mesa, à sua frente, e escreve estas
palavras com a sua caneta. Possível epígrafe para O Livro da Memória.

Em seguida, abre um livro de Wallace Stevens [Porthumous] e copia a seguinte
frase:

"Diante de uma realidade extraordinária, a consciência toma o lugar da imaginação" (p. 93).

Lembrar o pai, significa reconstruir as lembranças e percursos
da própria vida, a opção pela poesia, pela literatura, pela *escritura*
e com ela escritores, obras, personagens, outros mundos – Marina
Tzvetaieva, Mallarmé, Emily Dickinson, Robinson Crusoé, Hölderlin,
Pascal, Proust, Mandelstam, a *Bíblia*, entre outros.

A linguagem que ultrapassa a vida e, portanto, a morte, é a única
capaz de dar a vida outra vez, que renasce pela língua e pela fala "nas
trevas da solidão que é a morte, a língua enfim se solta"(p. 141-142).
A fala saturada de intuição e profecia, cujas realizações adormecem
sob o texto, até o momento do despertar, na solidão do livro:

Every book is an image of solitude. It is a tangible object that one can pick up, put
down, open, and close, and its words represent many months, if not many years, of one
man's solitude, so that with each word one reads in a book one might say to himself
that he is confronting a particle of that solitude. A man sits alone in a room and writes.
Whether the book speaks of loneliness or companionship, it is necessarily a product
of solitude. A. sits down in his own room to translate another man's book, and it is as
though he were entering that man's solitude and making it his own. But surely that is
impossible. For once a solitude has been breached, once a solitude has been taken on
by another. It is no longer solitude, but a kind of companionship. Even though there
is only one man in the room, there are two. A. imagines himself as a kind of ghost of
that other man, who is both there and not there, and whose book is both the same and
not the same as the one he is translating. Therefore, he tells himself, it is possible to be
alone and not alone at the same moment. (p. 136).

O CORPO DA LINGUAGEM   59

Todo livro é uma imagem da solidão. É um objeto tangível, que se pode levantar, baixar, abrir e fechar, e suas palavras representam muitos meses, quando não muitos anos, da solidão de um homem, de tal modo que, para cada palavra que lemos em um livro, podemos dizer a nós mesmos que estamos diante de uma partícula daquela solidão. Um homem senta-se sozinho em um quarto e escreve. Quer fale o livro de solidão, quer fale de companheirismo, é forçosamente um produto da solidão. "A". senta-se em seu quarto para traduzir o livro de outro homem, e é como se entrasse na solidão desse homem e a transformasse em sua própria solidão. Mas sem dúvida isso é impossível. Pois, uma vez que a solidão abre uma brecha, uma vez que outro adota essa solidão para si, não é mais solidão, mas uma espécie de companheirismo. Mesmo que só exista um homem no quarto, já existem dois. "A". se imagina como uma espécie de fantasma daquele outro homem, que está ali e não está, cujo livro é e não é o mesmo livro que ele está traduzindo. Portanto, diz para si mesmo, é possível estar e não estar sozinho ao mesmo tempo. (p. 153)

A Língua, "an infinitely complex organism, all of whose elements – cells and sinews, corpuscles and bones, digits and fluids – are present in the world simultaneously, none of which can exist on its own" (p. 160) (um organismo infinitamente complexo, cujos elementos todos – células e nervos, corpúsculos e ossos, dígitos e fluidos – estão presentes no mundo simultaneamente, nenhum dos quais pode existir sozinho) (p. 179) – a mônada de Leibniz. E, finalmente, a percepção de continuidade entre a língua, o verbo e a imagem, no selo dos *grafos*, no corpo da linguagem e vice-versa, os quais se nutrem da mesma seiva da memória:

He realized that for Ponge there was no division between the work of writing and the work of seeing. For no word can be written without first having been seen, and before it finds its way to the page it must first have been part of the body, a physical presence that one has lived with in the same way one lives with one's heart, one's stomach, and one's brain. Memory, then, not so much as the past contained within us, but as proof of our life in the present. If a man is to be truly present among his surroundings, he must be thinking not of himself, but of what he sees. He must forget himself in order to be there. And from that forgetfulness arises the power of memory. It is a way of living one's life so that nothing is ever lost. (p. 138)

Compreendeu que para Ponge não existia nenhuma divisão entre a tarefa de escrever e a tarefa de olhar. Pois nenhuma palavra pode ser escrita sem antes ter sido vista e, antes de a palavra tomar o rumo da página, deve ter sido parte do corpo, uma presença física com que a pessoa viveu, do mesmo modo que se vive com o próprio coração, o próprio estômago e o próprio cérebro. A memória, portanto, menos como o passado contido em nós do que como uma prova de nossa vida no presente. Se um homem há de estar presente de fato entre o que o cerca, não deve ficar pensando em si mesmo, mas naquele que vê. Deve esquecer a si mesmo para estar ali. E desse esquecimento emerge a força da memória. É um modo de viver sem nunca perder nada. (p. 15)

É ainda a memória capaz de fazer ligações e pontes entre as línguas, imprimindo-lhes ressonâncias múltiplas, da gramática à vida. É através do livro-filho-pai que "A" lembrou-se de voltar ao trabalho de tradução (livro-tradutor-traduzido) que empreendera alguns anos antes:

The fact was that he had. More than five years earlier, shortly after moving into the apartment on Riverside Drive, he had translated a number of the fragments Mallarmé wrote at the bedside of his dying son, Anatole, in 1879. These were short works of the greatest obscurity: notes for a poem that never came to be written. They were not even discovered until the late 1950's. In 1974, A. had done rough translation drafts of thirty or forty of them and then had put the manuscript away. When he returned from Paris to his room on Varick Street (December 1979, exactly one hundred years after Mallarmé had scribbled those death notes to his son), he dug out the folder that contained the handwritten drafts and began to work up final versions of his translations. These were later published in the *Paris Review*, along with a photograph of Anatole in a sailor suit. From his prefatory note: "On October 6, 1879, Mallarmé's only son, Anatole, died at the age of eight after a long illness. The disease, diagnosed as child's rheumatism, had slowly spread from limb to limb and eventually overtaken the boy's entire body. For several months Mallarmé and his wife had sat helplessly at Anatole's bedside as doctors tried various remedies and administered unsuccessful treatments. The boy was shuttled from the city to the country and back to the city again. On August 22 Mallarmé wrote to his friend Henry Ronjon 'of the struggle between life and death our poor little darling is going through. . . But the real pain is that this little being might vanish. I confess that it is too much for me; I cannot bring myself to face this idea".

It was precisely this idea, A. realized, that moved him to return to these texts. The act of translating them was not a literary exercise. It was a way for him to relive his own moment of panic in the doctor's office that summer: it is too much for me, I cannot face it. For it was only at that moment, he later came to realize, that he had finally grasped the full scope of his own fatherhood: the boy's life meant more to him than his own; if dying were necessary to save his son, he would be willing to die. And it was therefore only in that moment of fear that he had become, once and for all, the father of his son. Translating those forty or so fragments by Mallarmé was perhaps an insignificant thing, but in his own mind it had become the equivalent of offering a prayer of thanks for the life of his son. A prayer to what? To nothing perhaps. To his sense of life. To *the modern nothingness*.

you can, with your little	Tu peux, avec tes[14]	*Você pode, com suas*
hands, drag me	petites mains, m'entraîner	*mãozinhas, me arrastar*
I into the grave – you	dans ta tombe – tu	*para dentro da sepultura – você*
have the right –	en as le droit –	*tem o direito –*
– I	– moi-même	*– eu*
who follow you, I	qui te suis uni, je	*que acompanho você, eu*
let myself go –	me laisse aller –	*me deixo levar –*
– but if you	– mais si tu	*– mas se você*
wish, the two	veux, à nous	*quiser, nós*
of us, let us make . . .	deux faisons. . .	*dois, vamos fazer [...]*
an alliance	une alliance	*uma aliança*
a hymen, superb	un hymen, superbe	*uma união, sublime*
– and the life	– et la vie	*– e a vida que*
remaining in me	restant en moi	*restar em mim*
I will use for –	je m'en servirai pour –	*usarei para –*

*   *   *

14. No texto de Paul Auster não constam os fragmentos originais do poema que aqui incluímos. Cf. S. Mallarmé, *Ouvres complètes I*, Paris: Gallimard, 1998, p. 883-994 (Bibliothèque de la Pléiade).

no – nothing
to do with the great
deaths – etc.
–   as long as we
go on living, he
lives – in us
it will only be after our
death that he will be
dead

– and the bells
of the Dead will toll for
          him

*

sail –
navigates
river,
your life that
goes by, that flows

*

  Setting sun
and wind
  now vanished, and
wind of *nothing*
that breathes
(here, the modern
? nothingness)

*

death – whispers softly
– I am no one –
I do not even know who I am
(for the dead do not
know they are
dead –, nor even that they
          die
– for children
at least
– or

heroes – sudden
deaths
–
for otherwise
my beauty is
made *of last*
moments –
lucidity, beauty
face – of
what would be

me, without myself

---

non – pas
mêlé aux grands
motts – etc.
– tant que nous
mêmes vivons, il
vit – en nous
–
ce n'est qu'après notre
mort qu'il en sera

– et que les cloches
des Morts sonneront pour
          lui

*

voile –
navigue
fleuve,
ta vie qui
passe, coule –

*

  Soleil couché
et vent
  or parti, et
vent de *rien*
qui souffle
(là, le nèant
? moderne)

*

la Mort – chuchotte bas
– já ne suis personne –
je m'ignore même
(car morts ne savent
pas qu'ils sont
morts –, ni même qu'ils
          meurent
– pour enfants
du moins
– ou

héros – morts
soudaines
–
car autrement
ma beauté est
faite *des derniers*
instants –
licidité, beauté
visage – de
ce qui serait

moi, sans moi

---

não – nada
a fazer com as grandes
mortes – etc.
– enquanto estivermos
vivos, ele
vive – em nós

só após nossa morte
ele estará morto

– e os sinos
dos Mortos soarão por ele

*

vela –
navega
o rio,
sua vida que
passa, que flui

*

  Sol poente
e vento
  agora extinto, e
vento de nada
que respira
(aqui, o nada
?moderno)

*

morte – sussurra de leve
– não sou ninguém –
nem sei quem sou
(pois os mortos não
sabem que estão
mortos –, nem mesmo que
          morrem
– para crianças
pelo menos
– ou

heróis – mortes
repentinas)

pois de outro modo
minha beleza é
feita de últimos
momentos –
lucidez, beleza
rosto – do que teria sido

eu, sem mim mesmo

62   AUTOPOIESIS

*	*	*
Oh! you understand	Oh! tu sais bien	*Ah! Você compreende*
that if I consent	que si je consens	*que se eu admitir*
to live – to seem	à vivre – à paraître	*viver – dar a impressão*
to forget you –	t'oublier –	*de esquecer você –*
it is to	c'est pour que	*é para*
feed my pain	nourrir ma douleur	*alimentar minha dor*
– and so that this apparent	– et que cet oubli	*– e assim esse aparente*
forgetfulness	apparent	*esquecimento*
can spring forth more	jaillisse plus	*pode emergir, de forma*
horribly in tears, at	vif en larme, à	*mais terrível, em lágrimas, em*
some random	un moment	*algum momento*
moment, in	quelconque, au	*fortuito, no*
the middle of this	milieu de cette	*meio desta*
life, when you	vie, quand tu	*vida, quando você*
appear to me	m'y apparais	*aparecer diante de mim*

*	*	*
true mourning in	vrai deuil en	*luto verdadeiro no*
the apartment	l'appartement	*apartamento*
– not cemetery –	– pas cimetière –	*– não no cemitério –*
furniture	meubles	*mobília*

*	*	*
to find *only*	trouver *absence*	*para encontrar* apenas
absence –	*seule –*	ausência –
– in presence	– en présence	*– na presença*
of little clothes	de petits vêtements	*– de roupinhas*
– etc.–	– etc. –	*– etc. –*
	mère	

*	*	*
no – I will not	on – je ne	*não – não vou*
give up	laisserai pas	*desistir*
nothingness	le néant	nada
father – I	Père – – – je	*pai – eu*
feel	sens le néant	*sinto o nada*
invade me	m'envahir	*me invadir)*

(Auster 1988 : 109-113).   (Mallarmé 1998: 895-940).   (R. Figueiredo, 1999: 125-127).

       O fato é que já traduzira. Mais de cinco anos antes, pouco depois de se mudar para o apartamento na Riverside Drive, A. traduzira vários fragmentos escritos por Mallarmé junto ao leito do filho moribundo, Anatole, em 1879. Eram obras curtas, de grande obscuridade: anotações para um poema que jamais chegou a ser escrito. Só foram descobertos no final da década de 50. Em 1974, "A". fizera os rascunhos toscos de uma tradução de trinta ou quarenta fragmentos e depois deixara de lado o manuscrito. Quando voltou de Paris para esse quarto na rua Varick (dezembro de 1979, exatamente cem anos depois de Mallarmé haver rabiscado esses bilhetes de morte para

O CORPO DA LINGUAGEM   63

seu filho), A. desencavou a pasta que continha os rascunhos manuscritos e se pôs a desenvolver versões acabadas de suas traduções. Elas foram, mais tarde, publicadas na *Paris Review*, junto com uma fotografia de Anatole com roupa de marinheiro. De sua nota introdutória: "No dia 6 de outubro de 1879, o filho único de Mallarmé, Anatole, morreu aos oito anos de idade, após uma longa doença. A enfermidade, diagnosticada como reumatismo infantil, se espalhara lentamente de um membro para outro e por fim tomou o corpo inteiro do menino. Durante vários meses, Mallarmé e sua esposa permaneceram sentados, em desamparo, junto ao leito de Anatole, enquanto os médicos experimentavam vários remédios e administravam tratamentos malogrados. O menino foi transferido da cidade para o interior e depois trazido de volta para a cidade. No dia 22 de agosto, Mallarmé escreveu para seu amigo Henry Ronjon, e falou da luta entre a vida e a morte que nosso pobre adorado está travando [...], mas o verdadeiro sofrimento é que essa pequena criatura tenha de desaparecer. Confesso que é demais para mim; não consigo me obrigar a encarar essa idéia.

Foi exatamente essa idéia, A. se deu conta, que o levou a voltar para aqueles textos. O ato de traduzi-los não constituía um exercício literário. Era, para ele, um modo de aliviar-se de seu próprio momento de pânico no consultório da médica, naquele verão: é demais para mim, não consigo encarar. Pois foi só naquele momento, conforme mais tarde veio a perceber, que ele enfim captou toda a dimensão de sua própria paternidade: a vida do menino significava para ele mais do que sua própria vida; se fosse necessário morrer para salvar a vida do filho, ele estaria disposto a morrer. E foi, portanto, só naquele instante de medo que A. se tornou, de uma vez por todas, o pai de seu filho. Traduzir aqueles trinta ou quarenta fragmentos de Mallarmé era, talvez, algo insignificante, mas em seu pensamento se tornara o equivalente a oferecer uma prece de gratidão pela vida do filho. Uma prece dirigida a quê? A nada, talvez. Ao seu sentimento de vida. Ao *nada moderno*.

Os *grafos* constituem na invenção dessa solidão, confluências, coincidências, espelhamentos arte/vida inesperadas, quando, por exemplo, o filho morto do poeta em tradução ilumina o filho doente do tradutor, insuflando-lhe, por meio do pai e sua atividade escritural, recuperação e vida, bem como ao esvaziamento, à morte, que parecem caracterizar a modernidade ("ao nada moderno"). Multiplicam-se, desse modo, espelhamentos entre a tarefa, o ofício, a experiência de escrever (criar) e traduzir (transcriar); mundos de isolamento e solidão. Relampejam, nesses paramorfismos, múltiplas qualidades de sentir, ecos aproximando duplas constelações pai/filho e o encontro tradutor/traduzido, inaugurando complexas relações noogenéticas (hereditárias, culturais, espirituais).

A tradução parece, assim, corporificar, concretamente, a amplificação da vida, pelos duplos e dialógicos espelhos filho/tradução, autor/tradutor, ("meu filho"; "eu, sem mim mesmo"), como dizia Walter Benjamim, em A Tarefa do Tradutor.

* * *

As obras, objetos de nossa sondagem no âmbito da comunicação verbal c, especialmente, no âmbito da literatura, desenham, através de hábil produção de *grafos* a configuração de processos de informação e comunicação, por meio do estabelecimento de relações entre linguagem e *autopoiesis* quais sejam:

a. Quanto ao Material (concreção sígnica), os *grafos* organizam-se, marcadamente, pelo trânsito sintático verbal-icônico, constituindo, pois, *escrituras* cujos eixos estruturais abandonam a hipotaxe dominante e característica das faixas sígnicas verbais, para projetar a similaridade sobre a contigüidade, traduzindo o material em forma e vice-versa, desvelando o contínuo dinamismo dos objetos dessas faixas, trazendo à superfície textual os fluxos de propriedades, que insuflam vitalidade à sua estrutura profunda. Observa-se aqui, significativa incidência de qualidades de sentir (elementos de *primeiridade*) e choques (elementos de *secundidade*).

b. Quanto ao Procedimento, os *grafos* organizam-se, marcadamente, pelo trânsito semântico que faz reverter as *ocorrências e tipos*, constituindo, pois, *escrituras* cujos eixos estruturais esvaziam, gradativamente, a alta definição argumentativa dominante e característica das faixas sígnicas verbais, para singularizar personagens, ações, situações, recriando-as por decapagem das camadas sígnicas sucessivas, desvelando a contínua instabilidade dos objetos imediatos dessas faixas, trazendo à superfície textual os fluxos provisórios e perecíveis, de seus sentidos possíveis, de sua polissemia. Observa-se, aqui, significativa incidência de *tons* (elementos de *primeiridade*) e *tipos* (elementos de *secundidade*).

c. Quanto às Funções de Linguagem, os *grafos* organizam-se, marcadamente, pelo trânsito pragmático que faz evidenciar por sob a função referencial, as funções metassígnica e/ou poética, constituindo, pois, *escrituras* cujos eixos estruturais desvelam, por sob o referente, as interações, contatos ou conflitos, no desempenho dessas faixas sígnicas, desviando a abstração referencial para a concreção sígnica, para o perfazer dos *grafos*. Observa-se, aqui, significativa incidência de mensagens cujo foco centra-se, predominantemente, na constituição dos signos e dos códigos (características das funções poéticas e metassígnicas).

Os *grafos existenciais*, a que fizemos referência, organizam-se, marcadamente, pelo trânsito de uma constelação de qualidades que, ao se alinharem no desenho dessa constelação (*legissignos*), evidenciam o sujeito atravessado e constituído pela linguagem. Tal sujeito, permeado pelo significante, pelo inconsciente, pelo outro, deixa-se assim inscrever, com e sobre o seu corpo[15], ele próprio sujeito e objeto da escritura. Observa-se, aqui, significativa incidência de *legissignos*

15. Cf. S. Sarduy, *Escrito sobre um Corpo*.

O CORPO DA LINGUAGEM   65

indiciais discentes e *indiciais remáticos* perfazendo uma instável *terceiridade*, no pólo da *terceiridade*, isto é, baixa definição verbal e alta circulação icônica, no âmbito do *argumento*.

Os *grafos* aqui analisados apontam para uma corpografia, entrelaçam corpos e vozes sob o impacto pusional da sexualidade e suas representações, de suas fusões na e pela linguagem; é pelo sexualinconsciente que o significante permeia, constitui a vida e o mundo ou, a morte e a dissolução.

Ecos no corpo, ele mesmo (identidade), ecos no corpo, o outro (alteridade), imbricam-se nas faixas sígnicas constitutivas da linguagem. É aqui o solo dos paramorfismos, dos espelhos, das máscaras e dos registros que se fixam por meio de processos autogerativos (*autopoiesis/corpo autopoiético*), permitem planos de significação por meio dos processos sígnicos (*semiótica/corpo semiótico*), registram espaços e tempos, por meio de materiais, procedimentos, funções, *grafos*, isto é, corporificam a vida-linguagem e a linguagem-vida (*escritura/corpo escritural*).

Complexidade semiótica, a linguagem, já não representa mais por meio de um signo simples, mas por um tecido de quase-signos, signos, *grafos*.

Assim, correlacionamos, no *diagrama* a seguir, os *grafos* em estudo, conforme suas predominâncias:

Característica Grafo Obra	Primeiridade Autopoiesis (Corpo Autopoiético)	Secundidade Semiótica (Corpo Semiótico)	Terceiridade Escritura (Corpo Escritural)
Um Copo de Cólera	homem/mulher	masculino	literatura/corpo
Grande Sertão: Veredas	homem/ mulher	masculino/feminino	literatura/sertão
Avalovara	homem/mulher	feminino	literatura/cidade
Pedro Páramo	homem/mulher/ menino	pai/mãe/filho	literatura/país
A Invenção da Solidão	homem/menino	pai/filho	literatura/vida

A observação do *diagrama* permite-nos evidenciar múltiplas leituras que convergem sempre para a linguagem cuja dimensão fenomênica encontra-se em corpos sígnicos, por isso, material e sensivelmente organizados, com um *quantum* de "natureza biofísico-química" e um *quantum* de "natureza semiótico-escritural", ambos fundamentados num *quantum* de "natureza autopoiética" – a viagem palingenética de Ulisses, cuja corpografia é, no limite, a própria *linguagem-homem-*

nascendo, como observou Décio Pignatari, ao deparar-se com o *quase-signo*[16].

A literatura, sujeito-outro-*grafo*, por entre os relâmpagos da tessitura de qualidades, instaura-se – no âmbito de sua normalização, modelização, texto-linguagem-*escritura* – como uma corpografia, lugar vazio do desejo, do recalque, da rasura, e sobretudo da experimentação de qualidades de sentir, motores desta corpografia.

Universo de *grafos*, portanto, esta corpografia passa ao largo de uma *mímesis,* das funções referenciais de linguagem, dos cânones literários, dos estratos ideológicos, para, a despeito das imposições produzidas pelos *argumentos*, apontar para os fluxos de qualidades de sentir a partir dos quais se configura.

16. *Semiótica e Literatura*, p. 56.

3. O Constructo Semiótico:

a comunicação verbal-icônica

A FRONTEIRA VERBAL-ICÔNICA

A linguagem, tal como a estamos considerando, organiza-se através de dois grandes sistemas de signos: verbais e icônicos. Atentemos para as características gerais de ambos os sistemas.

A experiência e o estudo relativos à constituição e ao funcionamento do signo verbal encontram-se na raiz da teoria e prática lingüísticas. Assim, o signo verbal é, pois, objeto de uma ciência (ou ciências: filologia, fonologia, fonética, gramática, lingüística etc.); veículo de comunicação geral (a fala e a escrita cotidianas); veículo de comunicações específicas, com suas decorrentes séries verbais (a literatura, a poesia, a filosofia, as teorias, a ciência etc.).

De acordo com Saussure, a língua, ou o código lingüístico (com seu conjunto de regras e signos) é, ao mesmo tempo, "um produto social da faculdade de linguagem e um conjunto de convenções necessárias, adotadas pelo corpo social para permitir o exercício dessa faculdade nos indivíduos"[1].

É importante observar que a fala e a escrita são dois sistemas (ou dois sub-sistemas) verbais distintos, embora o segundo tenha como objetivo precípuo representar o primeiro, podendo apresentar caráter fonético (o idioma português, por exemplo) ou caráter ideográfico (o idioma chinês, por exemplo). Portanto, tais sistemas correlacionam-se

1. *Curso de Lingüística Geral*, p. 17.

68 AUTOPOIESIS

de um lado à produção dos sons (fonemas) e seus movimentos articulatórios que incluem a respiração, a articulação bucal, a vibração da laringe, a ressonância nasal para a emissão desses sons; de outro lado, tais sistemas correlacionam-se às formas de notação, registro ou fixação por meio de traços, sinais, desenhos para a representação daqueles sons.

Conforme constatado por Saussure, o signo verbal, de caráter fonético, ao representar algo, não une uma "coisa" a uma palavra, mas uma *imagem acústica* a um *conceito*, um *significante* a um *significado*, elementos sonoros (faixa verbal-vocal) ou elementos gráficos (faixa verbal-escrita) a conceitos. Tal signo funda-se numa relação imotivada entre os pólos descritos sendo, comumente, considerado arbitrário, tendendo a organizar-se através de unidades discretas, linearmente, hipotática e diacronicamente, por contigüidade.

O signo verbal, de caráter ideográfico, ao representar algo, une um significante a um significado por meio de relações de semelhança (faixa verbal-escrita). Tal signo funda-se numa relação motivada entre os pólos descritos, tendendo a organizar-se através de um *continuum,* simultânea, paratática e sincronicamente, por similaridade.

As perturbações ou patologias, que por vezes incidem sobre o emissor ou o receptor da linguagem verbal, quando não decorrentes de problemas anátomo-clínicos ou orgânicos, estão correlacionadas ao funcionamento destes dois modos de articulação sígnica.

Conforme Jakobson, o processo de codificação verbal caminha do sentido ao som, e do nível léxico-gramatical ao nível fonológico, enquanto que o processo de decodificação verbal caminha em direção inversa, do som ao sentido[2]. É justamente no trânsito destes caminhos que os ruídos podem se estabelecer de modo provisório (passível de correção, mediante clínica adequada), ou de modo permanente.

Não por acaso, nos sistemas lingüísticos primitivos, o signo verbal constitui uma espécie de parte integrante do corpo e, correlativamente, parecem compreendidos, como uma gradação entre o material e o imaterial capaz de ligar o corpo, por meio da respiração, à alma.

Os pensadores gregos clássicos conduziram à separação desse todo, erigindo as esferas conceituais da "linguagem" e do "real". Esta parece ser, igualmente, a raiz que estabeleceu, no âmbito da teoria, profundo ato diferencial entre fala e escrita. Tal ato prosseguiu, nas culturas contemporâneas, as ocidentais em particular, repartindo-se e recombinando-se, produzindo distinções gradativas à medida que se ampliaram as competências codificadoras: linguagem, língua, discurso, mensagem, signo (o substituto), referente (a coisa substituída).

De acordo com Sapir,

2. *Lingüística e Comunicação,* p. 80.

O CONSTRUCTO SEMIÓTICO   69

os tipos fundamentais de referentes que servem de "base natural para as classes de palavras", a saber, *existentes*, e sua expressão lingüística, o *substantivo*; *ocorrentes*, expressos pelo *verbo*; e, finalmente, *modos de existência e de ocorrência*, representados na língua pelo *adjetivo* e pelo *advérbio* respectivamente[3].

Para Jakobson, cuja visada é a produção de idéias na mente do receptor, e por isso preocupado com equivalências e paralelismos,

as categorias gramaticais utilizadas em paralelismos e contrastes estão, com efeito, todas as classes de palavras, variáveis e invariáveis, as categorias de número, gênero, caso, grau, tempo, aspecto, modo e voz, as classes de concretos e abstratos, de animados e inanimados, os nomes próprios e comuns, as formas afirmativas e negativas, as formas verbais finitas e infinitas, pronomes e artigos definidos e indefinidos e os diversos elementos e construções sintáticas[4].

Tal entrelaçamento entre os diferentes tipos de referentes e categorias gramaticais, bem como entre similaridades e contigüidades, conduz ao encontro entre a lingüística e a poética – a "Poesia da Gramática" e a "Gramática da Poesia" – cuja base comum, para Jakobson, encontra-se em unidades relacionais autônomas, similares aos corpos geométricos e físicos.

O princípio do signo e do código – o nome da origem – assentar-se-ia, assim, sobre tal processo, cuja fatura é a comunicação de algo não comunicável, comunicação esta da qual compartilham indianos, muçulmanos, cabalistas, cristãos. A *Torá* relata este princípio naquilo que descreve como a revelação do nome de Deus, o qual estaria inscrito sob o tetragrama JHWH (*Êxodo*, 3:6-14).

O signo icônico, por sua vez, tal como definido por Peirce, constitui um signo que representa seu objeto, para um interpretante, por meio de relações de similaridade. São ícones todas e quaisquer qualidades de sensação: visual, sonora, olfativa, gustativa, tátil e suas respectivas interações e gradações cinestésicas. São ícones: percepções, sentimentos, impressões. São ícones, conforme visto anteriormente, todos os signos de *primeiridade* e todos os signos resultantes dos processos de saturação simbólica e respectiva reversão icônica.

A fim de precisar sua classificação, Peirce distingue os ícones dos hipoícones: imagens, diagramas, metáforas. Tal família de signos mergulha suas raízes em substratos físico-energéticos de qualidades de sentir, quais sejam: físicas, mentais, psíquicas, noológicas. Constituem os ícones, espécies de proto-signos, os quais se encontram, também, na base de todo signo verbal.

Trata-se de signos que resistem à convencionalidade, trazendo, por isso mesmo, dificuldades às codificações que operam com as suas extensas faixas e cujos sistemas de articulação oferecem resistência à

3. Apud R. Jakobson, *Lingüística. Poética. Cinema*, p. 67.
4. Idem, p. 74.

linearidade e à contigüidade. Localizam-se aqui, em maior ou menor grau, grande parte das linguagens contemporâneas, como as artes visuais em geral, o cinema, o vídeo, o computador bem como sistemas sígnicos clássicos como as artes plásticas em geral, a dança, o teatro, a arquitetura, a música etc.

O ícone, em sua função representativa, antes de carrear as aderências referenciais autorizadas pela experiência e configuradas pelos processos codificadores, perfaz uma forma ou antes, as possibilidades qualitativas que dão origem a essa forma, participando, assim, decisivamente, da surpresa, do inesperado, do acaso dos quais brotam as descobertas e/ou invenções científicas, artísticas, intelectuais.

É de se observar contudo, que, se a complexidade constitutiva dos sistemas de signos icônicos resiste aos processos de alta definição sígnica, não impedem, propriamente, sua codificação (e para tanto, conseqüente operacionalização das ambigüidades e imprevisibilidades que os integram). Contudo, tais signos impõem a permanência de taxas de ambigüidade e intradução ao transcurso sígnico.

Ambos os sistemas de signos – verbais e icônicos – organizam-se como tais, com base em uma estrutura dotada de elementos, propriedades e funções, capazes de proporcionarem a esta estrutura coesão interna, competências para a operação dos eixos de seleção e combinação, regras ou modos de articulação; uma sintaxe que se evidencia quando são observadas as permanências e transformações no interior dos sistemas. Tal estrutura constitui, pois, um código.

Ao analisar esta estrutura, Umberto Eco, tendo em vista as concepções de Levi-Strauss e Lacan relativas à linguagem, refere-se a um processo de simplificação estrutural sucessiva que possibilitaria, no limite da operação, a individualização de um código dos códigos, um *Ur-código*, o qual possibilitaria "encontrar ritmos e cadências análogas (as mesmas operações e relações elementares) no interior de todo comportamento humano, cultural e biológico". Este *Ur-código* consistiria:

no próprio mecanismo da mente humana tornado homólogo ao mecanismo que preside aos processos orgânicos. E, no fundo, a redução de todos os comportamentos humanos e de todos os acontecimentos orgânicos à comunicação, e a redução de todo processo de comunicação a uma escolha binária não visa a outra coisa se não a reduzir todo fato cultural e biológico ao mesmo mecanismo gerativo[5].

Em que pese as especificidades verbais e icônicas, os respectivos sistemas de signos permutam informações, residindo suas maiores diferenças em seus níveis de codificabilidade. Os sistemas verbais podem oferecer alta competência e desempenho argumentativos (reiteração da *terceiridade* no pólo da *terceiridade*), enquanto os sistemas

5. *A Estrutura Ausente*, p. 38.

O CONSTRUCTO SEMIÓTICO 71

icônicos podem oferecer alta competência e desempenho qualitativos (desdobramento da *primeiridade* no pólo da *primeiridade*).

É de se observar como a arte e a ciência produzem enormes reversibilidades nos sistemas verbais e a política e a ideologia buscam exercer comandos aos sistemas icônicos, tendo-se em vista a manipulação dos códigos metassígnicos e poéticos ou retóricos e ideológicos; abertos com relação ao fluxo dos significantes ou persuasivos com relação ao fluxo dos significados. Arte e ciência tendem, assim, à produção de informação e ampliação de repertórios, política e ideologia tendem à redundância e à manutenção do *status quo*.

De qualquer modo, todo signo funda-se a partir de um circuito de qualidades que elide o fora e o dentro, o exterior e o interior da linguagem. Este circuito faz oscilar os *objetos imediatos* dos signos, fazendo emergir seus *objetos dinâmicos*, implicando em contínuas derivações, atualizações, virtualizações para onde convergem e/ou divergem faixas de qualidades de sentimentos a gerar isomorfismos, homologias, espelhamentos, cambiâncias, desvios.

O caráter projeto-construtivo da linguagem é tributário desta flutuação paradigmática. É justamente por isso que as ações de codificação (com seus processos de repetição e memória a roçar o mito), incluem estruturas abertas, processuais, as quais tendem a impedir formulações argumentativas enclausuradas e alienantes, operando as irregularidades e transposições de fronteiras semióticas.

O signo desempenha sempre, e simultaneamente, a dupla tarefa de desvelar e ocultar, podendo, em casos de exponenciação, com fins instrumentais, funcionais ou estéticos, produzir hiper ou hipo-realidades, fazendo eclodir epifanias ou corporificar simulações; sua fabulosa plasticidade permite abrir o leque das holomorfoses, das homonímias e heteronímias, do mesmo e do outro, de Narciso e de sua contemplação, das autonomias.

As camadas de interação sígnica constitutivas da emissão e recepção de linguagens tecem um tecido de convergências, paralelismos, intersecções de vozes e diálogos, que instauram intrasignicidades, intersignicidades, contextualidades, cujos contornos-limites encontram-se entre a monofonia e a polifonia e cujos transbordamentos podem conduzir à paródia e/ou à carnavalização.

Os processos significantes, que constituem as matrizes dos *grafos existenciais*, congregam, com ou sem predominância de umas ou de outras, faixas sígnicas verbais e icônicas.

Assim, toda a inscrição daqueles *grafos* funda-se numa tripla dimensão cultural: primeiramente inscrevendo-se *no espaço* (qualquer meio: vácuo, suporte físico-geográfico, folha de papel, tela, monitor); depois, inscrevendo *um espaço* (desenhos, textos, objetos, edifícios, paisagens, ambientes, ciberespaço); finalmente, inscrevendo-se *no espaço histórico* (espessura histórica advinda da interação das séries temporais e/ou espaciais). Tal dimensão cultural – uma *arquiescritura* – cria os seus leitores e as correspondentes faixas de leituras.

O binômio *escritura/leitura* permeia e orienta o estar-no-mundo do sujeito, através de um movimento de divisão progressiva (*objeto imediato*) e de um movimento de multiplicação progressiva (*objeto dinâmico*), congeniais à produção da linguagem.

Imagens, arquétipos, línguas vivas ou mortas, códigos atuais ou adormecidos, o paraíso da comunicação original ou o caos de Babel, a classificação decimal de Dewey ou as dispersões randômicas, fazem proliferar, em rastros de poeira autopoiética, os signos (re-)generativos da vida generalizada. A noosfera não começa nem termina, está aquém, através, além, entre o icônico e o verbal, em contínuo processo de semiose, ou, de transformação de massas, pesos, densidades sígnicas.

POESIA E PINTURA: VÉRTICES DE COMUTAÇÃO

Considerando as faixas sígnicas verbais e icônicas, responsáveis pelos fluxos de qualidades e pelo trânsito entre as duas linhagens sígnicas, que se encontram na base dos *grafos existenciais*, examinemos aqui as relações entre tais faixas nas atualizações dos códigos da poesia e da pintura, na perspectiva dos processos de *escritura e leitura*.

Tomemos, para tanto, duas obras particulares: o poema *Bright* (1931), de e.e. cummings (figura 1)[6], e o quadro *Semicírculo para Angularidades* (1932), de Paul Klee (figura 2)[7].

brIght

bRight s??? big
(soft)

soft near caIm
(Bright)
caIm st?? hoIy

(soft briGht deep)
yeS near sta? caIm star big yEs
aIone
(wHo

Yes
near deep whO big aIone soft near
deep caIm deep
????Ht ?????T)
Who(hoIy alone)holy(aIone hoIy)aIone

brIlha

bRilha estr??? grande
(suave)

suave perto calma
(Brilha)
calma estre?? santa

(suave briLha longe)
siM perto estrel? calma estrela grande sIm
só
(qUem

Sim
perto longe quEm grande só suave perto
longe calma longe
????Ha ?????A)
Quem(santa só)santa(só santa)só

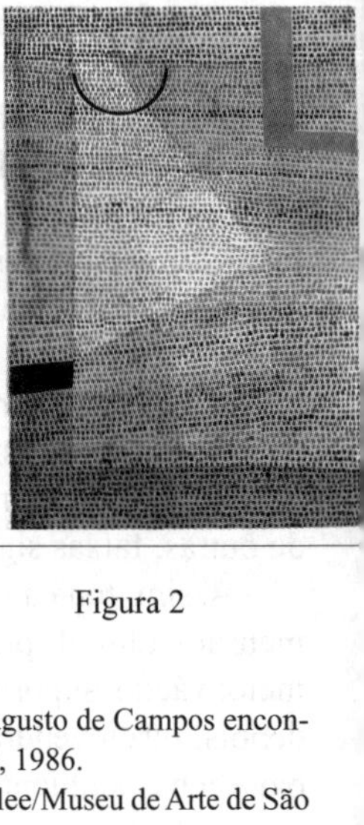

Figura 1   Figura 2

6. O poema de e. e. cummings e a tradução feita por Augusto de Campos encontram-se em: A. Campos, *40 Poem(a)s*. São Paulo: Brasiliense, 1986.

7. A reprodução aqui incluída foi extraída do catálogo Klee/Museu de Arte de São Paulo – Masp. São Paulo: Masp, 1979.

O CONSTRUCTO SEMIÓTICO 73

Nossa leitura obedecerá ao roteiro cuja seqüência encontra-se a seguir indicada.

Etapas de Leitura
a. Leitura dos aspectos gerais do poema e da pintura;
b. Leitura do poema;
c. Leitura da pintura;
d. Inferências: semelhanças estruturais.

Níveis de Leitura
1. Relações formais (sintaxe): análise *formal*;
2. Relações de significados (semântica): análise *funcional*;
3. Relações escritura/leitura (pragmática): análise *argumentativa*.

a. Leitura dos Aspectos Gerais do Poema Bright *e da Pintura* Semicírculo para Angularidades

A semiose verbal e icônica, obedecendo as características codificadoras do poema e da pintura considerados, tende a permutar informações e, assim, diluir as fronteiras entre as duas esferas, fazendo-as compartilhar propriedades e funções.

De um lado, pode-se constatar que o poema *Bright* apresenta como padrões estruturais de organização, uma forte projeção do eixo da similaridade sobre o eixo da contigüidade, desviando o habitual padrão "analítico-discursivo" para uma organização "sintético-ideogrâmica" do código verbal. Assim, o espaço tende a se projetar sobre o tempo do poema, algo como uma geometria quadridimensional.

De outro lado, pode-se constatar que a pintura *Semicírculo para Angularidades* apresenta, como eixos estruturais de organização, uma sintaxe que se organiza através de pontos, linhas, planos que, em movimento e com a aderência da cor, estabelecem domínios e contradomínios picturais que, na iminência de deslocamentos, igualmente, produzem forte projeção do eixo da similaridade sobre o eixo da contigüidade, desviando o habitual padrão "figura-fundo" para uma organização integral, uma "fisionomia". Assim, o espaço tende a se projetar sobre o tempo da pintura, igualmente, como uma geometria quadridimensional.

Observemos tais projeções, através da concepção peirceana acerca da *primeiridade* (CP 2.276 e 2.277/1977:64):

Um signo por Primeiridade é uma imagem de seu objeto e, em termos mais estritos, só pode ser uma *idéia,* pois deve produzir uma idéia Interpretante, e um objeto externo excita uma idéia através de uma reação sobre o cérebro. Contudo, em termos mais estritos ainda, mesmo uma idéia, exceto no sentido de uma possibilidade, ou primeiridade, não pode ser um Ícone. Uma simples possibilidade é um Ícone puramente por força de sua qualidade, e seu objeto só pode ser uma Primeiridade. Mas, um signo pode ser icônico, isto é, pode representar seu objeto principalmente através de sua similaridade, não importa qual seja, seu modo de ser. Se o que se quer é um substantivo. Um representâmen icônico pode ser denominado de *hipoícone*. Qualquer imagem material, como uma pintura, é grandemente convencional em seu modo de representação, porém em si mesma, sem legenda ou rótulo, pode ser denominada *hipoícone*.

Os *hipoícones*, grosso modo, podem ser divididos de acordo com o modo de Primeiridade de que participem. Os que participam das qualidades simples, ou Primeira Primeiridade, são *imagens*; os que representam as relações, principalmente as diádicas, ou as que são assim consideradas, das partes de uma coisa através de relações análogas em suas próprias partes, são *diagramas*; os que representam o caráter representativo de um representâmen através da representação de um paralelismo com alguma outra coisa, são *metáforas*.

Pode-se observar, pois, de início, como o poema e a pintura constituem algo como uma idéia, gradações de ícones, ou hipoícones, em cujas escalas encontram-se abrigadas imagens, diagramas, metáforas.

b. *Leitura do Poema* Bright

b.1 Relações formais

O papel em branco

O ponto é um elemento de base, infinitamente divisível, dotado de energia. Deslocando-se este ponto, a primeira dimensão criada é a linha, que por sua vez, em movimento, dá origem ao plano e este ao volume.

O papel em branco, elemento de base da massa gráfica do poema é constituído pelo agrupamento de pequeninos pontos de matéria, constituintes de um plano – campo de possibilidades formais, sobre o qual atuam os signos gráficos e vice-versa; sua materialidade concreta (do papel) participa da construção poética, não apenas como veículo mas, simultaneamente, como elemento plástico no interior do poema. Assim temos:

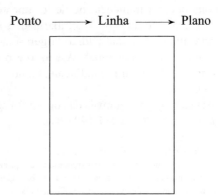

Figura 3

Aspecto geral da massa gráfica

A leitura inicial do poema permite-nos verificar: ausência de estrofes ou rimas tradicionais, a ruptura do verso e a atuação (des-)integrativa sobre a palavra escrita.

O poema compõe-se de cinco blocos justapostos, não simétricos, com sucessivo aumento do número de linhas de um bloco para outro, permeados por intervalos em branco de iguais dimensões. Contornando-se os blocos, evidenciam-se três pontos de intersecção que, alinhados, perfazem um diagrama triangular. Este (de acordo com a impressão gráfica utilizada) é um triângulo retângulo, pois todos os blocos encontram-se alinhados pelo eixo vertical à esquerda que, interceptado ortogonalmente, pelo eixo horizontal (última linha do poema), estabelece um ângulo reto:

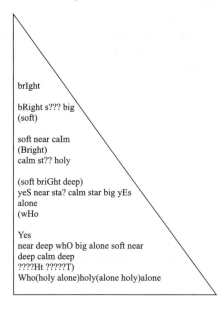

Figura 4

Desarticulação da massa gráfica

O aprofundamento da leitura do poema permite-nos constatar *tons* (significantes indefinidos, *qualissignos*), *tipos* (significantes singulares, *sinssignos*) e *ocorrências* gráficos ("tipos-caso", *legissignos*)[8], a seguir indicados:

8. Cf. a respeito: CP 4.537/1977: 177-178.

- 11 palavras-tipo/44 ocorrências
- parêntese: 6 ocorrências
- interrogação: 15 ocorrências

Tom	*	*	-	-	-	-	-	-	*	-	*	-	-
Tipo	bright	star	big	soft	near	calm	holy	deep	yes	alone	who	( )	?
Ocorrência	6	4	3	4	4	4	4	4	3	5	3	6	15

O jogo entre caixas-altas (maiúsculas) e caixas-baixas (minúsculas), parênteses e sinais de interrogação são responsáveis pelos *tons* verbivocovisuais a perfazerem algo como uma escansão estelar e, simultaneamente, uma busca por contacto (assinalado com o signo * no diagrama acima).

Cada palavra-tipo ocorre tantas vezes quanto seu número de letras. Das onze palavras-tipo, quatro recebem tratamento gráfico em caixas-altas e sinais gráficos. As palavras-tipo restantes permanecem invariavelmente em caixas-baixas.

b.2. Relações de significados

Os signos *bright, yes, who*, adquirem vibração no interior do espaço do poema e de si próprias, através dos deslocamentos das letras em caixas-altas. Essa vibração descreve movimentos angulares em várias direções: para a direita e/ou esquerda, para cima e/ou para baixo etc. O tempo desses deslocamentos no espaço é mediatizado pelo "fundo" branco e letras em caixas-baixas, o que possibilita sua visualização simultânea.

Convertendo-se as letras em caixas-altas de cada uma das palavras em pontos, elaboramos diagramas de seus movimentos, unindo esses pontos e delineando possíveis contornos de superfícies (*bright, yes, who*, respectivamente):

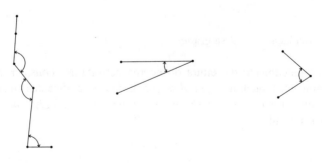

Figura 5　　　　　Figura 6　　　　　Figura 7

O signo *star* possui um movimento gradativo em direção à sua completude ou configuração inequívoca. Ele é revelado pela substituição do sinal – ? – pela letra correspondente, permanecendo íntegro uma vez concluído e não ocorrendo mais:

Figura 8

Os signos *Near, Deep*

Utilizando-se o mesmo critério de leitura anterior, para esses dois signos, observamos dois pontos focais invertidos, cujas angularidades permitem uma visão de aproximação (*zoom in*) e distanciamento (*zoom out*) (*near* e *deep*, respectivamente):

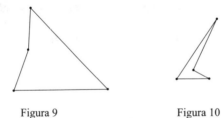

Figura 9   Figura 10

Diagrama Geral

Superpondo-se os diagramas (Figuras 5, 6, 7 e 8) e contornando os seus pontos mais exteriores (caixas-altas) sobre o poema, determinamos um plano desses deslocamentos:

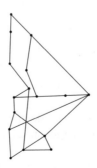

Figura 11

b. 3. Relações escritura/leitura

As interações formais detectadas, com seus movimentos, suas transparências e ritmos, constituem um diagrama que subjaz ao universo de linguagem do poema, promovendo, desse modo, a materialidade de seus signos. Essa linguagem funcional, indiciadora de significados, possibilita a configuração da mensagem, bem como orienta sua recepção. Observemos algumas dessas incidências funcionais.

A função emotiva de linguagem não comparece inteiramente explícita no poema, estabelecendo, apenas indiretamente, o remetente da mensagem: *I*, no interior de *bright* (primeira ocorrência).

Os signos *bright* e *who* encontram-se relacionados por meio da letra *I* (caixa-alta), perpassando a revelação do signo *star* e aos movimentos internos/externos dos demais signos. As letras em caixas-alta das ocorrências do signo *who*, sugerem uma interrogação: ? e os signos presentes em *yes* e *who* (quarto bloco) sugerem "alguém": *SHE*.

Desse modo temos:

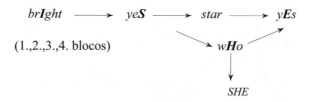

Figura 12

Podemos estabelecer, entre outras, a seguinte disposição sobre o diagrama signo / objeto / interpretante:

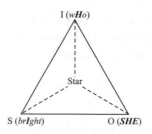

Figura 13

As funções referencial e fática de linguagem encontram-se exponenciadas possibilitando a emergência da função poética por sob suas configurações.

O referente *star* promove a orientação para o contexto, indiciando uma posição espacial (lugar), perscrutada pelo signo gráfico – ?. Este, verificando o "aparecimento" do referente, testa-o até a confirmação da palavra, prenunciada pela ocorrência *yeS* e reafirmada pela ocorrência *yEs*, como se o signo *star* estivesse finalmente em foco.

Uma vez desaparecida a palavra *star*, a função fática evidencia-se novamente em *bright* – *(????Ht?????T)*, sem conseguir restaurar a comunicação e assim alcançar a posição espacial perdida.

À massa gráfica geral, justapõe-se a massa sonora, evidenciada principalmente pelos signos com variação gráfica e pelos signos – *?*, que sugerem uma suspensão das formas dos sons das palavras.

Há ainda, no interior do espaço do poema, o movimento dos parênteses em dois eixos, vertical e horizontal, que retiram os signos de um plano geral para inseri-los em planos particulares.

Interações formais

Analisando-se os itens anteriormente observados, podemos estabelecer três planos de interações formais, a saber:

1. Plano da superfície do papel;
2. Plano da massa gráfica;
3. Plano originado pelos deslocamentos no interior da massa gráfica e seus significados.

Os três planos, agentes estruturais do poema, interpenetram-se, permutam-se, trocam energia, permitindo o movimento do poema em variadas direções e angularidades.

Podemos agora tomar os três planos e estabelecer uma relação desses planos no espaço:

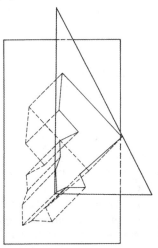

Figura 14

Função poética

Os signos verbais (um único verbo, advérbio, pronome, substantivo, adjetivos substantivados), linhas e blocos são estruturados por coordenação (justapostos). O eixo de seleção (paradigma/similaridade) projeta-se integralmente sobre o eixo de combinação (sintagma/contigüidade). De outro lado, os signos verbais adquirem forte coloração qualitativa, que indiciam sua própria constituição.

Função metalingüística

A linguagem do poema perfaz um ícone da linguagem do fenômeno representado. A fonte de signos gráficos analogiza-se em seu todo as angularidades, brilhos, estrelas etc. O veículo poema estrutura-se de modo análogo à própria organização da mensagem veiculada. De outro lado, o código verbal adquire forte expressão auto-reflexiva, fazendo-se evidenciar em sua própria constituição e modo de utilização.

c. *Uma Leitura do Quadro* Semicírculo para Angularidades

c.1. Relação formais

O fundo branco da tela constitui uma retícula ortogonal, sobre a qual se depositam os pontos da pintura, elementos produzidos pelas intersecções provenientes de outras retículas. Pequenos corpúsculos distintos, articulam e animam as linhas horizontais e verticais, as quais adquirem outras direções instauradas principalmente pela cor.

Pontos, linhas (micro-estruturação), são justapostos em interação reticular. Planos (macro-estruturação), são sobrepostos em várias direções:

Figura 15

A disposição reticular, variando entre gradações de azul e vermelho, é permeada pelas mesmas cores, em tons transparentes uniformes; a terceira cor primária, o amarelo, encontra-se sutilmente inserida. Tal operação aglutina e faz deslizar, uns sobre os outros, os planos. A forma é um quase-acidente (uma ordem) proposto pelos valores cromáticos repetidos ritmicamente. São estes que potencializam os espaços interiores e/ou exteriores, fazendo com que os planos estejam em permanente possibilidade de comutação.

A disposição reticular e cromática é a geradora de todo movimento. Nelas repousam a energia sobre a qual o movimento se processa. Tal procedimento articula os planos que, ora focando, ora desfocando, provocam uma tensão entre a estabilidade e a instabilidade, entre a progressão e a regressão deste movimento. Esta tensão se expressa, sobretudo, na relação interior/exterior, por acumulação de angularidades, em várias direções e dimensões, prestes a se romperem, evidenciadas a partir de um tênue semicírculo central, configurado por meio das transparências.

Através das opacidades e transparências, evidenciam-se pelo menos seis planos, cujos limites são passíveis de se diluírem, dada a baixa definição de contornos:

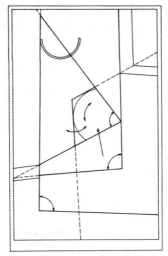

Figura 16

c. 2. Relações de significados

O ponto e a cor, criadores da linha e do plano, tecem a teia de coesão interna da estrutura da pintura, criando um universo flexível, móvel, no qual as articulações permitem engendrar inúmeros contextos de leitura. Desse modo, a natureza da estrutura geral é semelhante à natureza do ponto; aí reside sua energia. Este é o responsável pela texturização diferente de cada plano, provocando imagens diversas, remetendo-nos diretamente a uma sensibilização da forma, por meio do engendramento de relações qualitativas.

A cor é o elemento capaz de densificar ou rarefazer o plano, por meio de suas superposições, gradações luminosas, transparências. Relativa e transitória (sementeira de pontos ou intersecções), a operação cromática pode remeter, imprevistamente, a paisagens solares, lunares, sonoras, de acordo com os padrões rítmicos obtidos mediante tal operação. Funcionando em e para si mesma, a cor indicializa harmonias e ritmos inerentes à mecânica de seu universo próprio: sóis, estrelas, sons. Mutante e caleidoscópica, revela o jogo das forças que, escondidas, permeiam a estrutura, desvelando relações espaciotemporais, objetos, situações plásticas, tornando a forma possível e disponível para o olho e para impressões "táteis" e "auditivas".

c. 3. Relações escritura/leitura

Graças ao enriquecimento formal, obtido pelo jogo das combinações cromáticas, geram-se inúmeras possibilidades de movimentos simultâneos. Desse modo, o dentro (na proximidade dos tons mais claros, do brilho) e o fora (na proximidade dos tons mais escuros, da opacidade) ganham uma dinamicidade tal, que criam deslocamentos reversíveis de reflexos e imagens. A superposição dos planos não é fixa, permanecendo sempre diante da possibilidade de constantes interações, à semelhança de um mosaico cósmico (geometria) flutuante, ora penetrável, ora impenetrável.

d. Inferências: Semelhanças Estruturais

É possível observar claramente, ao longo das duas leituras, várias semelhanças de ordem estrutural e codificadora.

O poema assenta-se diretamente sobre a desintegração da palavra, do signo verbal escrito e gráfico e das ressonâncias sonoras que lhe são subjacentes. Do mesmo modo, a pintura assenta-se sobre a desintegração da massa pictórica – o ponto. São esses os elementos básicos de estruturação, que guardam em si a energia dos movimentos. A desintegração no poema desenha planos interagentes, sugerindo geometrias angulares (estelares) obtidas na pintura através dos planos transparentes.

Ambos, poema e pintura, incorporam em si um projeto de permutações dentro do processo em que foram codificados. O interpretante atua sobre as obras, como co-produtor de estruturas, que o envolvem por seus intervalos, incitando-o a suprir as conexões.

O tempo é incorporado ao poema, de modo a proporcionar-lhe uma sincronia como evento espacial que se projeta sobre a diacronia "natural" do poema (da palavra). O ponto na pintura, também, exige tempo para transformar-se em linhas, retículas, planos; porém, sob a atuação direta da cor, provoca ocorrências simultâneas destas mesmas linhas, retículas, planos.

Se os planos na pintura são sobrepostos, o que pressupõe uma hierarquia, esta se rompe pelo movimento iminente, tornando tais planos

O CONSTRUCTO SEMIÓTICO 83

móveis. No poema, da palavra à linha e dessa aos blocos, a justaposição é integral. Desse modo, em ambos, temos uma projeção do eixo de similaridade sobre o eixo da contiguidade (paradigma sobre sintagma). Cada obra possui assim sua própria fisionomia em relação ao sistema de signos que lhe dá corpo. Porém, o processo de realização dessa fisionomia, tanto no poema quanto na pintura, guarda, residualmente, uma espécie de diagrama, que apresenta relações estruturais com os fenômenos que buscam captar e transmitir. Ambos assentam-se sobre uma base analógico-icônica, ideogramática.

Desse modo, podemos observar como o procedimento ideográfico pode proporcionar, com precisão, os intercâmbios entre as vizinhanças do poema e da pintura.

A irregularidade verbal do primeiro e a irregularidade icônica da segunda, com sinais trocados, possibilitam os vasos comunicantes que fazem converter os fluxos de ambas as realizações. Aqui, os filtros das qualidades de sentir, à maneira do processamento da informação pelo cérebro, são capazes de demolir os aparentes obstáculos entre o analógico e o digital, como qualquer processo cognitivo, perfazendo possíveis vértices comutativos entre o verbal e o icônico, a poesia e a pintura.

ALFABETOS E RUÍNAS

Com base na sondagem das propriedades comutativas a que acabamos de nos referir, detenhamo-nos no modo como a linguagem, constituindo multiplicidades de comutações, perfaz um constructo semiótico.

As capacidades perceptivas e cognitivas dos seres humanos, que lhes permitem a elaboração de elevadas taxas de informação e repertório, se estabelecem por meio de contínuas operações icônicas e verbais e, não raro, ultrapassam a consciência lógico-argumentativa para semear, nas dobras do inconsciente, conhecimentos que oscilam entre o inato, a intuição, a experiência. Aqui, o material genético – a biodiversidade – e o material noológico – a noodiversidade – apresentam evoluções co-extensivas.

Permeadas de *autopoiesis,* abduções, auto-reflexões, tais capacidades são originárias e co-responsáveis pelo desenvolvimento do córtex cerebral e do sistema nervoso central. Entre os hemisférios direito e esquerdo do cérebro, um feixe de fibras nervosas processam vários milhões de *bits* de informações por segundo, intercambiando similaridades e contiguidades, fazendo interagir zonas sensoriais, motoras e cognitivas. Deficiências nessas comunicações podem implicar não apenas insuficiências de desempenho mas, também, em dificuldades na construção de aptidões ou mesmo em doenças progressivas e, muitas vezes, incapacitantes.

A arte-terapia tem utilizado amplamente o desenho, a pintura, a música, a dramatização, a redação, como instrumentos abdutivos, indutivos, dedutivos de meios e métodos recuperadores de percepção, comunicação e expressão.

De fato, o trabalho sígnico pode ser de extrema relevância no processo saúde-doença (haja vista os progressos de educação em saúde pública, as psicoterapias, a psicanálise), do mesmo modo como o é no processo pensamento-linguagem.

Desse modo, o conhecimento obtido através de nossa vida cotidiana, ou por meio de cuidadoso experimento de laboratório, repousa em qualidades de sensações e no trabalho sígnico delas decorrentes.

Toda a linguagem é, ela mesma, um constructo semiótico. Construção e descontrução de sentidos, tal constructo é produto de filtros-tradutores em ação permanente, com seus topos cambiantes e suas faixas sígnicas em ondas de aproximação e distanciamento, centralização e descentralização, convergência e divergência, lembrança e esquecimento.

Assim, este constructo semiótico – a biblioteca universal – atravessa todas as possibilidades de operação sígnica, todos os sons, todos os livros, todas as imagens, todos os espaços, todos os gestos passados ou presentes.

Se pousarmos os olhos ou apurarmos os ouvidos, tocarmos com a língua ou as mãos, atentarmos para os odores, por sob a pele dos signos, será possível sentir o pulso autônomo da memória, o qual subjaz a uma espécie de cicatriz, provocada pela inscrição dos *grafos existenciais* ao liberar forças perceptivas adormecidas – a expulsão do tempo, a inclusão do espaço, a dissolução da morte – a fazer ressurgir do nada, a vida que volta outra vez.

O constructo semiótico – conjunto de operações codificadoras, tradutoras, metassígnicas e poéticas – informa e enforma o sujeito (id, ego, superego), seu sentimento e sua comunicação. A matriz psicanalítica constitui, também, uma questão deste constructo. As descrições freudianas da consciência e do inconsciente fundam-se na (des-)articulação da identidade desse sujeito, cuja matéria-prima é o constituinte sígnico, por excelência.

Não por acaso, os modos de estruturação sígnica e suas respectivas enunciações adquirem vital importância para o estudo de núcleos de significações que vão da infância ao sonho, da memória à loucura, dos sentimentos à sexualidade.

Por entre as aparências e os véus dos sonhos, Freud distingue os conteúdos manifestos e latentes em cuja linguagem ele detecta o desejo inconsciente eivado de materiais oníricos, traços afetivos e mnemônicos, vórtices pulsionais.

A aquisição primária e o desenvolvimento da linguagem infantil, durante a chamada primeira infância (os primeiros três anos de idade), estão permeados por jogos sígnicos produzidos pela imaginação e pelo sonho. A construção das diferenciações elementares gustativas, táteis, visuais, auditivas, olfativas, motoras e afetivas constitui o ápice

O CONSTRUCTO SEMIÓTICO

do desenvolvimento da linguagem infantil e, em grande parte, da futura identidade do sujeito.

Não por acaso, o brincar e o brinquedo desempenham papel fundamental na ampliação das possibilidades de experimentação sensível e no incremento da capacidade de simbolização. É, pois, neste movimento de linguagem, que a criança se deixa disciplinar e expressar, incluindo-se aí satisfações e frustrações, sonhos e desejos.

Perturbações de linguagem, mais ou menos brandas, ou agressivas, como, por exemplo, afasias e dislexias, ou o comportamento autista na criança, estão diretamente relacionados com a aquisição e o desenvolvimento da linguagem e a respectiva capacidade de produzir e veicular signos.

Em *A Revolta das Palavras*, fábula infantil, de José Paulo Paes, na qual as personagens são palavras cuja "origem encontra-se no Dicionário", "uma espécie de pomar", e na qual "cada uma das letras do alfabeto é uma árvore", o autor erige, em sensível exercício de pedagogia – delicada metalinguagem –, uma "brincadeira" em torno dos usos cotidianos das palavras, provocando evidências de convenções, máscaras, espelhamentos, desvios.

Diz a fábula que certa vez as palavras se reuniram para tomarem providências quanto aos seus usos indevidos, gerando infinitos ruídos na vida de todos. Em função disto, em uma reunião presidida pela *Verdade* e pela *Mentira*, ficou decidido que as palavras recusar-se-iam aos maus tratos, quando de seu uso. Certo dia, após a decisão, a *Incompreensão* fez uma queixa à *Verdade* e à *Mentira*, reclamando que o *Poeta* continuava mentindo sem que nada acontecesse a ele, e explicou:

– Imaginem vocês que ele escreveu "A laranja madura é um sol sobre a mesa"! Onde se viu confundir uma bola pequena como a laranja com uma bola enorme como o sol? E se a laranja fosse tão quente como o sol, a mesa pegava fogo na mesma hora!
– Não é bem assim – explicaram a Verdade e a Mentira. – A poesia diz as coisas de modo tão original, tão fora do comum, que parece estar mentindo o tempo todo. Mas pense bem: não é o sol que amadurece as frutas? E o amarelo brilhante da laranja não é como o amarelo do sol que tivesse descido do céu até a terra?[9]

Ao findar da fábula, o leitor é convidado a pensar sobre a natureza das palavras, suas funções, nas relações entre a fala e a escrita, o som e o sentido, assim:

Talvez vocês estejam pensando aí com os seus botões que, afinal de contas, se durou apenas um dia, a Revolta das Palavras não adiantou coisa alguma.
Mas se pensam assim, se enganam.
De agora em diante – eu aposto –, todos vocês vão prestar mais atenção no que dizem as pessoas aproveitadoras, para ver se elas estão mesmo dizendo a verdade quando prometem mundos e fundos.

---

9. O livro de José Paulo Paes não apresenta numeração de página.

Sempre que vocês fizerem isso, lembrem-se de encostar bem o ouvido ao dicionário. Talvez consigam escutar lá dentro uma porção de risadinhas.

Ao conduzir o leitor à pureza e à força originais da palavra, o fabulista o faz encontrar o sentido inaugural do *grafo existencial*, tarefa exemplar da poesia e do poeta.

A pregnância alfabetizadora dos signos está inscrita na memória viva – percepção, impressão, sugestão – sob a qual aprofunda suas raízes.

Do outro lado do percurso, encontramos esse tempo chamado velhice, no qual o trabalho sígnico das lembranças e mesmo da imaginação – por sobre o convívio espiralado do consciente e do inconsciente, do vivido e do pressentido, do realizado e do sonhado – ainda constitui o fundamento da vida, com tudo o que dispõe de fragilidade ou duração.

A *anamnesis*, o percurso da memória, não traz simplesmente o passado de volta, mas (re-)descobre a fonte, ou as forças originais sobre as quais persiste o presente. É essa ordem singular e intransferível de cada ser humano – cuja disposição obedece a irrepetíveis dicionário e mapa pessoais, com suas palavras, calendários, bússolas únicas – deixada à margem do tempo *argumentativo*, que parece conferir à velhice "sabedorias" imperscrutáveis. É também por isso que a velhice parece guardar as marcas de uma épica (fôlego grandioso e heróico, de quem atravessou todas as frustrações e abismos) a qual põe em circulação, entre o compreensível, o audível, o imaginável, um trânsito de signos que parecem caminhar do profano ao sagrado (como os mitos), fulgurações abdutivas, uma mediunidade.

Da infância à velhice, as qualidades de sentimento que fazem florescer a amizade (*philia*), o amor (*eros*), a caridade (*agape*), prováveis núcleos de todos os afetos, são, nas suas especificidades informacionais, indutoras de sentidos inaugurais, os quais, por sua vez, instauram rupturas ou renascimentos, formas geradoras de estados nascentes.

É a exponenciação destes estados que transborda no amor erótico e abre-se às expressões da sexualidade e do erotismo. Assim, aspiração permanente, desejo de eternização do presente, temores, intuições, abduções cravam, na memória háptico-visual-locomotora do sujeito, a sempre estranha experiência feita de lampejos, de possíveis pressentimentos e promessas, os *grafos existenciais* mais profundos, sopros em decantação sígnica; por sob êxtases ou tormentos, floresce a *autopoiesis* por meio da qual se alastra o constructo semiótico.

É, pois, no fluxo das qualidades de sentimento que as reciprocidades ou desencontros se impõem; desviando e divergindo até a mais completa alienação ou aproximando e convergindo, até a consonância que, para além do exílio, sustém os *grafos* inalienáveis no coração do exilado.

Da crítica à clínica, no primeiro caso, os *grafos* dissolutos da loucura, perpassados de afastamentos, desatam espaço e tempo convencionalizados da linearidade para inventar novos *topos*, hostis ou solidários, provocando, com toda a sorte de descolamentos, a emergência de outros olhares e outras vozes. Da ausência à presença, no segundo caso, os *grafos* da saudade, insistindo num impossível regresso do singular e do irrepetível, produzem essa espécie de ubiqüidade em que, ancorados no aqui e agora, ausentamo-nos pelo despertar de jazidas de qualidades de sentimentos não extintas, cuja granulação súbita exige empenho e trabalho psíquico, sígnico.

Dos afetos às afecções, do enredamento das qualidades de sentir à morte, a linguagem e seus alfabetos – cujos intercâmbios semióticos são os mesmos que a pouco exponenciamos no caso da poesia e da pintura – constituem o passado-presente-futuro do sujeito, todos os seus tempos (os que foram, ou os que poderiam ter sido, os que são, os que serão), os quais são capazes de antecipar ou postergar, construir ou destruir, conceder uma promessa ou impor um luto, regressar ao paraíso ou hipertrofiar-se em irremediáveis ruínas.

UMA HISTÓRIA DOS GRAFOS EXISTENCIAIS

A Escultura entre o Animal e a Humanidade

Em 1960, Lygia Clark realizou uma série de esculturas móveis, às quais denominou, individualmente, *Bicho*.

Figura 17: *Fonte: Ronaldo Brito,* Neoconcretismo: vértice e ruptura do projeto construtivista brasileiro. *São Paulo: Cosac & Naify, 1999, p. 91. Fotografia: Vivia 21.*

Tais esculturas são constituídas de chapas ou módulos metálicos, em formatos triangulares ou semicirculares, articulados ao longo de eixos ortogonais, de modo semifixo, em dobradiças, permitindo que tais chapas possam ser manipuladas pelo receptor.

As diversas configurações daí decorrentes são produtos de modificações de planos, direções, ângulos, alturas, comprimentos, sendo mesmo, em alguns casos, possível reduzir a escultura a uma altura próxima de zero, não fosse a pequena espessura das chapas e das dobradiças. Sob fontes variadas de iluminação, acrescenta-se, àquela geometria, uma mobilidade luminosa, jogos de luz e sombra.

Ao que parece, em princípio, apenas abstração geométrica, a artista nomeou "Bicho", um substantivo comum masculino, em cuja faixa de significados encontra-se "qualquer dos animais terrestres"; "pessoa muito feia"; "pessoa intratável, grosseira"; "indivíduo que sabe, sabedor"; "cancro, câncer"; "pênis"; "indivíduo valente, enérgico, corajoso"; "calouro" e ainda expressões como "ver que bicho dá" para significar "esperar pelo resultado" e "virar bicho" para significar "zangar-se, encolerizar-se"; os substantivos compostos incluem "bicho-homem", para significar "o homem enquanto animal"[10].

Os procedimentos utilizados nos registros verbal e icônico revelam-se, desde aqui, no mínimo, de máxima economia e expressão sígnicas.

A escultura estrutura-se iconicamente, isto é, por coordenação integral. Não havendo predominâncias dos elementos constitutivos, a sintaxe coordena um jogo de permutações possíveis, cuja organização, com seus respectivos nexos estruturais, só se completa sob a ação do receptor. A coerência e o sentido se estabelecem por meio do olhar e do tato deste receptor, produzindo uma relação dialógica através da qual a obra perfaz-se em interações sensíveis, nervosas, motoras, intelectuais, algo como uma modelização em progresso. Ao manipular o objeto, o receptor descobre que as chapas movimentam-se (imantam-se), por contato, parecendo que por algum efeito de suas mãos, tais chapas aderem-se ou colam-se umas às outras, produzindo, por funções fática e poética de linguagem, estranho diálogo com o receptor.

À abertura do significante, mantida pela faixa codificadora icônica, que resiste a impregnar-se de significado (e assim impedindo a legitimação simbólica), Lygia Clark atribuiu o nome "Bicho". O "corpo" pode ser examinado, dobrado, transformado, trata-se de um sistema vertebral sem dentro ou fora, ou de um todo que não está de lado, nem de frente, nem de costas, algo como qualidades

10.   Conforme o *Novo Dicionário Aurélio da Língua Portuguesa.*

O CONSTRUCTO SEMIÓTICO

do nu, perfazendo um diagrama-síntese de cabeça-tronco-membros (cujo vir-a-ser guarda algo relativo à uma variação de temperatura/ energia cinética, de permuta, potencial) que busca firmar-se sob a Lei da Gravidade, em profunda tensão do código perspectivista.

Pelo estranhamento provocado, pela aparência de inexatidão entre algo geometricamente disciplinado e a organicidade sugerida pela palavra "Bicho", vê-se atualizar-se uma polissemia na qual o animal terrestre, a pessoa feia, o indivíduo que sabe, enérgico, corajoso, e mesmo o masculino, o viril, o pênis, bem como a doença ou a energia aparecem entrelaçados à maneira de um símbolo – "bicho-homem" – cuja incompletude mantém a brecha icônica a dinamicidade do objeto do signo, que se abre à surpresa, ao acaso, à pergunta e ao espanto perenes diante da espécie humana. Aqui, sistema nervoso central, parataxe, linguagem – conquistas da complexidade da escala evolutiva, interdependentes, mútuointerferentes – integram-se num objeto pulsátil que parece tocar os nexos de passagem entre os reinos vegetal, mineral, animal, humano, espiritual, em forma que se autogera. Uma forma que é função (*autopoiesis*), um pensamento auto-reflexivo, integrantes fundamentais da história do homem, caminhando sobre a face planetária e além, (des-)razão, entre a docilidade e a cólera, entre o corpo, o espírito, a letra, entre a dor e o saber, reminiscências ancestrais que se resolvem sob a metáfora de uma épica da humanidade.

A Poesia como Gênese: Da Mãe à Terra ao Universo

Em 1991, Sônia Fontanezi publicou um poema, cuja síntese dos registros verbal e icônico inclui uma forma circular desmembrada ("partida") em duas, próxima de seu diâmetro, na cor azul, sobre fundo branco. As bordas irregulares e a multiplicação de fragmentos (que supostamente repetem a organização do início, como numa geometria fractal) entre as duas partes, concentradas particularmente em torno da parte menor, indiciam uma divisão involuntária, ocasionada por alguma espécie de acidente. Sobre a parte maior, acompanhando a borda do arco, dispõe-se, em caixa alta, vazado sobre o azul, deixando emergir o fundo branco, o registro verbal: "AZUL ERA O CÉU DE QUANDO EU TINHA MINHA MÃE".

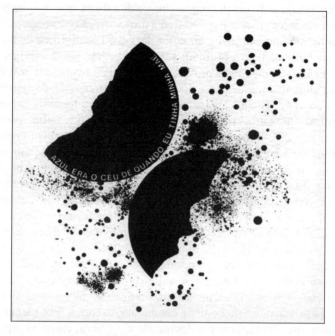

Figura 18. *Fonte: Sônia Fontanezi*

As duas "metades" estão dispostas em espelho, quase em tangente, as quais, juntamente com a pulverização dos fragmentos, ganham, um eixo que, por sua vez, faz inclinar o conjunto gráfico para a direita e para cima.

O jogo estabelecido pela concentração e dispersão (a tensão gráfica espraia-se em fragmentos, os quais parecem prestes a reconstituírem o todo do início), tanto indicia o ruído aterrador da explosão de uma supernova (através do diálogo gráfico finitude/infinitude), quanto sugere a lagarta resolvida em borboleta cujas asas articulam-se em torno do corpo-seta central (quase-tangente inclinada) e cujo vôo alça-se à direita.

A geometria dispersa recobre complexa álgebra, cuja operação objetiva atos de uma busca e sua respectiva nomeação. Da mãe singular (sem artigo definido, que coincide com a inteireza perdida, o símbolo matemático do infinito, subjacente à imagem, despedaçado), que eterniza a mãe universal, a mãe-mulher-terra, por sob suscetibilidades magnéticas e fluídicas é sondada, em sutil função fática de linguagem – indagação lançada ao cosmos – cujo contato ou pregnância verbal-icônicos tanto pode ser uma nave e seus instrumentos de precisão quanto um imã e sua agulha, signos isotrópicos arremessados aos céus, ao universo, após a cena da origem (uma explosão, a irrupção da dor irreparável, que é também fecundação, irrupção de vida), fazendo desdobrar, em sua fulguração, domínios e contradomínios de perscrutações. Funções fática e referencial de linguagem conduzidas aos seus limites sintáticos, saturam-se em função poética. O poema faz-se, fazendo-se a si mesmo. Parametrização de índices (trajetória e contato), o poema iconiza espaços curvos para interceptar no infinito, por meio de viagens ondulatórias ou corpusculares, automorfismos – luz afinal –, homeomerias: aqui, lá, em toda a parte, algures, alguém, minha mãe, encontro, escansões, epifania.

A Pintura: Da Infância ao Alfabeto

Milton Dacosta pintou, ao final dos anos de 1950, uma série de telas denominadas *Figuras*, criando um particularíssimo procedimento construtivo, um alfabeto.

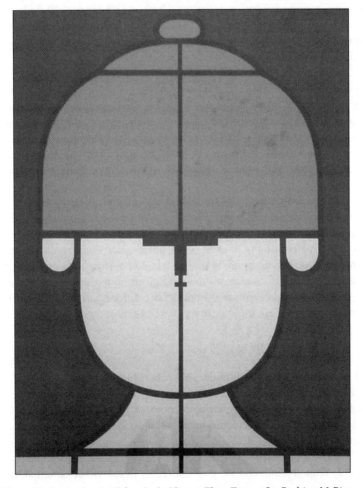

Figura 19. *Fonte: Arquivo Eduardo de Oliveira Elias. Fotografia: Rodrigo M. Risso*

Trata-se de uma geometria plana, constituída de linhas verticais, horizontais e curvas, desenvolvida por meio de uma organização modular do plano.

Repartindo e recompondo secções, através de eixos de simetrias e apoiado sobre superfícies cheias ou vazias e respectivos contornos, o artista estabeleceu, com grande economia e precisão, fisionomias inequívocas. Algumas destas "Figuras" flagram a infância, em surpreendentes efígies de crianças.

Das relações de proporções apolíneas às relações de aparentes desproporções, "as cabeças", como às vezes são chamadas, fazem evidenciar etapas de desenvolvimento e atmosferas infantis. Tais "Figuras" consignam, em sua intersignicidade, uma sintaxe em diálogo com a produção seriada, apresentando elementos simplesmente justapostos, os quais parecem oferecer possibilidades de toda sorte de encaixes, permutações, redesenhos. Consoante à primeira Revolução Industrial, réguas e esquadros, instrumentos de corte e polimentos, máquinas operatrizes, parecem ter sido manipulados para produzir a configuração resultante.

Um gorro cobrindo a parte superior da cabeça, concluindo o contorno fisionômico e lá está o menino (e sua bola, suas pernas e pés que não se dão a ver, mas saltam aos olhos da mente, suspensos no ar, transbordando de qualidades e abduções). Aqui, a perfeição (a arte de adivinhar o caráter pelos traços fisionômicos – fisiognomonia) não é alta definição. A posição aparentemente estática do menino, com num raio x, é apenas momentânea, pois ele é todo vir-a-ser.

A pedagogia prossegue a golpes de cálculo ao coração do menino, a chave de fenda (mais tarde o controle remoto), senão vista, abduzida (observe-se o "centro-rosto" da "figura"), descansa próxima. Parametrizado por ajustes axiais, áureos, nervosos, motores, sentimentais, o menino aprende (nas voltas do parafuso), na medida em que oferece ao seu mestre a sabedoria do ritmo paratático sob o qual evolui a sua vida, vórtice de pulsação e linguagem expandindo-se desde o menino, ele mesmo, *autopoiesis, semiosis, escritura*.

O Desenho, a Pulsão, o Desvio

O trabalho fundamental da dra. Nise da Silveira, frente à renovação da prática psiquiátrica brasileira, trouxe nova luz e oportunidade a inúmeros pacientes psiquiátricos, como se pode constatar junto ao Museu da Imagem do Inconsciente, inaugurado em 1952, no Rio de Janeiro.

Dentre inúmeros pacientes, Raphael (1913/1979), internado em 1932, com diagnóstico de esquizofrenia, desenvolveu singular expressão plástico-pictórica, durante a terapia com a dra. Nise:

Figura 20

Figura 21

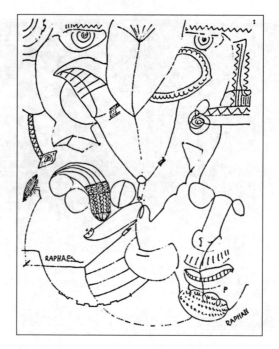

Figura 22

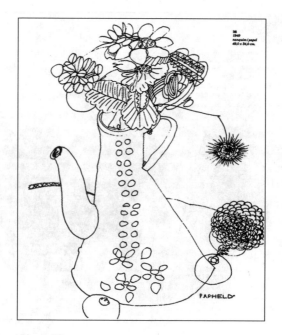

Figura 23

O CONSTRUCTO SEMIÓTICO

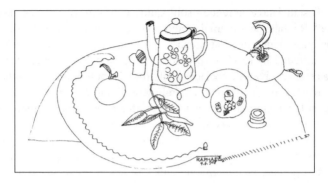

Figura 24

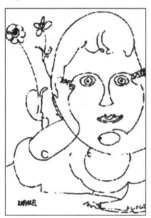

Figura 25   Figura 26

Figura 27   Figura 28

Fonte: N. Silveira, Mundo das Imagens. *São Paulo: Ática, 1992. Reprodução Fotográfica: Luiz Carlos Saldanha e José A. Mauro.*

Distanciado e entregue a solilóquios, conforme observação da dra. Nise[11], Raphael possui um desenho rico em traços e variedades de imagens; passeando entre "abstrações" e "figurações" (estas tendo início após solicitação), revela surpreendente – por sob a emergência de reiteradas e observáveis dissociações psíquicas – domínio de uma sintaxe.

Rostos, naturezas-mortas, arabescos, diagramas parecem constituir, isoladamente, universos inteiros, oferecendo aos receptores signos instantâneos de suas sensações e vivências.

Com traços seguros, em que se pode verificar pleno domínio da continuidade e da interrupção, da escala e da proporção (utilizando a desproporção, aparentemente, quando de seu interesse), o desenho de Raphael apresenta tal controle rítmico que se poderia dizer que seu desejo é criar e que a pulsão que o move parece perene, a despeito de quaisquer ameaças. Elementos gráfico-semânticos justapostos, perspectivas corretas ou incorretas, igualmente, aparentam intencionalidade, assim como desordens parecem ser permitidas, somente quando sob seu controle.

A pregnância icônica do desenho parece impedir arbitrariedades sígnicas – possíveis mensagens podem estar mais ou menos obscuras, alicerçando-se em arquétipos do inconsciente – por estranho que possa parecer, a inteireza sobrepõe-se à fragmentação, a ordem ao desvio.

A linguagem produzida é, assim, franqueada e dedicada ao outro de si mesmo, que permanece na emergência e no cuidado sígnicos. A natureza do primeiro deixa-se abandonar ao segundo sob guarda, para salvar-se e, assim, resguardar a vida da descontinuidade para reafirmá-la justamente onde se pretendia extinta; o gesto e sua marca, o *grafo* fulgurado no intervalo da hegemonia e da jurisdição argumentativa (a doença, o doente e suas codificações sociais). Aqui, o impulso alfabetizante de suas representações resiste à circulação simbólica instituída, para redesenhá-la sob um novo olhar, que se estabelece por entre sugestões afetivas e indiciadoras de experiências e percursos, um olhar afeto-cognitivo.

O Cinema entre a Pele e a Película

A linguagem cinematográfica, a qual inclui um código do filme (um meio e uma técnica) e um código "narrativo" (combinações de funções de linguagem), co-interagentes por meio de um código sintático (interação técnica/signo: planos, seqüências, cortes, fusões, zoons, montagens) instaura um universo *de* signos (sons, palavras, imagens, movimentos) que se desenvolve no universo *dos* signos, na realidade não mais do que o faz a literatura, por exemplo, mas com a primazia do icônico e do sincrônico, sobre o verbal e o diacrônico, desde sua constituição.

11. *O Mundo das Imagens*, p. 28 e s.

A linguagem cinematográfica, ao operar sobretudo a reprodução da figura, faz desdobrar as camadas significantes, tensionando os códigos convencionais ao expor, na especificidade da percepção visual do receptor, a sutura argumentativa do símbolo, suas imposições político-ideológicas.

Amnésia (*Memento,* Christopher Nolan, EUA, 2001) é um filme particularmente interessante, relativamente a estas questões. O enredo estrutura-se em torno do personagem "Leonard Shelby" (Guy Pearce), ex-agente de seguros que pretende encontrar e matar o homem que assassinou sua mulher. Ocorre, porém, que Shelby, ferido na mesma ocasião, sofre a perda da memória.

Figura 29. *Fonte: http//www.stradanove.net/news/images/cinema/m/memento.jpg*

Embora Shelby se lembre de toda a sua vida antes daquele fato, ele não consegue reter na memória informações recentes por mais de quinze minutos. Shelby recorre, então, a formas inusitadas de registro dos acontecimentos atuais, utilizando-se de fotos polaróides, anotações e tatuagens sobre o corpo, a fim de não se esquecer (ou perder) pessoas e/ou situações importantes para a sua investigação.

Desse modo, a lembrança, a percepção, e a organização do tempo para o personagem, apresentam lógicas próprias, fugindo da seqüência cronológica dos fatos. Personagem e roteiro constituem isomorfismos plenos, tanto Shelby busca as relações de causa e efeito para suas lembranças quanto o filme busca evidenciar, com o mesmo procedimento, o modo como estas relações se constroem ou se desconstroem.

Preso a um eterno presente, cuja busca desesperada pelo passado reincide permanentemente neste presente, Shelby procede a permanentes anotações de suas lembranças esparsas, a fim de dar-lhes algum sentido futuro (que, aliás, se encontra no passado).

Assim, a tela-memória já não pode impregnar-se de um código narrativo, restando-lhe a tentativa de operar um código sintático feito de aqui e agora, que insiste em escapar-lhe. Assim, a tela-corpo (que não pode reproduzir, mas pode reter) absorve os registros verbais, desenhos, *grafos*, em um mapeamento incerto e desesperado que busca preencher de presença e sentido.

A linguagem fílmica encontra-se estruturada de modo a apresentar a história de trás para frente e em sentido inverso. O código narrativo apóia-se em uma conversa telefônica em sentido cronológico, obrigando o receptor a duplo esforço de decodificação e leitura. Simultaneamente, em implosão do presente, algo se move para trás (a busca de memória do ocorrido) e algo se move para frente (a seqüência dos acontecimentos). Entre um e outro, o nó, *o grafo existencial*, o filme, os quais são feitos de índices a se derramarem em pistas que se multiplicam e destituem, reiteradamente, o argumento unidirecional.

O corpo – o *primeiro* – acaba por encontrar a memória – o *terceiro* – que em saturação refaz o circuito sígnico, permitindo nova percepção, desvendamento e registro.

A pele – o mais profundo – oferece-se ao tato (o risco do *grafo*) para revelar o mais superficial – o crime e seu mistério –, possivelmente sob seus olhos, porém suspenso pelo intervalo dos sentidos, arremessado ao esquecimento, pela dor, imposta pela lógica dos acontecimentos.

O corpo torna-se assim o fio condutor do filme e da narrativa. Onde a lembrança falha e as situações parecem esquivar-se, o corpo, com suas marcas, interpõe-se para provar e assegurar de que algo existe ou existiu de fato. Para o corpo converge uma realidade que parece escapar, obrigando-o a entrar em cena de novo, interceptando-a, constituindo a unicidade e a multiplicidade de um texto cujas modelizações, em processo – de sentimentos, imagens vagas, dúvidas e certezas –, caracterizam-se por difíceis consolidações. *Continuum* vivo de espaço e tempo, interiores e exteriores, o corpo perfaz nós de *grafos existenciais*, os únicos capazes de fornecer a Shelby as chaves de leitura dos labirintos onde se encontra.

Seleção Natural, Dolly, GFH Bunny

Em 5 de julho de 1996, nasceu a ovelha Dolly, nome dado em homenagem à cantora norte-americana Dolly Parton, fruto dos estudos referentes à clonagem, por transferência nuclear de células somáticas, conduzidos pelo prof. Ian Wilmut, no Rosalind Institute, Edimburgo, Escócia, após 276 tentativas para se obter um animal clonado viável.

Figura 30. *Fonte: www.bbc.co.uk/portuguese/ciencia/story/2004/04/040421_clone.shtml*

O processo utilizou o núcleo de uma célula da glândula mamária de uma ovelha de seis anos (Bellinda, raça dorset), o óvulo, para receber este núcleo, foi doado por outra ovelha (Fluffy, raça scottish blackfore) e uma terceira ovelha (Lassie, raça scottish blackfore), gestou a ovelha Dolly.

Em 13 de abril de 1998, Dolly teve um filhote, por meio de um cruzamento natural, a ovelha Bonnie. Comprovou-se, assim, que Dolly era fértil e capaz de reprodução, gerando, em 1999, mais três filhotes.

Em 2002, constatou-se que Dolly tinha uma forma de artrite que, aliada a uma infecção pulmonar não controlável, determinou a sua eutanásia, às 15:00 h do dia 14 de janeiro de 2003.

O processo de clonagem esteve envolvido em inúmeras controvérsias quanto ao procedimento científico, aos riscos e à bioética.

A diversidade das espécies e suas relações com o ambiente estão na base da teoria darwinista da evolução, na qual, entre exigências e adaptações, floresce aquela diversidade. Anatomias, fisiologias, aparelhos reprodutivos herdados, permitem as permanências genômicas.

As relações entre organismos e ambientes adquirem, na perspectiva daquela teoria, na contemporaneidade, tensões nunca observadas ou experimentadas pelo homem.

Os inúmeros estudos relativos à clonagem desenvolvem-se, atualmente, no mundo todo, com vistas a fins terapêuticos (células-tronco) ou à produção (agricultura, veterinária). A clonagem constitui, até o presente, o ápice da ciência ocidental, parecendo ser capaz de controlar e (re-)produzir a *autopoiesis* dos sistemas vivos e, portanto, sua linguagem.

Nesse ponto, as experimentações da ciência operam, em profundidade, com os componentes genéticos e evolutivos de seus objetos, observando-lhes permanências, adaptações, mutações.

De outro âmbito, a arte contemporânea tem se apropriado desses conhecimentos e instrumentos científicos (nem sempre relativos à clonagem, mas especialmente à genética) para produzir objetos com fins estéticos.

Eduardo Kac provocou inúmeras discussões internacionais com sua obra GFP Bunny (2000), que incluiu a criação, através da engenharia genética, de uma coelha com Green Fluorescent Protein (Proteína Fluorescente Verde). Sob luz azul, o animal emite luz verde.

Figura 31. Fonte: www.ekac.org/gfpbunny.html

Experiências como a de Kac têm se desenvolvido e complexificado no mundo todo, com inúmeras variações, suscitando todo tipo de questionamentos envolvendo plantas, animais, ambientes.

Com relação a arte, há aqui dois grandes grupos de experimentos: o primeiro tem como campo de atuação o ambiente computacional, operando a programação genética através de algoritmos, com vista à geração de objetos (imagens, por exemplo), tendo-se em vista a identificação de padrões evolutivos. Trata-se, nesse caso, de produção de linguagem que resulta de toda sorte de hibridização: programas, códigos, signos etc.

O segundo grupo tem no corpo (vegetal, animal) sua fonte de investigação, por meio dos processos de manipulação genética, com fins estéticos, reproduzindo corpos com alterações formais.

Tais experimentações, alcançando as comunicações contemporâneas, sobretudo pela incorporação dos avanços da bioengenharia,

O CONSTRUCTO SEMIÓTICO 101

dos sistemas de informação e das respectivas interfaces digitais, da robótica etc.[12], têm produzido impactos crescentes, fazendo descortinar horizontes paradigmáticos móveis e mutantes.

Hábitos, atitudes, ambições, identidades, estruturas mentais e psíquicas, individuais e coletivas são contaminadas por filtros tecnológicos, sofrendo permanentes transformações estruturais nas suas modalidades sígnicas e, portanto, na produção dos *grafos existenciais*.

Na realidade, à medida que os substratos físico-energéticos, em expansão, oferecem novas possibilidades vivenciais ao ser humano, os substratos noológicos, correspondentemente, aprofundam-se em diversidade e fecundidade.

A conectividade intersemiótica entre códigos, veículos, sistemas, instaura pontes entre a ciência, a arte, a tecnologia, as humanidades, as quais parecem encontrar, na manipulação genética, uma nova convergência epistemológica. As inter-relações entre engenharia genética, biotecnologia, sistemas computacionais suscitam, crescentemente, intensos debates ético-filosóficos em função das proporções alcançadas pelas rupturas epistemológicas em curso.

A arte produzida mediante tais processos – arte biotecnológica ou bioarte, arte genômica, genética, transgênica etc. – coloca-nos diante do *design* de gens com fins estéticos, conduzindo a linguagem a fronteiras inesperadas. Utilizando organismos vivos e/ou organismos gerados por computador, a criação de formas parece ser ilimitada, diluindo os contornos daquilo que nomeamos como "natureza" e "cultura", "analógico" e "digital", "verbal" e "icônico" e instaurando esferas ambientais complexas.

A atividade projeto-construtiva continua a se ampliar com a capacidade humana crescente de observar e gerar modelos os quais, gradativamente, perdem o caráter de objeto para constituirem *softwares* de estruturas, propriedades e funções, *design* de processos físicos, biológicos, noológicos, autopoiéticos, *grafos existenciais* apontando para as ciências e artes do pós-humano.

* * *

A história do homem, a evolução da espécie, a capacidade de representação, o desenvolvimento dos meios e modos de produção convergem para este território em que transplantes, transgênicos, transmodalidades, transdisciplinaridades, à maneira de vasos comunicantes, modelizam múltiplas e recíprocas transferências entre informações e signos. Tal realidade conduz-nos à convicção antecipadora de George Steiner ao afirmar que o "prodígio radical da matéria viva

---

12. Para ampla discussão relativa ao assunto, cf. a respeito, L. Santaella, *Culturas e Artes do Pós-humano*.

102   AUTOPOIESIS

não é a força mecânica, mas o significado", os desdobramentos que fazem integrar vida e linguagem:

Mais uma vez, há ecos distantes da concepção integral da Renascença e do Século XVI, da convicção órfica de que as gramáticas e os modos criativos da linguagem humana têm sua contrapartida em toda a natureza. Há uma modernidade obsedante ainda que ilusória na noção, freqüentemente celebrada por poetas e pensadores barrocos, de que as artérias e os ramos das árvores, os flutuantes movimentos do microcosmo e a solene medida das esferas, as marcas do dorso da tartaruga e os desenhos de veios nas rochas são todos cifras. Para o simpósio de psicólogos, neuropsiquiatras, zoólogos e neurobiólogos realizado em Alpbach no verão de 1968, tal como para Francis Bacon e Giordano Bruno, a vida é linguagem, e os processos orgânicos são formas articuladas[13].

Assim, a história dos *grafos existenciais* constitui o desenvolvimento da produção da informação e seus respectivos processos de comunicação.

Uma história dos grafos constitui a história da complexidade crescente do *sapiens* ao operar, cada vez com maior rigor e precisão, faixas de qualidades que viajam na velocidade da luz ou do som, das sinapses, dos ritmos circadianos e todos os demais.

Aliás, a música parece ser mesmo essa espécie de culminância noológica, em que o signo, aquém e além de si mesmo, às vezes faz franquear ao receptor zonas de existência autônoma, tão passíveis de constatação quando observamos, por exemplo, as fronteiras entre os sistemas tonal e atonal, no esvaziamento dos grandes gestos e da eloqüência. Os corpos sonoros, criados pela música contemporânea, parecem retirar da música ocidental o impulso que a leva ao seu fim, introduzindo-lhe profundas transformações paradigmáticas.

Esta pequena "História dos Grafos Existenciais" objetiva evidenciar o dinamismo autônomo e vital internos à sua constituição. A percepção da realidade física, fatos, situações, circunstâncias da história, a produção dos objetos do mundo estão permeados desses impulsos internos dos quais se alimentam todos os alfabetos.

Os *grafos* – essa modelização de intensidades, extensões, ecos – em função desta energia, não são fixos ou imóveis, mas reelaboram-se à medida que a vida individual e coletiva avança em todas as direções, como observa Steiner: "nosso código de memória, longe de ser fixo e essencialmente automático (como é o de um computador), está em constante processo de reestruturação. 'Reembalamos' o passado para nossas novas necessidades à medida que seguimos viagem"[14].

A construção dos *grafos existenciais* depende, sobretudo, do aqui e agora da experiência intransferível. Não há *grafo* coletivo sem a experiência individual. Átomos, moléculas, gens, neurônios, *bits* confluem

13. G. Steiner, *Extraterritorial*, p. 170.
14. Idem, p. 174.

O CONSTRUCTO SEMIÓTICO   103

para o extraterritório onde as fronteiras são derruídas para dar passagem à emergência do *grafo*, o qual é capaz de, comprimindo o tempo e desdobrando o espaço, antecipar, resgatar ou postegar nexos experienciais. Há algo de involuntário e de voluntário nos *grafos*. Às vezes eles parecem emergir de modo inteiramente autônomo, outras vezes parecem ser trazidos à tona por intensos esforços de qualidades de sentir ou da memória. De qualquer modo, são carregados de inferências abdutivas. O seu lugar é o corpo tal qual este se encontra envolto no ambiente (seja qual for este ambiente, real ou virtual).

Uma vez que o corpo é inseparável do ambiente, e perfazem ambos uma continuidade, os *grafos* encontram-se nas passagens entre o inconsciente e o consciente, por isso eles habitam o coração do sujeito, definem-no com tudo o que este guarda de história e sonho, desejo e dom, prazer e frustração.

O sujeito é assim a coleção de seus *grafos*, do seu ser/estar no mundo, seus *legissignos-indiciais-remáticos*: máximo e mínimo de *terceridade*, ou seja, um máximo de generalização no pólo da *primeiridade* e um mínimo de generalização no pólo da *terceridade*. Entre um e outro, a fluência dos índices a desdobrar todas as possibilidades do vir-a-ser. Espécie de sinestesia única, os *grafos* estabelecem associações às quais afetam-se reciprocamente em gradientes diversos; aqui, sem perda das qualidades individuais (das identidades qualitativas), os *grafos* instauram-se como filtros-tradutores, passíveis de conversão e reconversão permanentes, induzindo a uma fusão percepto-cognitiva, capaz de transportar toda espécie de *insight*.

Assim, os *grafos existenciais* constituem sistemas auto-organizados e mesmo autoconscientes capazes de, à semelhança de uma reação química, precipitarem um *pattern*. Esta autonomia dos *grafos* reside na capacidade de constituir e fazer emergir com inteira coerência e pertinência com diagrama lógico, a despeito de qualquer desordem de onde provenham ou instaurem.

Os *grafos* constituem algo como predicativo, não estático, do sujeito (ou do objeto), cujo desenvolvimento não é passível de predição, dado suas características de auto-regulação, flexibilidade e retroalimentação.

A ciência e a arte são tão mais vivas e funcionais quanto mais se equiparam para produzir e transmitir *grafos*. Há pouco, identificamos, em diversas de suas manifestações – a infância, a mãe, a memória, a sexualidade, a loucura, a velhice, o cotidiano, a evolução da espécie –, "Uma História dos Grafos". Essa "História" pode ser expandida, modificada, remanejada; outros *grafos* podem constituir-lhe a narrativa.

No limite, a produção dos *grafos* eleva-se à condição evolutiva da espécie, e, desse modo, às suas características de *sinequismo, tiquismo, agapismo*.

MÍDIA E CIBERCULTURA

O constructo semiótico e os *grafos* que observamos adquirem, particularmente, em função das propriedades que os caracterizam, surpreendente produção no âmbito das mídias contemporâneas, sob o impacto do que tem sido denominado "cibercultura".

As mídias clássicas – o jornal, o rádio, o cinema, a televisão – e as mídias contemporâneas (redes hipermidiáticas) experimentam, por meio da disseminação dos procedimentos microcomputadorizados de veiculação da informação, formas inusitadas de comunicação.

De um lado, redesenham os veículos tradicionais e, de outro, estabelecem noções e vivências incomuns de espaço e de tempo, imprimindo e atualizando potencialidades inimaginadas nos setores político-econômicos, socioculturais, antropológicos.

Mundos virtuais – criados pelos mercados (de produtos de consumo, financeiro, de serviços, de entretenimento etc.), reuniões destinadas ao debate das questões que afetam ou preocupam a humanidade (fóruns a distância, teleconferências), estudos e pesquisas individuais ou coletivas, ensino a distância – reconfiguram os sistemas de produção e representação e, sobretudo, as organizações educacionais, empresariais e industriais.

A convergência de tais renovações, com sua descentralização progressiva e integrativa, ocasionada, em particular, pelas competências e desempenhos dos meios telemáticos (incremento contínuo de velocidade, de memória e de informação transmitida – verbal e icônica), tem sido denominada "cibercultura".

Para Pierre Lévy, a cibercultura vem a ser o "conjunto de técnicas (materiais e intelectuais), de práticas, de modos de pensamento e de valores que se desenvolvem juntamente com o crescimento do ciberespaço" que, por sua vez, vem a ser o "novo meio de comunicação que surge da interconexão mundial dos computadores"[15].

Os imbricamentos, as superposições, as interações processam-se através das redes, cujas interfaces – camadas hipermidiáticas – distendem e sensibilizam a pele digital planetária, por meio de cabos coaxiais, fibras óticas, ondas eletromagnéticas, satélites.

Assim, as faixas sígnicas ciberculturais comprimem-se e descomprimem-se ao serem codificadas e/ou decodificadas enquanto viajam, conduzindo universos de mensagens, letras, sons e imagens tendem – nas instâncias de codificação que lhes subjazem – à comutação e à propagação de sistemas descentralizados e simultâneos de comunicação.

Os domínios verbais (a palavra falada ou escrita), os icônicos (imagem, figura, som, música), os domínios híbridos (os monitores

---

15. *Cibercultura*, p. 17.

O CONSTRUCTO SEMIÓTICO

dos computadores, da televisão, da medicina, dos edifícios inteligentes, das operações das cidades etc.) convergem para o ponto de origem: os olhos, as mãos, a pele, os ouvidos, as ondas cerebrais (telas sensíveis, leitores óticos, sensores), convidando, ou mesmo, impondo, a emissores e receptores um envolvimento sensório-motor profundo, como já havia percebido, premonitoriamente, Marshall MacLuhan.

A cibercultura não se resume a materiais e procedimentos informacionais, mas às complexas programações e seus hipertextos, hiperdocumentos, simulações interativas as quais (des-)territorializam signos em potência, seres noológicos a (re-)velar faces surpreendentes de morfo e ontogênese.

O virtual realiza-se por meio de correlações comunicacionais, organizadas por lógicas binárias, que prescindem de geografia e cronologia. O "fio" *on-line* põe em circulação *escrituras* e *leituras* polidimensionais e multifuncionais em estado de paradoxal e estranha presença, cuja fisionomia, turbilhão de índices, põe à deriva, entre remetências infindáveis, o navegante, implodindo o aqui e o agora, reverberando ecos qualitativos e estilhaçando a ordem simbólica clássica.

A cibercultura configura os meios hipermidiáticos, como deslizamentos permanentes entre o fora e o dentro, o centro e a periferia, a ordem e o caos, constituindo suas fronteiras, meridianos provisórios.

Em *How We Became Posthuman*, Katherine Hayles postula que a formação do "pós-humano" (ser e período histórico) assenta-se sobre o jogo dialético entre a presença e a ausência (*presence/absence*) e entre o padrão e o aleatório (*pattern/randomness*) dos entrecruzamentos entre o real e o virtual. Tal dialética parece alinhar definitivamente as bases biológicas e culturais da *autopoiesis* e da *auto-organização*, respectivamente, mediadas pelo princípio de *autonomia*, considerando que esta dialética incorpora na ação os próprios mecanismos de *turn over* fenomênico que faz suceder moléculas, células, indivíduos, sociedade; um *autos* que, girando incessantemente, (re-)produz o *si mesmo,* conforme Morin[16].

Através da Internet é possível manter-se informado a respeito de uma infinidade de assuntos, pagar contas, comprar; pode-se buscar entretenimento, companhia e, talvez, seja possível encontrar afetos.

Assim, as mídias não param de crescer, desbordando do microcomputador tradicional para o telefone, a televisão, a casa, o carro etc.

Os portais da Internet ou as redes de televisão (abertas e/ou fechadas) são capazes de congregar altas taxas de informação, parcelas inumeráveis de populações, repertórios, energia enfim, permitindo a observação, o acompanhamento e o controle desses fluxos.

16. *O Método*, v. 2, p. 240.

Cabe observar aqui o papel desempenhado por *designers*, em geral, e *webdesigners*, em especial, na codificação de linguagens cujo leque abre-se dos objetos (*hardwares*), a programas (*softwares*), à funcionalidade visual e sonora de alfabetos, imagens, diagramas, símbolos, bem como a integração destes às estratégias de comunicação, as quais devem atender do jornalismo à publicidade e propaganda, de serviços básicos à comunidade e às complexas operações de mercado, da pesquisa científica à produção artística.

A constituição sígnica analógica e digital, permutando-se, estabelece potenciações intersemióticas cujos *objetos*, *imediato* e *dinâmico*, comutam aderências e dissoluções referenciais em velocidades que impõem inúmeras dificuldades de leitura e apreensão de mensagens.

Lembre-se ainda, como observa Pierre Lévy, que o virtual não se opõe ao real, "tendo pequena afinidade com o falso, o ilusório ou o imaginário"[17], como o demonstram os raios x, *scanners*, sistemas de ressonância magnética nuclear, ecografias etc. Tampouco, trata-se de opor o abstrato ao concreto, o artificial ao natural, pois ambos, igualmente, ultrapassam-se no espaço e tempo ciberculturais onde hordas noológicas migrantes, em eterna torna-viagem ulisséica, parecem pôr em movimento a máquina universal (Turing[18]).

As mídias ciberculturais constituem, assim, corpos de passagem e de alusão, habitantes das infovias sob a sintaxe infográfica a dividir e multiplicar à infinitude, os ecos do heterônimo e o paroxismo do ventríloquo.

O *extraterritório* revelado pela linguagem, conforme detectado por George Steiner, encontra aqui sua plena configuração. Numa era "pré-clonagem", Steiner observava:

Com o desenvolvimento dos transplantes cirúrgicos, a própria definição de existência pessoal, de um eu mortal, *intraduzível*, torna-se desconcertante. "Qual parte do meu corpo era eu, qual será você?" *O Je est un autre* de Rimbaud, essa senha profética para o arrebatamento e a violência da nova liberdade, está assumindo significado médico. Mas é um significado exterior a todas as coordenadas conhecidas de sintaxe. Sendo um fato o transplante cardíaco e sendo as transferências cirúrgicas do cérebro definitivamente concebíveis, a disjunção *eu/você* pela qual o animal lingüístico entrou na história não é mais evidente por si[19].

De todo modo, as hipermídias parecem constituir uma espécie de reservatório noológico, fornecendo os meios para uma panspermia sígnica a escavar e semear as profundezas da terra ou do céu, do sistema solar ou da via láctea, a constituir signos, veículos de vida.

17. *O que é o Virtual*, p. 15.
18. Cf. P. Strathern, *Turing e o Computador em 90 Minutos*.
19. Op. cit., p. 101.

SOB O OLHAR DE MERCÚRIO: A MENSAGEM PUBLICITÁRIA

Os avanços das mídias contemporâneas constituem uma revolução, tanto quanto o foram a palavra escrita e impressa e a reprodução da imagem, cujos registros constituem o fluxo das mensagens de todos aqueles cujo trabalho integra o horizonte móvel e mutante do que se convencionou designar Comunicação Social.

A exigência fundamental da Publicidade e Propaganda[20] é a brevidade de sua mensagem e a respectiva precisão interna, bem como coesão e coerência lógicas com vistas ao seu próprio fim.

Teoria e prática consolidadas e caracterizadas como campo disciplinar e de trabalho profissional no século XX, cuja origem encontra-se nas economias urbanas e industriais desenvolvidas, a Publicidade e a Propaganda existem desde tempos remotos.

A propagação e a promoção de produtos ou idéias, de informação ou de redundância perfazem infinito e heterogêneo leque de atividades, que se abre do material ao imaterial, permeando e transformando a vida social e cultural, coletiva e individual, econômica e psíquica das comunidades humanas. Tal impacto não cessa de produzir toda sorte de efeitos e desdobramentos.

Ciência, arte, ideologia, a publicidade e a propaganda estabelecem uma técnica e um discurso, uma linguagem que, em ação, pode induzir ao consumo, fazer reiterar o conservadorismo e seus atrasos, pode destruir ou aniquilar projetos longamente acalentados e elaborados pela construção cultural coletiva, mas também pode contribuir para edificar cidades e cidadãos, espaços e ambientes de convivência e de integração humanos.

Mas que espécie de arma é esta que uma vez acionada parece impor ao seu projétil um movimento sem fim e cujos ecos fazem desdobrar, por entre a vida das comunidades, labirintos e espelhos de sentimentos, de desejos, de pensamentos, de ações?

Nomeemos, provisoriamente, as marcas da sedução dispersa em abrangentes espectros – objetos de exaustivas sondagens estatísticas – que visam divulgar e promover mensagens; criar, expandir ou corrigir mercados; educar, consolidar e manter fidelidades. Do *briefing* ao *checking*, alguém, ou algo, busca interpor-se entre o sujeito e seu mundo, e é justamente aqui que se erige a invenção da comunicação publicitária.

Americanos, europeus e brasileiros criadores de uma publicidade de notáveis diferenças sintático-semânticas, investem vultosos orçamentos na conquista de um número cada vez maior de receptores que

---

20. Dado que as tentativas de definições conceituais para ambas as noções têm sido, pelo menos para os estudos brasileiros relativos ao tema, inócuas, deixamos de nos ocupar, aqui, com maiores definições relativas aos dois vocábulos.

são, crescentemente, postos em contato através do amplexo de envolventes interfaces hipermidiáticas.

É pois a linguagem que, assim, vem reafirmar seu estatuto e seu lugar na constituição da espécie e da história da humanidade. É ela que faz com que a ação prática e a ação mágica compartilhem polaridades entre a objetividade e a subjetividade, como observou Lévi-Strauss.

É importante lembrar que as reflexões pioneiras acerca da indústria cultural, levadas a efeito pela Escola de Frankfurt, distinguiram, precisamente, a oscilação entre as possibilidades de alienação ou de revelação desta indústria. Aqui, Walter Benjamim ensinou-nos, ao iluminar a nossa lição com o seu próprio destino, que a vida sob a mira da veiculação das utopias constrangedoras só pode conduzir-nos às inócuas e derradeiras posses humanas: as sombras.

Mais recentemente, Umberto Eco observou, na estrutura da cultura de massas, a absorção e a promoção de níveis diferenciados de repertório cultural, cuja incidência sobre as comunidades pode produzir efeitos imprevisíveis, e cujos resultados situam-se para além das concepções puramente apocalípticas ou integradas do *ethos* psicossocial[21].

Se a mensagem publicitária flutua entre as esferas do consciente e do inconsciente e, nesta especificidade, ela deve pagar o seu débito à psicologia, é preciso observar o quanto ela pode fazer pelas campanhas institucionais relativas à educação e à saúde públicas, ao meio ambiente, aos valores democráticos, à promoção da cidadania. Se ela provoca o imaginário, semeia sonhos, ou incendeia nossos desejos, ela também pode contribuir para a formação de nossas competências e desempenhos. Há pois que se operar cuidadosamente as linguagens – paisagens e ambientes verbais, sonoros, visuais – que daí emergem, pois que elas são parte integrante e atuante de nossa vida mental e espiritual.

Assim, torna-se necessário estudar e compreender o trabalho concreto dos signos sobre nós ao potencializar as funções de linguagem, em particular emotivas e imperativas na constituição da mensagem publicitária. Tais funções excedem o domínio do mundo referencial cotidiano conduzindo à produção de profundas modificações sensório-motoras, afetivas e intelectuais sobre nós, levando-nos à realização de ações externas sobre a matéria, sobre os sentidos e sobre o espírito, perfazendo as necessidades de uma economia sígnica, responsável por nosso ser/ estar no aqui e agora dos acontecimentos, das ações, das paixões.

No atacado ou no varejo, ao lado de necessidades objetivas, como qualidade, preço e garantia, a publicidade põe em circulação mecanismos de subjetivação como compensação, recompensa, auto-indulgência, vaidade, aceitação etc. – um *design* do desejo e o seu *marketing*.

---

21. Cf. *Apocalípticos e Integrados*.

O CONSTRUCTO SEMIÓTICO

A mensagem publicitária encontra a sua cifra na confluência das equações de valores que integram necessidades e sonhos, sentimentos e ações, isto é, no corpo vivo do sujeito que percebe e se agita diante do frasco de perfume, dos enamorados, da roupa inovadora, do prenúncio saboroso do alimento, dos pais que assistem ao filho agonizando no leito hospitalar diante da doença implacável, do acidente de trânsito, do meio ambiente e do indivíduo ameaçados.

Dos seus idioletos, a publicidade acena para as ressonâncias imprevistas, grande parte das vezes incomunicáveis, de nosso ser. Pois quem comunica, seja qual for o veículo, comunica também o incomunicável, o intraduzível, o indizível sob os quais está imerso o universo dos significados, dos nossos significados.

Tal universo constitui justamente a linguagem sobre a qual a publicidade busca demarcar domínios e mantê-los sob suas ordens. Inúteis comportas político-ideológicas: mais do que falar ou produzir uma linguagem, somos falados ou produzidos por ela, no ato da comunicação. Não por acaso, a mensagem publicitária opera esta autonomia da linguagem em profundidade, buscando transformar o individual em coletivo, objetivando conectar corações e mentes sob a mira dos mercados. Aliás, a esfinge que faz transmutar continuamente o singular no universal, vem ocupando grandes espaços e tempos da ciência contemporânea.

É de se observar, portanto, que a mensagem publicitária é publicidade e outras coisas. Tais coisas não lhe são estranhas, nem exteriores, mas integram a sua constituição.

A publicidade plena, eficiente e eficaz vai além de si mesma; imprime à sua codificação, aos seus registros verbais e icônicos, a transcendência de sua função referencial, tensionando códigos e veículos, revelando algo irredutível à canção provisória e perecível do consumo: a mediação antropológica da qual provém e para a qual retorna e alimenta. Assim, tal mensagem nutre o segredo e propaga a hereditariedade dos conflitos, participando, ativamente, da prosa do mundo.

A mensagem publicitária, esta espécie de obra aberta, livro de memória coletiva, fala que é própria e que é alheia, que faz dissolver o eu no outro e vice-versa, pode ser capaz de lançar-nos ao pasmo da alienação, tanto quanto pode ser capaz de devolver-nos a nós mesmos, em faíscas de revelação, em que o publicitário e o seu fazer, meio e mensagem, feitiço e feiticeiro, tornam-se o mesmo para fazer vibrar a voz do outro – a ética reencontrada e tornada meridiano – enquanto cartografam, independentemente da pedagogia dos mercados, o sentimento do mundo.

Sob o olhar de Mercúrio, a mensagem publicitária desenha – entre os valores de troca e de uso, aqui mantendo plenos estatutos e instituições – os signos capazes de aquecer promessas e acirrar conflitos insolúveis.

4. Escrituras Ambientais

a comunicação
háptico-visual-locomotora

AMBIENTE, INTERSEMIOSE, COGNIÇÃO

A realidade ou materialidade da linguagem (verbal e/ou icônica) inscreve-se como projeto desde o interior do pensamento, da fala, da ciência, da arte, das teorias até às dimensões antropossociais nas quais as relações de conjunção e/ou disjunção dessa linguagem tornam-se manifestas e onde as operações reflexivas tendem ao aquecimento. Para além das reduções empiristas, tal materialidade faz expor continuamente paradoxos lógicos, incertezas, indeterminações no transcurso sígnico que a constitui.

O corpo da linguagem, como já o observamos, está enraizado em qualidades que o faz emergir, interrelacionando seus traços que, ao remeterem-se uns aos outros, tornam-se projeto-construtivos pela circulação de suas trocas e interações, comportando, assim, sua própria reflexividade.

Este corpo, com o seu caráter fenomênico, expõe-nos à experiência direta, à construção e/ou desconstrução de paradigmas (na perspectiva da descoberta e da invenção) e à falácia dos argumentos finalistas (na perspectiva de supostos interpretantes finais). Assim, a linguagem, na sua disposição sígnica, correlaciona-se com a estrutura do pensamento, com o consciente e o inconsciente, com o racional e o que comporta de irracional. Ela constitui – por meio da dinamicidade das qualidades sobre as quais se erige – inícios, meios e fins, simultaneamente.

112   AUTOPOIESIS

Desse modo, os ambientes – aqui considerados como teia de relações entre espaços, construções, lugares e organizações projeto-construtivas de habitação, uso e circulação, bem como as interações entre espaços e objetos (objetos de uso cotidiano), edifícios, paisagens, cidades etc. e seus respectivos processos de significação e linguagem – constituem faixas de concentração ou dispersão de linguagem, caracterizando-se como resultado de processos morfogenéticos. As regras ou normas provenientes de tais ambientes (suas regulações) são sempre provisórias: seus termos podem ser simultaneamente complementares, concorrentes, antagônicos etc. Caos e ordem – permeados por esta *physis* – são reciprocamente interdependentes desde sua infra-signicidade. O universo ambiental é acêntrico ou policêntrico, fundando sua inteligibilidade entre o acaso e a necessidade, a pluraridade e a singularidade.

Os ambientes podem, assim, ser descritos conforme a Faneroscopia peirceana, em que as relações signo-objeto-interpretante são múltiplas e simultâneas e onde cada um dos pólos constitui uma pluralidade. Isto significa que – da expressão ao fato, do projeto ao uso – os ambientes são produtos de uma intersemiose para a qual concorrem faixas sígnicas que vão da raiz biofísico-química da espécie aos universos culturais produzidos pelo homem. Os ambientes perfazem um leque funcional através do qual as ações humanas configuram-se em espaços e criam os seus lugares; são projetados, geridos e utilizados mediante *faixas simbólicas* e *argumentativas* organizadas por órgãos técnicos, socioeconômico-institucionais, político-ideológicos; desempenham a vida da vida, em cujo processo de significação pode-se depreender duplo processo de conhecimento; quanto à natureza de sua linguagem e quanto à sua própria natureza[1].

Os ambientes constituem, pois, em seu plano pragmático, estímulos para a ação, realidades sígnicas complexas, apresentando, ao mesmo tempo, graus máximos de *terceiridade* e de *primeiridade*. Se do projeto à implantação, quando vivenciados e atualizados pelos usos, os ambientes são produzidos em escalas ascendentes de definição *argumentativa*, a dinamicidade de seus objetos tendem a desestabilizar aquelas escalas de definição, recolocando em circulação a rede de propriedades potenciais, feixes de qualidades sobre os quais repousam, isto é, fazendo deslocar a possível excelência lógica de seus *argumentos*.

O desenho industrial, a arquitetura, o urbanismo – ciências, teorias e práticas projeto-construtivas de faixas ambientais – apresentam, no trânsito permanente de sua funcionalidade, a fundação de seu estatuto de linguagem. Ultrapassando cotidianamente seu *objeto imediato* (um desempenho funcional específico), através das leituras e usos, vivências e apropriações sucessivas, ou mesmo simultâneas,

1. Cf. L. D. Ferrara, *Olhar Periférico*, p. 227.

ESCRITURAS AMBIENTAIS

fazem alterar seus eixos sintagmático e paradigmático, suas relações e seus constituintes. Emergem, deste modo, como zonas de operações sígnicas de deslocamentos e intercâmbios de significação, que incidem, direta ou indiretamente, nos sistemas projeto-construtivos, os quais repousam em movimentos de intersemiose e, por isso mesmo, percepto-cognitivos.

Ocorre, de fato, na vivência ambiental e de modo nem sempre controlável, uma aceleração da dinamicidade do objeto constitutivo dos signos e de suas funcionalidades. As faixas ambientais abrem (e mesmo impulsionam) decifrações perceptivas pelos desvãos do sentido convencionalizado (que pode perder aderência na relação com seu interpretante), expondo-se à dinamicidade dos *índices* que aí estão alojados e adormecidos, no entrelaçamento do visível e do legível, em intraduções de origem.

Numa peça gráfica, no objeto utilitário, no edifício, no jardim, na cidade, aquilo que emerge como informação, para além das funcionalidades imediatas, são as marcas de seus "nomes", suas propriedades de comutação, as cercanias de seus espaços, o fluxo contínuo da sua intra-signicidade, o grau zero de suas articulações. Os ambientes exibem um conjunto de relações proto-representativas, aproximando receptor e objeto da recepção, por meio de camadas noológicas. A polissemia que daí se desprende são os próprios ambientes enquanto ascendem às suas configurações. É este o limiar (icônico) que os dispõem como um núcleo de atividades capaz de transferir e/ou produzir códigos, e os fazem evidenciar suas propriedades tradutórias, escriturais, bem como as especificidades de suas propriedades auto-reflexivas.

As representações, das quais estão investidos os ambientes, não são meras representações de objetos (de funções), mas representações do trabalho de produção destas representações. Por isso mesmo a materialidade da organização sígnica ambiental afeta nossos sentidos e pode estimular, induzir, modificar nossas ações e nosso comportamento, ou, antes, a dimensão percepto-cognitiva que nos orienta, faz-nos conhecer e nos predispõe à ação.

Deste modo, as propriedades descritivas e/ou demonstrativas (referenciais) dos ambientes, nas suas caracterizações sígnicas, estão sempre em comunicação com o campo das qualidades de onde emergem e com quem mantêm intensa interação dialógica. Tais propriedades nunca o são com exclusividade, o signo é sempre um outro, ou outros, pois que as qualidades que o fundam, inscrevem, no interior da constituição sígnica, a sua própria lógica. O caráter distintivo que os ambientes podem adquirir assenta-se justamente nas qualidades que os distinguem como signos-pensamento particulares.

Deve estar claro que estamos enfocando o signo na sua matriz geradora e não nos usos convencionalizados e estratificados que acabarão por produzir. Entretanto, mesmo esses, poderão sofrer processos de saturação; ainda desta vez, induzidos pelo mesmo movimento experiencial. Aqui se encontra, também, a raiz codificadora dos processos projetuais do desenho industrial, da arquitetura, do paisagismo, do urbanismo: suas constantes e variáveis, suas etapas operativas, suas conexões, suas fórmulas elementares, suas irregularidades, sua estrutura e sua sintaxe.

Da emergência dos *legissignos* aos *tons, tipos* e *ocorrências* estruturam-se feixes de convergências de invenções, traduções, registros, protótipos, inscrições, as quais poderão constituir conjuntos, subconjuntos, séries e suas conseqüentes produção e consumo.

A circulação proliferante e globalizante, e mesmo invasora, dos processos de codificação ambiental instaura-se, assim, como "escritura" cuja dimensão fenomênica entrelaça o dado natural e o dado artificial – natureza e técnica, *physis* e *techne* –, revelando a "sobrenatureza" do signo ambiental, sua auto-reflexividade e sua capacidade de contaminação.

Como anteriormente formulado, as *escrituras ambientais* fundam-se, igualmente, numa tríplice relação de representação, que denominamos agora relação espácio-ambiental, à qual abriga o *espaço dado* (físico-geográfico, territorial, real e/ou virtual), o *espaço posto* (edificações, sistema viário, equipamentos, paisagens, demais construções) e o *espaço produzido* (espessura noológica).

Tais estratos espaciais constituem camadas ambientais elaboradas por produtoras de *grafos existenciais*, apresentando, pois, dimensões fenomênicas e representativas para as quais confluem traços distintivos que caracterizam e evidenciam seus processos de codificação. Podemos relacionar esses traços distintivos como se segue[2].

O Espaço é um Quase-Signo

Toda e qualquer mensagem só pode ser veiculada através do e/ou no espaço: do pensamento à configuração de uma forma. Meio que engloba todos os meios, é ele quem viabiliza toda mensagem, vale dizer, linguagem: acaso, probabilidade, necessidade.

A rigor, o espaço não tem partes, pode ser entendido como um estado de justaposição ideal. Não é uma coisa, mas a forma (relacional) primeira de todas as coisas. O espaço, como um quase-signo, está em todas as operações interssemióticas.

A Digitalização do Espaço e a Configuração da Forma

A produção de espaços no desenho industrial, na arquitetura, no paisagismo, no urbanismo, é efetivada mediante a digitalização do *espaço*

---

2. Com nova abrangência, retomamos aqui estudo inicialmente desenvolvido em *Escritura Urbana*.

ESCRITURAS AMBIENTAIS 115

contínuo (dado). Aqui, o código geométrico é o instrumento digitalizador por excelência (princípio de ordem), estando presente em todas as operações projeto-construtivas embora aquela produção de espaços, não se origine desse código geométrico, trabalhando, os quatro registros, permanentemente, intercódigos, para a geração da forma.

Enquanto *ícone*, a forma reduz e integra uma trama de ícones interconectados em três dimensões, constituindo um *espaço discreto* (posto). Como *diagrama* de desempenho funcional (que envolve uma idéia de modelo – ocorrências estruturais regulares – onde concorrem as faixas paradigmáticas), as "partes" deste *espaço discreto* não são estanques: configuram proporções, distâncias, direções cuja escala é o homem (modulação), e sugerem uma relação fundamental de coordenação entre si. Como *símbolo*, a forma constitui uma fisionomia que temporaliza o *espaço contínuo*.

A Forma Instaura um Meio Háptico-Visual-Locomotor

A forma supõe uma assimilação de suas possibilidades significantes para ser utilizada ou transformada em lugar (lugar = espaço apropriado), o que implica uma construção gradual da experiência sensível.

À semelhança de um organismo, a forma, dotada de elementos biofísico-químicos, gera meios dinâmicos de propriedades qualitativas incorporando, num *continuum*, os elementos integrantes da visão, tato e locomoção (texturas, cores, superfícies) como se manifestam na confluência de nossos sentidos. Como tal, a forma é apreendida no seu caráter mais "primário", nas suas qualidades difusas, quase indefiníveis: cor, envolvência, calor, movimento, ritmo etc.

O interpretante atua sobre a forma como co-produtor das estruturas que a envolvem, incitando-o a suprir as conexões.

O Fora e o Dentro

O fora e o dentro (da forma) constituem uma dialética de relações qualitativas, em que está implícita a idéia de movimento e está presente o vínculo homem/campo de gravitação: interior/exterior/vertical/horizontal/aberto/fechado/ positivo/negativo/cheio/vazio/continente/conteúdo etc.

O fora e o dentro estabelecem uma posição reversível e relativa: oscilam permanentemente entre a aproximação e o distanciamento, e dependem da consideração de um referencial (posição do interpretante).

O dentro tende a instaurar um estado de concentração e o fora um estado de dispersão. Em gradientes múltiplos, ambos se interpenetram na concretude da forma e seus limites se mútuo-diluem, produzindo uma espécie de trocadilho em movimento alternado.

A Forma é Informação

Cada código atuante no processo de corporificação de uma forma fornece informações que lhe são específicas. Sua concreção (da forma) supõe uma redução (no sentido de uma redução química) e integralização dessas informações através de um processo intersemiótico que, no limite, funde signos e veículos, revelando não um "objeto", mas um complexo de estruturas, propriedades e funções.

As múltiplas relações de representação (relações sígnicas), que advêm deste processo, abrem inevitavelmente um campo de possibilidades de interpretantes (significados), prevista ou imprevistamente (de acordo com elementos presentes e/ou ausentes, repertório de expectativas, taxa de redundância), que acaba por "fixar" a forma como uma *escritura* sensível, intraduzível e informacional.

A Forma é Ambiental

O universo qualitativo, posto em circulação pela forma, ao envolver o interpretante numa rede de informação e comunicação, faz precipitar, em ondas de amplitudes e freqüências variáveis, esferas de percepção e contacto forma/interpretante – esferas ambientais –, provocando experiências percepto-cognitivas, semióticas, noológicas.

Qualidades de sentir relativas à luz ou à temperatura, ao bem-estar ou mal-estar, à familiaridade ou estranheza, por exemplo, presentificam-se na mente interpretante que também, recorrerá, por meio de uma semiose, a tentativas de decodificação e reconhecimento que, se desdobrando com o apoio da memória, da história, do processo cultural como um todo, imprimirá à forma o seu caráter ambiental.

O Ambiente é Escritura

Através das realizações sucessivas, as precipitações ambientais perfazem repertórios de *grafos*, os quais, permanecendo em constante (re-)elaboração, propiciam as inscrições espácio-ambientais. Por sua vez, tais inscrições, ao materializarem-se como ambientes, abrem-se à dinamicidade de seu objeto, tornando tais inscrições sujeitas ao (re-)desenho permanente, uma vez que não se pode, através de projetos técnicos, normas ou leis, determinar o metabolismo das qualidades que dão a este ambiente respiração e voz, perfazendo uma escritura.

* * *

Ambiente e *escritura* são assim os pólos de uma relação dialética e dialógica responsável pela saturação da hipotaxe, caracterizadora da *terceiridade* e a abertura ao fluxo ininterrupto dos significantes que permeiam os ciclos que vão da morfogênese à noogênese ambiental.

Os traços distintivos que acabamos de identificar e descrever constituem, na realidade, traços de um processo cognitivo e paradigmático, que emergem durante os processos de codificação em que as *escrituras ambientais*, ao disporem ao interpretante suas possibilidades de uso, oferecem simultaneamente sua própria epistemologia por entre os prolongamentos, extensões e amplificações propiciadas pelas ações de codificação.

Das qualidades de sentir à *escritura*, o fio condutor da linguagem ambiental desdobra-se e floresce por meio das transformações de sinais em signos, e firma-se como meio privilegiado de recepção e aprendizagem individual e coletiva.

As *escrituras ambientais* – a biblioteca e o conhecimento dos processos de fabricação do mundo – espessam-se à medida que expandem suas funções metassígnicas e poéticas, máquinas universais de toda pedagogia.

Cabe assinalar, finalmente, que a presença dos materiais e procedimentos digitais nas ações projetivas, alteram profundamente as relações entre ambientes e processos de intersemiose e cognição. Os fluxos digitais, conduzidos pelas tecnologias processadas via computadores, têm produzido inúmeras experiências de produção ou alteração espácio-ambientais, reais ou virtuais. Trata-se de uma convergência epistemológica de toda atividade projeto-construtiva humana, cujos limites, entre o tangível e o intangível, parecem cada vez mais difícil de se explicitar.

Entre o "realizável" e o "imaginável" estrutura-se uma mídia ciberespacial, cujos ambientes parecem constituir dimensões elusivas do real e da representação.

De um lado, esta mídia permite estudos, análises, projetos e construções reais de objetos, edifícios, cidades, paisagens, impossíveis de virem à luz antes da revolução digital. De outro lado, esta mídia oferece às artes em geral, ao cinema e aos *games* em particular, oportunidades de representação ambiental até então imprevistas.

Com relação à produção espácio-ambiental real, torna-se necessário observar que o contexto dessa produção dá-se sob a égide de redes econômico-financeiras transnacionais, da homogeneização de materiais e procedimentos técnico-contrutivos, de uma hibridização cultural.

As cidades da globalização, permeadas pelas telecomunicações, organizam-se, quase sempre, com centros urbanos pontuados por arranha-céus, áreas residenciais, polígonos de negócios, setores de abastecimento, sistemas viários, periferias. Aqui, os chamados edifícios inteligentes, cujas entradas e saídas são controladas por códigos magnéticos, câmeras de vídeo, sensores etc., possuem complexos sistemas relativos à segurança, ao conforto ambiental, ao desempenho das atividades, à gestão. Tais edifícios tendem, por meio da tecnologia digital, a uma auto-suficiência. O desenho desses edifícios devem prever espaços específicos para toda espécie de dutos, canalizações, instalação de sistemas, máquinas e equipamentos, organizados, mantidos e monitorados por computadores.

Assim, a produção espácio-ambiental configura-se não apenas mediante às leis físicas da construção, mas também às leis decorrentes da informação e da comunicação, cujas reverberações entre o real e o virtual estabelecem-se como um amplo domínio digital, distendendo novas esferas ambientais para a experienciação cotidiana. A crescente mobilidade que daí resulta, lança as bases de um mundo em expansão cuja expressão paradoxal reside no fato de nos encontrarmos diante de uma realidade noológica que, ao aumentar signicamente, diminui suas dimensões físicas.

O contínuo processo de digitalização imprime às camadas espácio-ambientais crescente caráter midiático, ao tornar o desenho industrial, a arquitetura, o paisagismo, o urbanismo, domínios de *bits* e *bytes*, e por isso mesmo, de codificações e de veículos cujas mensagens constituem pluralidades sígnicas.

Do projeto ao uso, tais pluraridades incluem operações relativas a, pelo menos três ordens de sistemas e respectivas modelizações: geossistemas, ecossistemas, semiossistemas.

As *escrituras ambientais* são produtos das "ciências ambientais" (ciências da natureza, ciências exatas, ciências sociais aplicadas) que se integram, tendo como instrumentos de intercâmbio os *hardwares* e respectivos *softwares* destinados a possibilitar *outpus, inputs*, isto é, métodos e técnicas projeto-construtivas, ações de gestão e monitoramento, predição e comunicação ambiental como um todo.

Tais *escrituras* incluem, assim, unidades, totalidades, complexidades estruturais organizadas em sistemas de signos – e por isso espaço-lugar percepto-cognitivo e campo de intersemiose – os quais possibilitam suas trocas constantes de energia, informação e comunicação.

Observamos, a seguir, tais *escrituras* nos âmbitos do desenho industrial, da arquitetura, do paisagismo, do urbanismo.

OS OBJETOS DO MUNDO

O Desenho Industrial constitui campo de atividades teórico-práticas – técnico-científicas, artísticas, mercadológicas – cujo estatuto disciplinar, em expansão, perde-se no conjunto das atividades humanas de fabricação de objetos e afins e cujo marco tecnológico reside na Revolução Industrial e no respectivo advento da produção em série.

Tais atividades congregam dois grandes ramos: o que se ocupa da concepção da forma, função e uso de objetos tridimensionais, o qual pode acoplar sistemas mecânicos, elétricos, eletrônicos, com-

ESCRITURAS AMBIENTAIS

petências etc., e suas combinações sistêmicas, também chamado de Desenho do Objeto ou Desenho do Produto (o qual inclui sistemas de embalagens); e o que se ocupa da concepção da forma, função e uso de objetos bidimensionais, também chamado de comunicação e/ ou programação visual, que pode acoplar todos os recursos das artes gráficas e dos sistemas de sinalização públicos ou privados, com seus respectivos suportes, tecnologias, dispositivos de operação etc.

Etmologicamente, a palavra *objeto*, do latim *objectu*, significa "por, lançar diante, expor", estabelecendo, desse modo, um sentido relativo ao que é apreendido pelo conhecimento, que não é o sujeito do conhecimento; um sentido relativo ao que é perceptível aos sentidos, ao que é manipulável, manufaturável, que adequadamente acondicionado pode ser transportado.

A palavra de língua inglesa *design* agrega com maior amplitude e precisão essas noções ao reunir um sentido complexo de plano, intenção, desígnio, configuração, arranjo, estrutura.

Em rápida exposição, e sem nos determos nas inúmeras e, com freqüência, inócuas discussões conceituais que cercam o universo dessas atividades, optamos aqui pela expressão Desenho Industrial. Importa-nos, sobretudo, destacar nesse âmbito o caráter projeto-construtivo das intenções e ações, bem como a competência para produzir, a partir deste caráter, configurações de sistemas de objetos simples ou complexos.

As tentativas de estudos e formulações de uma fenomenologia do Desenho Industrial parecem confluir para taxonomias e classificações estatísticas relativas à ergonomia, à morfologia, à tipologia, aos materiais e técnicas utilizados na fabricação de objetos.

Sob as circunscrições estabelecidas por repertórios econômicos, tecnológicos e culturais, pelo gosto e pelo *marketing*, pelos modos de produção e consumo, o Desenho Industrial percorre escalas de complexidade estrutural e de sentido, na medida em que interage com as faixas espácio-ambientais nas quais se insere, integrando as linguagens dessas faixas.

Isso significa que os produtos do Desenho Industrial constituem, nas especificidades que os caracterizam, configurações ambientais e escriturais. Tais configurações, na era da informação e comunicação de processos digitais, incorporam processos de miniaturização, condensação, fusão, virtualização de materiais e procedimentos. O código binário desempenha papel fundamental na execução desses processos, traduzindo faixas semióticas interagentes em camadas de registros diversos, nas quais se dão intensos trânsitos analógico-digitais.

A proliferação de objetos e produtos – em função de um mínimo múltiplo comum estrutural, forjado pela permeabilidade de linguagens – e a sua conseqüente inserção no mundo do consumo em larga escala é promovida pela comunicação de massas, através das modalidades midiáticas da publicidade e propaganda nas quais, conforme vimos, textos, sons e imagens apresentam elaborações sígnicas com intensa manipulação de informação verbal e icônica (com crescente sofisticação na produção de *softwares* para o processamento desses materiais).

Não por acaso, a expansão do Desenho Industrial tem sido objeto de questionamentos, estudos e pesquisas, com fortes apelos junto às comunidades internacionais em função do uso de matérias-primas, produção de resíduos, custos de energia, padrões de consumo e sustentabilidade ambiental.

De todo modo importa-nos destacar a geração de sistemas de objetos – o planejamento e o projeto de formas, funções e usos, a programação e a comunicação de mensagens coletivas – como produções de linguagens que incidem diretamente na operação e vida das configurações espácio-ambientais.

É desse modo que o Desenho Industrial ultrapassa as circunscrições entre tecnologia e cultura, inserindo-se e aquecendo a circulação dos valores de troca e de uso sígnicos, fazendo espessar as relações entre pensamento e linguagem, integrando a instauração dos lugares humanos e co-operando os repertórios sintáticos, semânticos e pragmáticos destes lugares.

Os objetos que instrumentalizam nossa vida cotidiana perfazem, assim, narrativas espaciotemporais de ações e destinos humanos. Conectados ao presente, tais objetos estabelecem *isocronotopias,* desconectados do presente, *heterocronotopias*; por entre tais *topos*, circulam simultaneidades, deslocamentos, imprevisibilidades, ruídos, memórias, registros, fantasmas a produzir labirintos escriturais que, partindo da familiaridade do cotidiano, podem alcançar o enigmático dos fenômenos.

Isto significa que nascemos num mundo também habitado por objetos; nascemos sob a pregnância do outro depositada nas atmosferas ambientais desses objetos, as quais nos envolvem por meio de ondas psicométricas e noológicas.

Há objetos que criam territórios (*locus* espacial ou imaginário) e há os desterritorializados (o museu). Há os que fazem citações e explicitam e os que parecem encerrar mistérios. Há os que se organizam em sistemas e coleções e os que se perdem na multidão de suas vizinhanças. Há os opacos, os transparentes, os mutantes. Há os indicativos, os imperativos, os condicionais. Há os que promovem o movimento, a velocidade, a aceleração e os que fazem o contrário.

Os objetos, no desempenho de suas funções, constituem prolongamentos e/ou amplificações do corpo (das mãos, dos braços e pés, dos sentidos, do cérebro) e projeções do pensamento (idéias, memórias, narrativas), as quais se fundem na constituição de estoques morfológicos, sêmicos e mercadológicos.

ESCRITURAS AMBIENTAIS

Os objetos evidenciam a vida na fluência do aqui e agora (inclusive quando trazem o passado de volta), por meio de propriedades que ultrapassam, em muito, suas funções referenciais, pois, na síntese que os caracterizam, estão carregados de forças semióticas potenciais capazes de instrumentalizar, por meio de interações complexas, viagens interplanetárias ou fazer florescer, do nada, um *hai-kai*.

Os produtos do Desenho Industrial perfazem índices de passagem, carregando toda sorte de possíveis alusões que, ao abrirem pistas ao usuário, individual ou coletivo, oferecem os meridianos capazes de incliná-lo à utilização. Tais produtos transformam-se em entrecruzamentos escriturais, configurando camadas de *grafos* em estado de contágio sígnico-ambiental. Objetos que, remetendo-se uns aos outros, podem produzir movimentos perceptivos, alimentar narrativas, configurar documentos e, por vezes, auto-inscrevendo algo que as projeções técnico-construtivas (ainda mesmo quando controladas por cuidadosos e exaustivos procedimentos laboratoriais, estatísticos, de marketing etc.) não conseguiram divisar.

Entre a fisicalidade das ações estimuladas, possibilitadas ou promovidas pelos objetos, as memórias ou os devaneios por eles suscitados – enquanto permanecemos fixos em nossos lugares, ou em viagem, real ou imaginária – falam por nós, através de ressonâncias de significados próximos ou longínquos, estruturando a sua própria ordem sintagmática; um eu-limite que, às vezes, se presentifica por meio dessa ordem.

Joaquim Tenreiro

Precursor fundamental do Desenho Industrial no Brasil, ao lado de Gregori Warchavchik e John Graz, em particular com relação ao mobiliário residencial, Joaquim de Albuquerque Tenreiro projetou e produziu um móvel de racional e sensível concepção sintática e estética, bem como delicado e conseqüente diálogo semântico e histórico (Figuras 1 a 10).

Nascido em Melo, região localizada ao norte de Portugal, em 1906, Tenreiro, após muitas viagens ao Brasil, aqui se estabeleceu em 1928, trazendo consigo o ofício de marceneiro, herdado do pai.

Aliando assim um conhecimento fundado na prática artesanal do móvel europeu ao impacto do clima, das madeiras, dos espaços brasileiros, Tenreiro prenuncia um *design* de móveis brasileiros, sobretudo com a utilização das madeiras nativas como matéria-prima, dentre as quais, o jacarandá da Bahia, o pau-marfim, a imbuia, o cedro, a peroba, produzindo diversificado mobiliário o qual inclui: cadeiras, mesas, sofás, poltronas, biombos, mesas, consoles, banquetas, estantes etc.

Absorvendo influências do móvel colonial brasileiro e integrando o domínio no trato com a madeira ao conhecimento do desenho, da pintura e da escultura, ao refinamento construtivo do mobiliário português dos séculos XVIII e XIX, Tenreiro lê e reprocessa elementos construtivos, funcionais, estéticos erigindo um novo repertório de *legissignos* com os quais elabora sua sintaxe precisa: tiras retas ou suavemente curvas, palitos, planos vasados e preenchidos com palhinha, articulados com o auxílio de delicados travamentos e sistemas de encaixes e colas, dispensando pregos e parafusos. Tal sintaxe, operada com rigor e disciplina, resulta num móvel de acabamento impecável.

A linguagem deste móvel incorpora ainda as condições climáticas brasileiras, recusando excessos ornamentais e de revestimentos, particularmente, sob a influência da leitura de Eça de Queiroz. As pioneiras e agudas observações culturais de Eça relativas ao Brasil parecem ter alcançado perfeito eco em Tenreiro. Como se pode observar em carta de Eça dirigida a Eduardo Prado, sob o heterônimo Fradique Mendes, em 1888:

Nos começos do século, há uns 55 anos, os brasileiros, livres dos seus dous males de mocidade, o ouro e o regime colonial, tiveram um momento único, e de maravilhosa promessa. Povo curado, livre, forte, de novo em pleno viço, com tudo por criar no seu solo esplêndido, os brasileiros podiam nesse dia radiante, fundar a civilização especial que lhes apetecesse, com o pleno desafogo com que um artista pode moldar o barro inerte que tem sobre a tripeça de trabalho, e fazer dele, à vontade, uma vasilha ou um deus. Não desejo ser irrespeitoso, caro Prado, mas tenho a impressão que o Brasil se decidiu pela vasilha.

Tudo em redor dele, desde o céu que o cobre à índole que o governava, tudo patentemente indicava ao brasileiro que ele devia ser um povo rural. Não se assuste, meu civilizadíssimo amigo. Eu não quero significar que o Brasil devesse continuar o patriarcalismo de Abraão e do livro do Gênesis, reproduzir Canaã em Minas Gerais e pastorear gado em torno das tendas, vestido de peles, em controvérsia constante com Jeová. Menos ainda que se adotasse o modelo arcádico, e que todos os cidadãos fossem Títiros e Marílias, recostados sob a copa da faia, tangendo a frauta das éclogas... Não: o que eu queria é que o Brasil, desembaraçado do ouro imoral, e do seu D. João VI, se instalasse nos seus vastos campos, e aí quietamente deixasse que, dentro da sua larga vida rural e sob a inspiração dela, lhe fossem nascendo, com viçosa e pura originalidade, idéias, sentimentos, costumes, uma literatura, uma arte, uma ética, uma filosofia, toda uma civilização harmônica e própria, só brasileira, só do Brasil, sem nada dever aos livros, às modas, aos hábitos importados da Europa. O que eu queria (e o que constituiria uma força útil no Universo), era um Brasil natural, espontâneo, genuíno, um Brasil nacional, brasileiro e não esse Brasil, que eu vi, feito com velhos pedaços de Europa, levados pelo paquete e arrumados à pressa, com panos de feira, entre uma natureza incongênere, que lhe faz ressaltar mais o bolor e as nódoas.

Eis o que eu queria, dileto amigo! E considere agora como seria deliciosamente habitável um Brasil brasileiro! Por toda a parte, ricas e vastas fazendas. Casas simples, caiadas de branco, belas só pelo luxo do espaço, do ar, das águas, das sombras. Largas famílias, onde a prática das lavouras, da caça, dos fortes exercícios, desenvolvendo a robustez, aperfeiçoaria a beleza. Um viver frugal e são; idéias claras e simples e uma grande quietação de alma; desconhecimento das falsas vaidades; afeições sérias e perduráveis...

Mas, justos céus! Estou refazendo o livro II das *Geórgicas*! *Hanc olim veteres vitam coluere Sabini*... Assim viveram os velhos sabinos; assim Rômulo e Remo; assim cresceu a valente Etrúria; assim Roma pulquérrima, abrangendo sete montes, se

ESCRITURAS AMBIENTAIS 123

tornou a maravilha do mundo! Não exijo para o Brasil as virtudes áureas e clássicas da idade de Saturno. Só queria que vivesse uma vida simples, forte, original, como viveu a outra metade da América, a América do Norte, antes do industrialismo, do mercantilismo, do capitalismo, do dolarismo, e todos esses *ismos* sociais que hoje a minam e tornam tão tumultuosa e rude – quando os colonos eram puritanos e graves; quando a charrua enobrecia; quando a instrução e a educação residiam entre os homens da lavoura; quando poetas e moralistas habitavam casas de madeira que as suas mãos construíam; quando grandes médicos percorriam a cavalo as terras, levando familiarmente a farmácia nas bolsas largas da sela; quando governadores e presidentes da República saíam de humildes granjas; quando as mulheres teciam os linhos de seus bragais e os tapetes das suas vivendas; quando a singeleza das maneiras vinha da candidez dos corações; quando os lavradores formavam uma classe que, pela virtude do saber, pela inteligência, podia ocupar nobremente todos os cargos do Estado; e quando a nova América espantava o mundo pela sua originalidade, forte e fecunda.

Pois bem, caro amigo! Em vez de terem escolhido esta existência que daria ao Brasil uma civilização sua, própria, genuína, de admirável solidez e beleza – que fizeram os brasileiros? Apenas as naus do senhor D. João VI se tinham sumido nas névoas atlânticas, os brasileiros, senhores do Brasil, abandonaram os campos, correram a apinhar-se nas cidades e romperam a copiar tumultuariamente a nossa civilização européia, no que ela tinha de mais vistoso e copiável. Em breve o Brasil ficou coberto de instituições alheias, quase contrárias à sua índole e ao seu destino, traduzidas à pressa de velhos compêndios franceses. O jornal, o artigo de fundo, a balofa retórica constitucional, a tirania da opinião pública, os descaros da polêmica, todas as intrigas da politiquice se tornaram logo males correntes.

Os velhos e simples costumes foram abandonados com desdém; cada homem procurou para a sua cabeça uma coroa de barão, e, com 47 graus de calor à sombra, as senhoras começaram a derreter dentro dos gorgorões e dos veludos ricos. Já nas casas não havia uma honesta cadeira de palhinha, onde, ao fim do dia, o corpo encontrasse repouso e frescura; e começavam os damascos de cores fortes, os móveis de pés dourados, os reposteiros de grossas borlas, todo o pesadume de decoração estofada com que Paris e Londres se defendem da neve, e onde triunfa o micróbio. Imediatamente alastraram as doenças das velhas civilizações, as tuberculoses, as infecções, as dispepsias, as nevroses, toda uma surda deterioração da raça. E o Brasil radiante – porque se ia tornando tão enfezado como a Europa, que tem três mil anos de excessos, três mil anos de céus e de revoluções[3].

À inadequação paradigmática formal e funcional, estética e mesmo antropológica (cujas raízes parecem encontrar-se na Missão Francesa) do móvel produzido no Brasil até então, Tenreiro opôs móveis leves e estruturais cuja sintaxe sóbria e funcional por excelência alicerça-se na tradição técnica portuguesa e na expressão plástica brasileira nascente, do período colonial.

Com o cuidado de não tornar o verniz dos móveis excessivamente brilhante, preocupando-se com a ergonomia e o conforto, tal mobiliário dialoga e interage plenamente com o espaço da casa brasileira, integrando-lhe o circuito forma/função/uso procedente da arquitetura colonial brasileira, a qual imprimiu, diga-se, fortes marcas na arquitetura moderna brasileira da mais significativa expressão.

Desse modo, este mobiliário absorveu aquilo que o artesanato brasileiro forjou de mais engenhoso, isto é, correção funcional, precisão

3. *A Correspondência de Fradique Mendes*, p. 113-114.

e pureza plásticas plenamente integradas às organizações de seus ambientes.

Ajustado às condições econômicas emergentes da década de cinqüenta do século passado, quanto às possibilidades de expansão da produção e do consumo, o mobiliário de Tenreiro constitui um protodesenho industrial brasileiro, fundindo à tradição do artesão – o modo de produção da indústria brasileira nascente – hábitos e costumes da moradia luso-brasileira, integrando, com extrema funcionalidade, o móvel, a arquitetura, o ambiente de um país em busca de identidade e afirmação.

Figura 1: Cadeira de Embalo, *1948 (jacarandá, encosto e assento em palhinha).*

Figura 2: Cadeira Estoril com Braço, *c. 1960 (jacarandá, encosto e assento em palhinha).*

Figura 3: Primeira Cadeira, *c. 1942 (perobinha do campo, com assento em palhinha).*

Figura 4: Cadeira Estrutural, *c. 1947 (jacarandá, assento estofado, com revestimento em tecido, encosto em varetas).*

ESCRITURAS AMBIENTAIS 125

Figura 5: Poltrona com Mantas Soltas, c. 1954 (peroba branca torneada, com mantas estofadas de tecido).

Figura 6: Poltrona de Palhinha, c. 1958 (jacarandá, encosto e assento em palhinha)

Figura 7: Poltrona Leve, 1942 (pau-marfim, encosto e assento estofados, com revestimento em tecido).

Figura 8: Estante, s/d (jacarandá)

Figura 9: Mesa, s/d (jacarandá, tampo de vidro)

Figura 10: Sofá, s/d (jacandá, assento com almofadas sobre percintas).

Fonte: Exposição Joaquim Tenreiro, o Mestre da Madeira. São Paulo: Edições Pinacoteca, 1999. Fotografias: Magno Mesquita, Mário Grisolli, Nelson Kon e Rômulo Fialdini.

CASAS-PENSAMENTO

Toda obra ou produto de arquitetura abriga, em suas dimensões ambientais, traços metassígnicos. Contudo, obras ou produtos existem que fazem destes traços uma operação privilegiada desde o seu projeto. Para aquém e/ou além da função referencial de linguagem (uso/ significado) a que devem atentar, essas obras abrem-se ao trânsito da materialidade dessa linguagem – constituintes, articulações, sintaxe – refletindo sobre si mesmas, provocando, às vezes, uma espécie de re-circulação funcional, exibindo o caráter significante de onde provêem: o uso é mais e menos do que o uso.

Assim, cabe indagar: que espécie de desenho e/ou configuração ambiental apresentam tais obras ou produtos quando desta expansão, ou transbordamento? Que espécie de deslocamentos de significantes aí ocorrem?

A noção de forma, sobretudo nos casos daquela expansão, adquire, pois, um novo sentido; não é mais um simples invólucro, mas uma integridade concreta que tem em si mesma um conteúdo, configurado por suas relações de qualidade. Importa destacar, nesta *forma*, sua instância fundamental: o princípio de autonomia através do qual ela é constituída.

De outro lado, as especificidades de linguagem destas obras vinculam-se às utilizações particulares dos materiais envolvidos, de modo a fazer emergir as qualidades concretas da forma. Naturalmente, a operação de tais qualidades diz respeito aos procedimentos capazes de singularizá-la, franqueando à percepção o fluxo daquelas qualidades.

Nestes casos, a noção de forma integra-se à noção de espaço e ambas à noção de ambiente. Tais categorias sustentam um equilíbrio dinâmico, na concreção da *escritura ambiental.*

A forma correlaciona-se, deste modo, especialmente, à atividade projeto-construtiva em sua globalidade, visando a produção de competências funcionais. Quando singularizada, induz ao redesenho funcional. Este procedimento aumenta, em princípio, a dificuldade de sua leitura e apreensão, o que implica tensão e aprofundamento perceptivos, fazendo com que seus receptores/usuários experimentem o passado e simultaneamente possibilidades de devir funcional. Tal procedimento faz descolar a "assinatura" da função, descrevendo-a como se fosse codificada pela primeira vez.

Lembre-se que a natureza icônica da arquitetura já abriga em si estas possibilidades que, quando exponenciadas através de procedimentos projetuais, estabelecem uma percepção particular de seu objeto, uma visão (*insight*) do espaço e da forma, e não o seu mero reconhecimento, pondo em causa (e expondo) a motivação e a estrutura da construção. Trata-se, aqui, de procedimentos de atuação radical nos limites da sintaxe. Isto também significa radicalidade na operação

ESCRITURAS AMBIENTAIS 127

do eixo das seleções paradigmáticas, em uma releitura e em novas apropriações relativas aos materiais, suas transformações técnicas, suas representações culturais.

Desviando-se das normas sistêmicas precedentes da série histórica, tal operação pode romper com o procedimento habitual – os cânones –, persistindo como pensamento aberto ou em processo. As obras ou produtos, assim caracterizados, próximos ou distantes no tempo e/ou no espaço, compõem um conjunto trans-epocal. Procedimento pancrônico, constituído de um metapensamento, que pensa e dialoga consigo mesmo e, deste modo, com as séries socioculturais que lhe são vizinhas, com o todo da vida ambiental. A atividade projetual ao afastar sua produção do circuito estabelecido pelo entrelaçamento automático induzido pelos repertórios convencionalizados e institucionalizados, cria obras ou produtos metassígnicos, tensionando o pólo do paradigma e da sincronia.

Assim, as atividades funcionais, que essas obras devem proporcionar, não se situam apenas na promoção das finalidades imediatas, mas na circulação das qualidades generativas da linguagem projeto-construtiva. A função referencial expande-se, deslizando-se para a função metassígnica, pois que participa da reinvenção dos códigos que lhe dão origem. De outro âmbito, a reinvenção das articulações incide sobre a materialidade sensível dos signos que a constituem, da mensagem que veiculam, fazendo emergir a função poética dessa mesma linguagem.

Produzindo abreviaturas ou assinaturas não habituais – *grafos ambientais* –, os procedimentos a que vimos nos referindo distendem a estabilidade *argumentativa*, fazem aflorar à superfície paradoxos, antinomias, ambigüidades, caminhando em direção à estrutura profunda da linguagem ambiental, redesenhando o princípio de autonomia no qual esta se funda: auto-organização, autoprodução, auto-referência.

Desse modo, a arquitetura encontra o caráter fenomênico de sua linguagem, como expressão e fato de linguagem. O universo construído pelas atividades projeto-construtivas engendra e é engendrado por esse caráter fenomênico, o qual integra natureza e cultura. Manter esta abertura, desde o procedimento projetual, é manter o sistema sígnico que o habita em sua potencialidade generativa; este universo encontra sua morfogênese, numa noo(-morfo-)gênese.

Tal linguagem integra em sua organização – para aquém das aparências e disposições institucionais administrativas, jurídicas, políticas – sistemas acêntricos e/ou policêntricos, sendo estes os responsáveis pelo entrecruzamento de faixas ambientais que perfazem ecossistemas complexos e englobam correlações de similaridade estrutural entre veículos diversos, cada qual trazendo virtualmente a memória do(s) outro(s).

Esses ecossistemas são os fundamentos do crescimento repertorial, pois que demandam, para a sua manutenção, incrementos de percepção e informação, de competência para novas operações codificadoras, em suma, de fazer florescer a vida latente que permeia o produto ambiental. O *design* desses ecossistemas, sua ordem temporal e espacial, enraízam-se na ordem dos ciclos noológicos. São, assim, notadamente escriturais.

Atentemos para o edifício a que habitualmente denominamos "casa" (edifício residencial, horizontal, unifamiliar), para uma observação mais detalhada relativa à indagação que enunciamos.

A casa constitui o edifício prototípico da história da arquitetura, por meio da qual deu-se um longo processo de codificação projetual e de geração de sentido. Ela guarda consigo o conhecimento científico e técnico das construções, as intenções plástico-estéticas da habitação, o lugar da proteção e do refúgio: uma ciência e uma arte cujas raízes se estendem à imagem de um paraíso e seu jardim.

Toda casa subsume uma casa ancestral, produto de um projeto primeiro que a abarca e lhe confere estatuto, um paraíso proustiano cuja força inaugural – um *grafo* – permanece motivando a sua (re-) invenção, para além das necessidades imediatas de abrigo humano.

A casa é, pois, um espaço-ambiente para o exercício sintático (de arquitetos, construtores, usuários), para a memória, para o abrigo e o sonho individual ou familiar. Aliás, a casa da tradição ocidental, greco-romana, como observa Fustel de Coulanges,

possui sempre um altar [...] e em redor desse altar toda a família reunida. Em cada manhã, a família ali se reúne para dirigir ao fogo sagrado as suas primeiras orações, e não há noite em que ali não o invoque ainda uma derradeira vez. Durante o dia, junto dele comparece para as refeições, pela família piedosamente partilhadas, depois da prece e da libação. Em todos os seus atos religiosos a família canta em comum os hinos que seus pais lhe ensinaram.

Fora de casa, em campo vizinho, o mais próximo possível da casa, existe o túmulo. É a segunda morada desta família. Aqui descansam em comum muitas gerações de ancestrais; a morte não os separou. Continuam vinculados entre si nesta segunda existência e persistem, formando uma família indissolúvel[4].

É esta mesma casa que, ao se erigir sobre o solo, ao redor do fogo sagrado, funda, para Coulanges, a propriedade privada:

Há três coisas que, desde as mais remotas eras, se encontram fundadas e estabelecidas solidamente pelas sociedades grega e italiana: a religião doméstica, a família e o direito de propriedade; três coisas que apresentaram entre si manifesta relação e que parece terem mesmo sido inseparáveis.

A idéia de propriedade privada fazia parte da própria religião. Cada família tinha o seu lar e os seus antepassados. Esses deuses podiam ser adorados apenas pela família, só a família protegiam; eram sua propriedade exclusiva.

4. *A Cidade Antiga*, p. 33.

ESCRITURAS AMBIENTAIS 129

Divisaram os antigos misteriosa relação entre estes deuses e o solo. Vejamos, primeiramente, o lar; este altar é o símbolo da vida sedentária; o seu próprio nome o indica. Deve estar assente no solo; uma vez ali colocado nunca mais devem mudá-lo de lugar. O deus da família deseja ter morada fixa; materialmente, a pedra sobre a qual ele brilha torna-se de difícil transporte; religiosamente, isso parece-lhe ainda mais difícil, só sendo permitido ao homem quando dura necessidade o aperta, o inimigo o expulsa, ou a terra não pode alimentá-lo. Ao assentar-se o lar, fazem-no com o pensamento e a esperança de que permanecerá sempre no mesmo lugar. O deus ali se instala não para um dia, nem mesmo pelo espaço de uma vida humana, mas por todo o tempo que dure esta família e dela restar alguém que alimente a chama do sacrifício. Assim o lar toma posse do solo; apossa-se desta parte de terra que fica sendo, assim, sua propriedade[5].

Embora com predominâncias variáveis, todos os períodos históricos preocuparam-se com a casa. Não por acaso, a casa pensada e projetada pela arquitetura moderna apresenta acentuados procedimentos metassígnicos e, ao contrário do que as vezes se concebe, poéticos.

Com a intenção de se partir do grau zero dos códigos artísticos, técnicos, construtivos, permeada pela filosofia da produção industrial, pela operação radical de decapagem sintático-semântica de suas faixas sígnicas, esta arquitetura busca reinscrever o mundo, e neste a casa, transformados pela conquista de tecnologia e linguagem. Tal operação recupera o passado ao despojar o edifício do seu peso simbólico e/ou *argumentativo* e o reinscreve no futuro por meio de uma sintaxe, cuja nudez estrutural deve ser capaz de fornecer um plano leve e flexível, móvel e adaptável; a pré-história dos chamados "edifícios inteligentes".

Para Le Corbusier, possivelmente o mais fértil teórico desta renovação, a casa moderna, bem como toda a respectiva arquitetura, estava ligada ao passado por meio dos traçados reguladores, pelo emprego de um padrão de proporção e cálculo, por um módulo a ser redescoberto e retomado a fim de se atender plenamente aos novos programas. Para ele, o homem primitivo,

ao decidir da forma do cercado, da forma da cabana, da situação do altar e de seus acessórios, ele seguiu por instinto os ângulos retos, os eixos, o quadrado, o círculo. Porque ele não podia criar alguma coisa de outro modo que lhe desse a impressão que criava. Porque os eixos, os círculos, os ângulos retos, são as verdades da geometria e são efeitos que nosso olho mede e reconhece; enquanto que, de um outro modo, seria acaso, anomalia, arbitrário. A geometria é a linguagem do homem.

Mas ao determinar as distâncias respectivas dos objetos, ele inventou ritmos, ritmos sensíveis ao olho, nítidos nas suas relações. E esses ritmos estão no nascimento de comportamentos humanos. Ressoam no homem por uma fatalidade orgânica, a mesma fatalidade que faz com que as crianças, os velhos, os selvagens, os letrados tracem a secção áurea.

Um módulo mede e unifica; um traçado regulador constrói e satisfaz[6].

5. Idem, p. 50.
6. *Por uma Arquitetura*, p. 44.

A arquitetura moderna, sobretudo aquela cuja raiz teórico-prática alicerça-se nas idéias e realizações de Le Corbusier, apresenta reiterado procedimento metassígnico no projeto da casa e do edifício em geral. Seus códigos construtivos, marcadamente modulares, e de planos geométricos puros, objetivam a incorporação das novas tecnologias dentro de sua própria ordem, em flagrante presença da referida função.

Não por acaso, entre os edifícios modernos a casa constitui vasto exercício projetual, em que a sintaxe ambiental – luz, higiene, conforto, saúde, estética, poesia – adquire, desde então, corpo e complexidade.

Oswaldo Bratke

Oswaldo Arthur Bratke (1907/1997), arquiteto paulista, soube (re-) criar esta casa em raro padrão funcional, operando faixas sígnicas racionalistas e brasileiras, com singular e aguda percepção da modernidade e da tradição, fazendo integrar o local e o global, a arte e a técnica em elaborações paradigmáticas, cuja linguagem está permeada de *grafos* trazidos à superfície por meio de uma síntese capaz de conectar raízes da arquitetura brasileira, o ideário moderno internacional, a sensibilidade interpretativa do arquiteto – sua leitura atenta e o reprocessamento cuidadoso das faixas sígnicas com as quais operou.

Observemos aqui dois projetos residenciais desenvolvidos e implantados na cidade de São Paulo por Bratke, na década de 1950, para uma verificação da linguagem a que acabamos de fazer referência.

A casa Oscar Americano, de 1952, implantada no bairro do Morumbi (Figuras 11 a 16), acomoda-se suavemente sobre terreno em declive, sendo um pavimento na cota superior e um pavimento na cota inferior deste terreno, articulando-se através de estrutura modular, pontuada por delgados pilares que espacializam sua planta e volumetria desenvolvidas horizontalmente. Tal articulação completa-se com a cobertura em laje plana, com a utilização do concreto, do vidro, da alvenaria (revestida ou aparente), com acabamentos cuidadosos (em precisa exploração de texturas) dos elementos de *brise-soleil* fixos, da cerâmica hidráulica e do mosaico português, das ocupações dos módulos (fechados e/ou abertos) por planos opacos ou transparentes.

A casa possui um pavilhão anexo, com a utilização do mesmo partido arquitetônico, relativamente distante do edifício principal, destinado aos esportes e lazer.

O conjunto assenta-se sobre belo e amplo terreno, com espécies naturais incorporadas por jardins meticulosamente planejados. A equilibrada setorização funcional – dependências sociais, íntimas e de serviços – organiza-se de modo a evitar sobreposição de circulações, mas propiciar independência, sem contudo retirar o apoio operacional aos serviços que alcançam, com facilidade e independência, todas as áreas do edifício.

Encontra-se aqui uma linguagem arquitetônica que, sem descuidar dos elementos naturais (o terreno e sua topografia, a paisagem natural), edifica-se com plena consciência de sua natureza cultural na elaboração de códigos (técnico-construtivos, funcionais, estéticos, sociais), em fecunda operação metassígnica.

Por meio de precisa sintaxe, em que a subordinação cede à coordenação de planos, superfícies, volumes e elementos de transição; de concisa dimensão semântica, na qual a funcionalidade se encontra à disposição das operações de uso, sem enrijecimento de significados (o edifício apresenta enorme facilidade de redesenho); de clara e objetiva (pré-)disposição programática na qual oferece, ao usuário, abertura e fechamento simultâneos – abrigo que não aprisiona –, um leque de competências funcionais, cujos desempenhos podem atualizar-se sem maiores dificuldades ou imposições sintáticas, com (re-)conversibilidades de circulações (um diagrama de relações plurívocas).

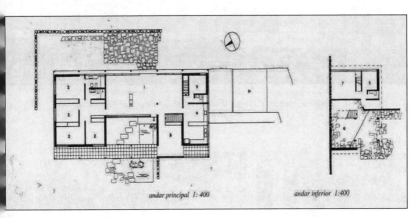

Figura 11: *Planta Pavimento Principal e Pavimento Inferior. Fonte: Mindlin, H. E.* Arquitetura Moderna no Brasil. *Rio de Janeiro: Aeroplano: Iphan, 2000, p. 80-81.*

Figura 12: *Vista Principal, 1953. Fonte: Mindlin, H. E.* Arquitetura Moderna no Brasil. *Rio de Janeiro: Aeroplano: Iphan, 2000, p. 80-81.*

Figura 13: *Vista Principal, c. 1985. Fotografia: Eduardo de Oliveira Elias.*

Figura 14: *Jardim Central, c. 1985. Fotografia: Eduardo de Oliveira Elias.*

Figura 15: *Vista da Entrada, c. 1985. Fotografia: Eduardo de Oliveira Elias.*

Figura 16: *Vista Posterior (detalhe), c. 1985. Fotografia: Eduardo de Oliveira Elias.*

A casa Benjamin Fleider, de 1956, implantada no bairro Jardim Europa (Figuras 17 a 20) – que adotou, em seu projeto de loteamento, o módulo das cidades-jardins – radicaliza a utilização dos materiais e procedimentos da casa Oscar Americano, produzindo uma síntese única na arquitetura brasileira, residencial, unifamiliar, horizontal.

O edifício em dois pavimentos articula-se mediante o sistema estrutural modular, ortogonal, independente, em concreto, com uma volumetria que ora ocupa, ora deixa vazios os vãos modulares. Tal articulação completa-se com a cobertura plana; com a utilização do concreto e do vidro e da alvenaria (revestida ou aparente), com acabamentos em pastilha, madeira e elementos vazados, alcançando, pela orientação das envasaduras e da precisão no uso dos materiais, alto índice de adequação e conforto ambiental.

A casa constitui volume único, sem edículas portanto, ocupando o lote com recuos mínimos, e cuja setorização funcional – dispondo serviços e estar no pavimento térreo e áreas íntimas no pavimento superior – incorpora, num mesmo volume de cobertura plana, o pátio de serviços e a garagem (voltados para a via pública), com as dependências para os empregados no pavimento superior, com entrada independente. Um jardim de pequenas proporções, mas extremamente funcional ao edifício, integra a moldura das fachadas frontal, laterais e posterior.

Aqui, a linguagem da arquitetura integra de tal modo os elementos morfofuncionais aos usos possíveis, que o edifício se apresenta em completo paramorfismo – perceptível pela projeção em planta do edifício e pela ordem modular das fachadas –, diluindo as hierarquizações espaciais e ordenando as funções para o uso contemporâneo do habitar para onde confluem sistemas operacionais integrados e abrangentes. O circuito forma, função e uso, refletindo-se a si mesmo, oferece ao usuário um diálogo de informações e repertório profundamente metassígnicos.

Trata-se de arquitetura de procedimentos eminentemente racionalistas (plantas, volumes, setorização funcional), permeados por procedimentos vindos da tradição brasileira (espaços vazados, avarandados, sombreados), com a utilização de materiais igualmente mesclados (concreto e vidro, elementos vazados, madeira, alvenaria de tijolos, pedras).

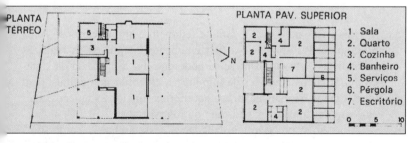

Figura 17. *Planta Pavimento Térreo e Pavimento Superior. Fonte: E. Corona; C. Lemos; A. Xavier,* Arquitetura Moderna Paulistana. *São Paulo: Pini, 1983, p. 43. Produção Gráfica: Carlos Mazetti. Fotografia: José Moscardi.*

Figura 18: *Vista Principal, 1956. Fonte: Mindlin, H. E.* Arquitetura Moderna Brasileira. *Rio de Janeiro: Aeroplano/IPHAN, 2000, p. 87.*

Figura 19: *Vista Principal, c. 1985. Fotografia: Eduardo de Oliveira Elias.*   Figura 20: *Vista Principal, c. 1985. Fotografia: Eduardo de O. Elias.*

Tais casas de Oswaldo Bratke retomam e amplificam os *grafos* arquiteturais luso-brasileiros (perfeitamente integrados às matrizes racionalistas), em cuja síntese se pode detectar a primazia da sintaxe (e com ela os controles de iluminação e ventilação naturais, bem como higiene da edificação, em equilíbrios funcionais amenos, suaves), sem detrimento de quaisquer outros aspectos.

A ordem, a precisão e a delicadeza dessa sintaxe – como se os componentes estruturais se desprendessem levemente uns dos outros, autogerando-se – possui algo de oriental, algo como uma ikebana. São casas onde as estruturas sígnicas afloram, facilmente, por sob a

ESCRITURAS AMBIENTAIS 135

habilidade escritural de seus projetos e adoções de materiais e procedimentos (equitativamente distribuídos e integrados entre o vernáculo construtivo internacional e brasileiro), em singulares relações dialógicas e noológicas. São casas-pensamento; arquitetura que, pensando o homem (o homem brasileiro e universal), pensa-se a si mesma, em profundo movimento de auto-reflexividade e *autopoiesis*.

OS JARDINS DA RAZÃO

O jardim constitui uma instância privilegiada de encontro entre arte e ciência, entre artifício e natureza. Nas suas modalidades públicas ou privadas, ou no seu parentesco morfológico e histórico, com as modernas categorias do planejamento urbano e/ou ambiental, ou mesmo com o trabalho sobre o solo para o plantio na agricultura, ou ainda, mais amplamente, com a ecologia, o jardim codifica, simultaneamente, uma ordem espácio-ambiental e uma precisa e clara zona de trânsito entre as fronteiras da biosfera e da noosfera; perfazendo-se como texto cultural, isto é, instaurando uma linguagem e uma *escritura*.

Tal linguagem funda-se numa sintaxe capaz de operar a luz e a água, a terra e o clima, em amplo leque de qualidades sensíveis, para produzir corpos sólidos que, delicadamente implantados com relação ao sistema solar, podem oferecer vasto repertório informacional sobre a vida no planeta. O jardim guarda pois, profundo isomorfismo entre as dimensões físicas e culturais da vida na terra: modelizações de geossistemas, ecossistemas, semiossistemas.

A linguagem do jardim estrutura-se através de procedimentos projetuais que operam os elementos integrantes da topografia (solos, aclives, declives, corpos d'água, por meio de cortes, aterros, retificações de níveis, cursos etc.); da vegetação e sistemas conexos (portes, florações, texturas, perfumes, frutos, ervas medicinais, tempero, fauna); de interação (espelhos d'água, fontes de luz e sombra, pavilhões, panoramas); de pontuação (mobiliários, elementos de iluminação e drenagem, pedras, cercamentos, pavimentações, escadas, pérgulas, pórticos, pontes, passarelas); de discurso (esculturas, monumentos, formatos de podas, canteiros) para perfazer continuidades e/ou interrupções, adensamentos e/ou rarefações, bem como para sugerir percursos ou possibilitar contemplações.

O jardim perfaz, independente de escalas ou classificações, um núcleo ambiental que estimula percepções de toda espécie. Fios conscientes e/ou inconscientes tecem as tramas das sensações de conforto ou proteção; um estar dentro e fora simultaneamente, de esferas semoventes cujos contornos são apenas ocasionalmente sentidos: cintilações do passado; aproximações ou distanciamentos, reais ou imaginários, de pessoas e suas auras; dos tempos e suas estações; de encontros ou desencontros de sentimentos, pensamentos, corpos.

O jardim, por singelo que seja, possui algo de intervalo e respiração, pausa e descanso, oásis e flutuação, sol e lua, diurno e noturno, de contato com o universo, às vezes nos surpreendendo com abduções, ou pressentimentos.

A história do jardim permeia a história da preparação do campo para o cultivo agrícola (8.000 a 4.000 a.C. – Neolítico); a criação dos instrumentos para tal preparação (4.000 a 2.000 a.C. – Bronze); as disposições dos primeiros túmulos e altares; as geometrias orientais e ocidentais e suas utilizações para delimitar, contornar, organizar territórios de acordo com os pontos cardeais; o nascimento da escrita.

Assim, o jardim japonês organizado para a experiência mística do Zen; o jardim da antiga Grécia organizado para o saber (o ensino ao ar livre), o prazer (pátios, hortos, fontes) e o sagrado (altares e templos); o jardim da antiga Roma organizado como prolongamento da arquitetura (pátios e vilas); o jardim da Idade Média organizado sobretudo pelos mosteiros, castelos e aldeias (claustros, granjas); o jardim do Renascimento organizado para compor e emoldurar, perspectivista (palácios, vias públicas); o jardim barroco organizado com fins a integrar a representação do espaço construído, com efeitos teatrais (grutas, lagos, fontes, com fins às interações cinestésicas); o jardim francês organizado para integrar a concepção global do espaço (padrões axiais de vias, praças, emolduramentos); o jardim inglês organizado para permitir livre passagem entre o mundo construído e o mundo natural (alamedas, bosques, parques); o jardim moderno organizado para desempenhar funções ecológicas (a Garden City, a Cité-Industrielle, a Ville Radieuse, a Escola de Chicago); as derivações para efeito de estudo ou imaginação, que buscam resgatar o conhecimento acerca da "natureza original", disciplinados, catalogados, tornados coleções ou enciclopédias como o Jardim Botânico, o Jardim Zoológico, ou eleitos pelo imaginário como o Jardim do Éden, o Jardim das Delícias etc.

De todo modo, o jardim elabora uma faixa ambiental a que deve, tanto quanto possível, resistir às forças da natureza como ventos, chuvas, tempestades, problemas fitossanitários etc. Esta faixa apresenta-se como a organização humana de uma comunidade mineral, vegetal e animal, resultante de trabalho fundamentalmente intelectual. Sua criação, manutenção, modificação, não apenas atende a um plano, mas a intenções e gestos estéticos que, para além da mera função referencial da linguagem, faz do jardim uma *escritura*, cujos *grafos* são constituídos por arquiteturas, aragens, folhas, flores, odores, temperaturas e suas sugestões de paisagens, música, silêncios, sonhos, segredos.

Waldemar Cordeiro

Waldemar Cordeiro, artista polimorfo, compreendeu o jardim como linguagem, de modo antecipado e inovador, nos projetos que realizou e implantou, na segunda metade do século XX, no Brasil.

ESCRITURAS AMBIENTAIS 137

O artista partia de uma concepção na qual o paisagismo era concebido como um processo de comunicação e arte, cujo escopo deveria ser um novo humanismo para a, então nova, sociedade urbana e industrial. Assim, segundo Aracy Amaral, Cordeiro abandona a visão tradicional naturalista e romântica do jardim, para buscar uma nova concepção no âmbito objetivo de sua produção enquanto processo projeto-construtivo da linguagem (Figuras 21 a 26):

Abordar a paisagem do ponto de vista da comunicação, tentando apreender os valores psicológicos, sociais e econômicos nela objetivamente expressos significa inscrever a problemática do paisagismo na problemática mais ampla de um novo humanismo, nas condições históricas atuais da sociedade industrial.

Diversamente, a visão naturalista da paisagem leva a um tipo de conceituação de paisagismo que, como todos os naturalismos, traduz uma atitude de omissão e neutralidade, que é a antecâmara da alienação.

Restringir o paisagismo ao âmbito da paisagem natural equivale a considerar o homem do ponto de vista natural, como mero elemento indiferenciado na natureza, furtando-lhe o único traço que o distingue e caracteriza: a consciência da consciência, o conhecimento crítico, que é talvez a natureza da sua natureza. O homem natural na paisagem natural é a imagem do *paraíso perdido* dos geógrafos.

Os geógrafos abordam a paisagem de um ponto de vista físico. A tarefa dos artistas desse ponto de vista abrangente limitar-se-ia à "interpretação fiel" da paisagem natural. O enfoque naturalista, contradizendo todo o desenvolvimento da arte e da estética contemporâneas, que através de um longo processo de abstração instauram uma nova linguagem autônoma com respeito a toda imitação e substantiva com respeito a todos os heteronomismos, condena a atividade do artista-paisagista a uma representação imitativa[7].

Recusando a representação imitativa da natureza, sob a influência da comunicação de massa, da arte e da estética contemporâneas, os jardins (públicos ou privados) projetados por Cordeiro buscam instaurar uma linguagem autônoma, concreta, para a qual confluem, não apenas, "o visual, o tátil, o audível"[8], mas sofre a intervenção direta e objetiva dos signos e da cultura, produzindo um núcleo fenomênico em que o natural e o artificial encontram-se fundidos na concreção da *escritura* a que dão origem, proporcionando o despertar de novas percepções *hic et nunc*.

Equilíbrio difícil de forças, energias e expressão de relações econômico-culturais, os jardins de Cordeiro visam constituir repertórios metassígnicos, mensagens ambientais "não como mero cenário, mas como auto-compreensão"[9].

Esses jardins estabelecem uma sintaxe paisagística que opera a passagem concreta do modo de produção industrial para um mundo, até então, aparentemente alheio ou incompatível (uma *physis*) com a produção sígnica, com as atividades produzidas por processos de seleção e escolha, projeto e construção – um *design* da razão.

7. *Waldemar Cordeiro: Uma Aventura da Razão*, p. 133.
8. Idem, p.133.
9. Idem, p.137.

Esta sintaxe estrutura-se por entre tecnologias e seres vivos, materiais laboratoriais e materiais "originais" ou "puros"; através de hábeis procedimentos de depuração formal, jogos entre cheios e vazios, interiores e exteriores; ritmo e equilíbrio sistêmico entre elementos orgânicos e inorgânicos, vivos e inertes. Com tal economia e disciplina, estes jardins avizinham-se dos jardins orientais; são jardins de clareza e ordem – não recusam o repouso ou a contemplação, mas abrem-se ao evolar da experiência sensível.

Tais jardins constituem, portanto, um *locus* capaz de propiciar *insights* e revelações, em que os procedimentos morfogenéticos – bio e noológicos – integram-se para construir uma *escritura* cujos pulsos espraiam-se em uma multiplicidade de pequenas e intensas experimentações dos/de sentidos. São expressão e substância capazes de despertar *grafos* imprevistos para o receptor, seja porque sugerem ou refletem, seja porque sublinham ou desdobram qualidades de sensações. São jardins alfabéticos.

De outro âmbito, estes jardins ainda revelam algo dos *grafos* luso-brasileiros com precisas operações sintáticas entre a tradição e a tradução a serviço de novos programas, projetos e partidos paisagísticos. Incluem-se aí a utilização da pedra portuguesa, procedimentos sutis de passagem entre o cheio e o vazio (pavimentos, forrações, volumes, portes e colorações, texturas, desenho de vegetação), filtragem de luz com suaves gradações entre o claro e o escuro.

Figura 21:. *Edifício Itapoan. São Vicente, 1950. Fonte: A. Cordeiro, (org.)* Waldemar Cordeiro. *São Paulo: Galeria Brito Cimino, 2001.* CD-ROM.

Figura 22: *Residência Ubirajara Keutnedjian, São Paulo, 1955. Fonte:* Exposição Waldemar Cordeiro – uma aventura da razão, *São Paulo: Edições Museu de Arte Contemporânea da Universidade de São Paulo, 1986, p. 135. Fotografia: Rômulo Fialdini; José Xavier.*

Figura 23: *Residência Abraão Huck. São Paulo, c. 1956, Fonte: idem, p. 134. Fotografia: Rômulo Fialdini; José Xavier.*

Figura 24: *Parque infantil Espéria, São Paulo, 1966. Fonte: A. Cordeiro, (org.) Waldemar Cordeiro. São Paulo: Galeria Brito Cimino, 2001.* CD-ROM.

Figura 25: *Paisagismo Residencial, São Paulo, s/d. Fonte:* Exposição Waldemar Cordeiro – uma aventura da razão, *São Paulo: Edições Museu de Arte Contem_ porânea da Universidade de São Paulo, 1986, p. 138-139. Fotografia: Rômulo Fialdini; José Xavier*

Figura 26: *Espelho dágua da residência Schill Kuperman*, São Paulo, 1956.
Fonte: A. Cordeiro, (org.) Waldemar Cordeiro. São Paulo: Galeria Brito Cimino, 2001. CD-ROM.

A CIDADE SOB A CIDADE

A cidade é construída por meio de complexas operações tradutórias, de múltiplas informações provenientes, dentre outros, de repertórios e códigos antropológicos, socioeconômico-culturais, jurídico-institucionais, tratando-se de complexos sistemas modelizantes. As faixas sígnicas daí emergentes, ao mesmo tempo que sofrem suturas *argumentativas*, expõem os feixes significantes que as possibilitam e com estes os nexos, passagens e interdependências entre *cidade, civilização, civilidade, cidadão* etc.

Assim, a cidade constitui um espaço-lugar-ambiente de aprendizagem, de disciplina, de cooperação e, em que pesem contrastes e conflitos repertoriais de toda espécie, tende às esferas da razão e da educação. Trata-se, de um projeto paradigmático, o vir-a-ser perene do impulso à emancipação, para onde convergem esforços técnico-científicos, econômicos, filosóficos, bem como disputas anacrônicas das ideologias de toda espécie.

A cidade constitui uma síntese de processos materiais e intelectuais que, ao mesmo tempo que podem evidenciar patologias sociais (a barbárie, como observou Walter Benjamin), também iluminam a exteriorização dos *grafos* ambientais que distendem e aperfeiçoam, em velocidades irregulares, a corporificação de uma pedagogia em elaboração. Tal pedagogia, permeada de entrecruzamentos e mútuas interferências entre o individual e o coletivo, o privado e o público, deixa entrever, nos eixos diacrônico e sincrônico de sua configuração, processos de geração de *grafos* capazes de temporalizar o espaço.

Do homem primitivo às hordas nômades, das comunidades sedentárias agrícolas aos países mercantis e industriais e à sociedade da informação, a cidade vem, através de faixas escriturais em complexificação crescente, perfazendo uma extensa e intensa camada – entre as mais "corpóreas" – da noosfera. Estas faixas designam, a um só tempo, as técnicas e os modos de produção, o conjunto das instituições (normas e argumentos) e os fluxos das qualidades de sentimentos constitutivos da dimensão espácio-ambiental-urbana.

Trata-se de processos lógico-semióticos, cuja pluralidade epistemológica escapa à ordenação jurídico-institucional que busca presidir a ordem sintagmática. Códigos convencionais (técnicos, operatórios, *argumentativos*) encontram-se entrelaçados a códigos menos "estáveis" (percepção ambiental), constituindo um *corpus* de trocas sígnicas, de permutações e transferências informacionais, de um metabolismo, cujo motor, biofísico-químico e semiótico, é acionado pela atualização do repertório dos usos cotidianamente vivenciados.

É por isso que o *macro-medium* urbano produzido pelas trocas entre emissões e recepções comunicacionais, não constitui, tão somente, um tecido de reciprocidades mas, não raro, está permeado de ruídos. É por isso, igualmente, que esse *macro-medium* não se constitui de processos unívocos de tradução, mas de entrechoques de potências semióticas cuja resultante é a produção de um desenho da impossibilidade de a cidade vir a ser ou apresentar um interpretante final: planos urbanísticos marcadamente finalistas, bastante comuns, são mais do que falaciosos, são instrumentos de produção de necroses urbanas.

A "morada-urbana", "a cidade-livro", a sala de aula ambiental constituem o caleidoscópio escritural atualizado por meio de precipitações sígnicas, no qual o interpretante-leitor-usuário encontra-se enredado pela ação (aqui/agora) ambiental, feita de fluxos icônicos, eterno presente que pode estabelecer territórios e (re-)conhecimentos, bem como dissolver limites e referências. É nesse domicílio em trânsito que o argumento administrativo-institucional, político-ideológico estatui o contrato da cidade.

A abertura para aqueles fluxos é a responsável pelo *ethos* que inaugura a cidade, sua gênese; a hegemonia deste contrato é a responsável por seus esgotamentos sígnicos, históricos; êxodos.

Aqui, as irrupções, ou o retorno da violência ou da injustiça, ferindo a frágil pele da polidez e da solidariedade em construção (*civilitas*), informam, por meio do exercício projeto-construtivo, que a cidade é também veículo privilegiado de sua própria reinvenção e/ou regeneração, na medida em que possibilita e, mais do que isso, estimula a reinvenção e/ou regeneração de suas comunidades internas.

Observemos a cidade colonial brasileira, espaço-tempo testemunhais da história luso-brasileira.

ESCRITURAS AMBIENTAIS   143

A despeito de serem implantadas sem planejamento maior, a não ser o de ocuparem o território, as primeiras vilas implantadas no Brasil, em particular na faixa litorânea, Porto Seguro (1500), Bertioga (1532), Itanhaém (1532), São Vicente (1532), Olinda (1535), Santos (1540), Vitória (1551)[10], lograram estabelecer traços de identidade comuns, apesar das diversidades geográficas, climáticas, econômicas.

À sombra da organização político-institucional portuguesa erigida pela cultura estatal, eclesiástica, militar, mercantil, legalista desenvolveu-se um espaço onde se semearam os fundamentos da cidade brasileira – a zona rural com suas casas-grandes, senzalas, engenhos ou sítios, granjas e chácaras e a zona urbana com suas casas de câmara e cadeia, as igrejas da Sé com suas praças e chafarizes, as casas de taipa, os sobrados, as ruas de traçados irregulares – *grafos* portugueses que aos poucos aclimataram-se ao solo brasileiro, impulsionados pela amplidão do território e sua diversidade topográfica, hidrográfica, botânica, climática etc.

É importante salientar que a raiz desse urbanismo é produto de experiência anterior e de uma crescente sistematização técnico-científica, que irá se configurar nas Ordenações Filipinas de 1573. Soma-se a isso a preocupação com a defesa contra as nações indígenas.

Por isso, as vilas foram, na origem, preferencialmente implantadas em áreas altas que ofereciam facilidades de cercamentos, a fim de se delimitar e proteger os pequenos sítios urbanos. Ao redor destes núcleos iniciais desenvolveram-se glebas de culturas agrícolas, que constituíram a base econômica das primeiras vilas, caso típico de São Paulo de Piratininga, criada em 1554. As vilas eram instituídas, finalmente, com a expedição de uma Carta-Régia e a implantação de um pelourinho.

A cidade nascente inúmeras vezes refletirá, à maneira portuguesa, especializações e divisões sociais: cidade alta, cidade baixa, áreas destinadas a etnias, ofícios, classes. Entrecruzam-se, aqui, signos cujos repertórios antropológicos – indígenas, negros e brancos – encontram-se em estágios culturais muito diversos. Às gradações de culturas primitivas indígenas e negras, projeta-se a faixa cultural branca e européia, renascentista.

A arquitetura brasileira nascente, sob o impulso dos trópicos, incorpora e traduz os modelos de além-mar, em particular os beirais, alpendres, varandas, elementos vazados. A cidade organiza-se em torno das igrejas e capelas que a pontuam e a controlam, por meio de suas freguesias.

A cidade brasileira desenvolve-se pelas mãos do colono (que cedo deu ao país perspectiva municipalista), do índio (cujo esforço de catequese é, em grande parte, responsável pela introdução das escolas

10. Estas datas de fundações diferem, ligeiramente, de acordo com as fontes de consulta. Indicamos aqui as mais comumente encontradas.

jesuítas e pela fundação de uma pedagogia), do negro (cuja liberdade tardia não impediu a difusão de traços de sua cultura original)[11].

Não por acaso, a cidade brasileira, acima dos embates econômico-políticos, administrativo-ideológicos, traz as sementes dos signos de unidade, emancipação, autonomia, induzindo à derrisão do poder rural (engenhos e minas) e o fortalecimento da vida urbana, desencadeando sentimentos e esforços nacionalistas dirigidos à independência brasileira.

Cumpriu-se o Mar: A Sintaxe de Ouro

O barroco mineiro constitui o apogeu da cidade colonial brasileira. Aí, ofícios, edifícios e cidades fundam, inequivocamente, uma arte, uma arquitetura e um urbanismo brasileiros sob cujo bojo floresce os ideários de um novo país.

Ao final do século XVII, a faixa litorânea brasileira era razoavelmente conhecida e ocupada. Assim, as Entradas e Bandeiras aventuravam-se pelo interior do país, em busca das riquezas minerais. Uma dessas expedições, comandada por Duarte Lopes, vinda de Taubaté-SP, alcançou a região onde hoje se localiza Ouro Preto-MG, ali encontrando ouro, à beira dos rios, próximo ao pico, hoje denominado Itacolomi.

Desde o achado, várias expedições vindas do Rio de Janeiro e São Paulo buscavam encontrar o local até que, em julho de 1698, a expedição paulista, conduzida por Antonio Dias de Oliveira, alcançou o Vale do Tripuí.

No mesmo ano, o ouro começou a ser explorado, fazendo surgir, nos arredores da mineração, um arraial, elevado à categoria de Vila em 1711 (depois Vila Rica) e Cidade Imperial e Capital da Província de Minas Gerais, em 1822. A cidade chamar-se-á Ouro Preto logo depois, em virtude das pepitas de ouro recobertas por material escuro, muito comuns na região (Figuras 27 a 41).

A mineração do ouro deu origem à cidade e sua riqueza e, com esta, o rigor do fisco, responsável pela Revolução de 1720 (comandada por Felipe dos Santos) e a Revolução de 1789, pela independência nacional, que se denominou Inconfidência Mineira.

Da efervescência política e cultural, que aí teve lugar, participaram o alferes Joaquim José da Silva Xavier (Tiradentes), os poetas Cláudio Manoel da Costa, Alvarenga Peixoto e Tomás Antonio Gonzaga e da sua arquitetura pujante, Antonio Francisco Lisboa, o Aleijadinho.

11. Cf. N. Omegna, A Cidade Colonial.

Ouro Preto localiza-se em terrenos altos, nas encostas da Serra do mesmo nome, recebendo grande parte da evaporação condensada do Vale do Ribeirão do Carmo, que costuma cobri-la de névoa. São terrenos de alta resistência, permeados por nascentes, sobre os quais incidem ventos frios, alternados com sol quente e chuvas no verão. A topografia do sítio resulta, assim, em consideráveis aclives e declives, o que fez com que os edifícios originais tenham sido acomodados sobre estes, por meio de estacas ou pilares e estruturas autônomas de madeira, proporcionando edifícios em dois pavimentos e, em inúmeras vezes, substituindo o barro pela pedra nas vedações.

A cidade estruturou-se por meio de pequenos núcleos de assentamentos e arruamentos sinalizados pelas igrejas. O mapa elaborado por Sylvio de Vasconcellos indica tais núcleos[12].

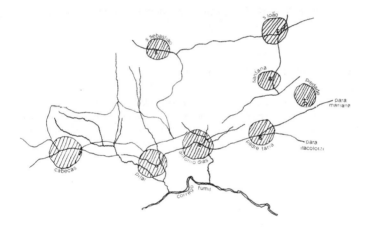

Figura 27: *Vila Rica / Núcleos de Arruamentos, séc. XVIII*. Fonte: Sylvio Vasconcellos, *Vila Rica*. São Paulo: Perspectiva, 1977, p. 72.

Segundo Vasconcellos,

Convém frisar que o eixo longitudinal da povoação e as suas ruas mais importantes fazem-se no mesmo sentido do vale e da serra do Ouro Preto, vencendo, com inadequada valentia, as ondulações dos contrafortes que se antepõem à diretriz estabelecida, sem maior obediência, como seria de desejar-se, à topografia do lugar. Raramente procuram adaptar-se às curvas de nível do terreno, só aproveitadas quando impostas por interesse especial, tal o caso da Rua do Rosário. Em geral, não atendem às conveniências dos planos naturais, amenizando-se apenas, nas ladeiras, pelo colear tão característico dos caminhos abertos pelo trânsito[13].

12. *Vila Rica*, p. 72.
13. Idem, p. 79.

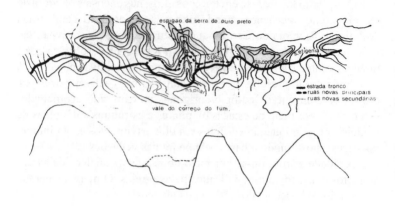

Figura 28: *Vila Rica, perfil longitudinal, séc. XVIII. Fonte: S. Vasconcellos*, Vila Rica. São Paulo: Perspectiva, 1977, p. 73.

Vasconcellos assinala ainda que:

O zoneamento define-se nas vertentes, demarcando-se pelos eixos transversais da vila, que acompanha os espigões dos contrafortes da serra do Ouro Preto e os cursos d'água que os delimitam. Diversas pontes transpõem estes cursos d'água, estabelecendo a necessária ligação entre as vertentes e, de tal modo se evidenciam na configuração urbana, que delas se serve Tomás Antônio Gonzaga, ao descrever o roteiro de sua travessia:

> Entra nesta grande terra,
> Passa uma formosa ponte,
> Passa a segunda, a terceira
> Tem um palácio defronte.

A subdivisão da Vila foi sempre facilitada pelas suas pontes e outeiros [...].

A primeira zona da Vila vai da ponte do Passa-Dez ao alto das Cabeças; a segunda, daqui à ponte do Caquende ou do Rosário; a terceira desta à de S. José; a Quarta até a Praça. Descendo para Antônio Dias a quinta zona compreende-se entre a Praça e a Ponte dos Suspiros, de Marília ou de Dirceu; a sexta vai desta última ao Alto da Cruz – Sta. Ifigênia – e a sétima e última deste outeiro à ponte do Padre Faria. A cada uma corresponde uma fisionomia, um valor, quase uma característica própria[14].

Destacaram-se na cidade uma arquitetura religiosa (igrejas e capelas), uma arquitetura civil (edifícios públicos e residências) e uma arquitetura constituída por chafarizes, pontes, conjuntos escultóricos.

Tais manifestações arquitetônicas utilizaram largamente as rochas da região (quartzo, hematitas, limonitas, clorita, e sobretudo, a pedra-sabão) para estruturas (alicerces, pilares, vergas, cunhais etc.) ou

---

14. Idem, p. 83-84.

ESCRITURAS AMBIENTAIS 147

cantarias (aplicações em fachadas e acabamentos: soleiras, ombreiras, cimalhas etc.) as quais trouxeram coloração variada aos fundos brancos, palhas ou róseos das paredes e vedações (em taipas, adobes, estuques). As composições eram arrematadas por beirais, telhas de barro (capa e canal), madeiras, treliçados, forros, soalhos; para as argamassas utilizavam-se areia, saibro, terra, cal (trazida de fora) e para as fundições o ferro (do local ou importado) utilizados em elementos de sustentação ou equipamentos da habitação como banheiras, pias, vasos sanitários etc. Outros acabamentos (azulejos, cristais, vidros, tintas, combustíveis para a iluminação) eram importados. A água, suprida pelas fontes públicas, era armazenada em vasos ou tonéis; sendo a água servida escoada para o fundo dos quintais ou lançadas nas sarjetas.

O período barroco, enquanto conjunto de ações, no campo das artes, da arquitetura e do urbanismo, caracteriza-se como um momento de passagem, que anuncia o homem moderno, com o abandono dos limites e contornos classicistas, bem como dos planos paralelos e formas fechadas com opção pela assimetria, pela incorporação da idéia de movimento.

Conforme já assinalado por Fernando Goitia, a cidade barroca contribui, decisivamente, para organizar e fortalecer os Estados Nacionais europeus, juntamente com suas burocracias, exércitos profissionais, capitalismo mercantilista e, finalmente, autoridades delegadas cujas origens e especializações encontram-se na mesma cidade[15].

Como observa Munford, a conformação da cidade barroca obedece a uma ordem mecânica, isto é, já não se baseia no sangue ou na vizinhança, mas em necessidades mercantis, administrativas e fiscais[16]. Do ponto de vista plástico-estético, a cidade abandona as leis compositivas de Vitruvio, para criar uma cidade como obra de arte e de percepção visual imediata.

Arte, arquitetura e cidade barrocas situam-se num mundo de passagens e cruzamentos entre o clássico e o moderno, na emergência de novos conhecimentos científicos, filosóficos, políticos.

O Brasil, sob a influência das ordens religiosas, seguiu até quase o final do século XVIII obedecendo ao modelo português de ocupação do território e seu respectivo modo de administração. A alteração nesse panorama deveu-se, sobretudo, à expulsão dos jesuítas em 1759 e à criação de novas organizações sociorreligiosas, que incorporaram algumas idéias iluministas e imprimiram novos procedimentos à arte religiosa setecentista, inicialmente ligadas à construção de edifícios e, mais tarde, cidades, sob a inspiração das características gerais do barroco europeu.

15. Cf. *Breve História do Urbanismo.*
16. Apud F. Goitia, op. cit., p. 130.

Com as renovações trazidas pelo afastamento jesuíta, surgiram novas possibilidades aos artistas leigos, nascidos na própria colônia, de participarem e interferirem nas tendências formais, incorporando características culturais regionais ou mesmo antropológicas, germinando aí o desejo de auto-afirmação do habitante de uma terra nova.

Em Ouro Preto, sob o impulso ainda que relativo do ouro, proliferaram as construções decorrentes da expansão urbana, e de suas necessidades político-administrativas, sociais, religiosas, fazendo florescer as novas idéias filosóficas e delas absorvendo nítidas influências.

Há algo, nessa arte nascente, de anseio por independência e autonomia, concretizada através do uso dos materiais locais, em especial a pedra sabão. Os construtores e artistas mineiros em formação passaram a operar com liberdade de interpretação os modelos importados, criando soluções técnicas e estilísticas próprias, sem, contudo, impedir o diálogo com o que o barroco apresentava de universal.

Tal liberdade incidiu, principalmente, em desenhos de poucos excessos, moderação nas proporções e escalas, verticalismo suave, um barroco sóbrio e novo. O grande mestre, Antônio Francisco Lisboa, o Aleijadinho (1738-1814), produziu um barroco cuja expressão peculiar foi capaz de incorporar traços renascentistas, góticos e até bizantinos, com resultados surpreendentes.

Myriam A. R. Oliveira sugere três fases diversas na arte colonial mineira, quais sejam:

a. De 1700 a 1720: período marcado pela simplicidade construtiva das capelas, seguindo o modelo do maneirismo português.
b. De 1720 a 1760: período marcado pelo apogeu do ciclo do ouro e a consolidação do barroco mineiro, que pode ser subdividido em "Barroco Jesuítico" e "D. João V".
c. De 1760 ao fim do barroco: período marcado por relativa estabilidade econômica e social e a produção de uma arte, arquitetura e organização urbana mineiras, com suas características próprias[17].

Estas fases parecem, efetivamente, sintetizar com clareza a história da atividade projeto-construtiva que consolida o nascimento da cidade brasileira, como produto cultural nacional.

Assim, o barroco mineiro, Ouro Preto em particular, organiza, inicialmente, os espaços dos edifícios, sobretudo igrejas e edifícios públicos com as características gerais do barroco europeu:

17. Apud J. Neves, *Idéias Filosóficas no Barroco Mineiro*, p. 135-136.

apelo visual, *trompe l'óeil*, arabescos abstratos ou de origem animal ou vegetal. O visual (óptico) e o tátil suavizar-se-ão por meio de procedimentos de simplificação e precisão. Pintura e escultura tornam-se mais próximas da unidade construtiva, cuja integração incluirá ainda elementos arquitetônicos como escadas, portões, portadas, janelas, balaustradas, corrimãos, fontes, jardins, alamedas, canteiros.

Ouro Preto traduz, assim, com conquistas surpreendentes, o repertório barroco relativo à composição dos conjuntos que se alinham em fuga para o infinito; a continuidade e os desdobramentos da paisagem, intercambiando o real e o virtual, que faz elidir distâncias e impulsionar o movimento e, portanto, o tempo. A cidade que se estende sob encostas e cursos d'água, por meio de mão de obra local, dá origem a uma indústria da construção (pedreiras, caieiras, olarias, serrarias, carpintarias); a um "zoneamento" urbano; a uma certa independência do domínio puramente rural com a criação de um organismo político-administrativo urbano; e, sobretudo, a um conjunto arquitetônico-urbanístico de *legissignos* projeto-construtivos.

Ouro Preto antecipa a cidade brasileira; está sob ela nas raízes de um urbanismo brasileiro. Não à toa, para ela convergem a música, o teatro, a literatura, a sermonística, as artes plásticas, bem como as lutas pela identidade e emancipação política nacionais sob intensos fluxos dialógicos.

A estrutura urbana que aí tem origem se organiza por meio de configurações espácio-ambientais que se alinham em múltiplos pontos de fuga e superam o simples perspectivismo, onde fenômenos e representações entrelaçam e espraiam experiências percepto-cognitivas para o olhar urbano nascente. Desenvolve-se aqui uma sintaxe do desenho urbano que, ao operar e induzir as relações entre espaço e ambiente, inaugura, para a futura cidade brasileira, toda uma arte e uma ciência do território e da topografia, da geometria aplicada, das medições e dos cálculos, de apropriação dos sítios trazidos à emergência pela projeção de um conjunto de *legissignos* capazes de proporcionar a invenção de um *argumento* urbano, cuja materialidade semiótico-escritural enuncia, comunica, inscreve seu *ethos*.

Trata-se pois, essa cidade, de um texto da cultura, com tudo o que este texto pode encerrar de objetos (funções) antropológicos, socioeconômicos e histórico-culturais.

Não por acaso, para tal texto convergem profundas interfaces culturais luso-brasileiras, que adquirem vida por meio da pulsação dialógica que alimenta esse texto e pelas múltiplas ressonâncias que tais interfaces possuem com o processo global de construção da cidade ocidental; suas dimensões fenomênicas e sígnicas. O seu *topos* semiótico reside na intersignicidade do desenho e da voz urbanos ocidentais, trazidos à atualização na gênese de uma *ars poética* urbana nacional.

Aqui originou-se também um método de elaboração e implantação de linguagem urbana, por meio de prodigiosas operações modelizantes, na caracterização de um método ideográfico cuja (ana-)lógica permite entrever a "etimologia" arquitetônico-urbanística que erige a cidade; transcriação de qualidades de sentimentos e suas relações de transferências, intercâmbios, traduções, não como meros suportes comunicativos, mas como presenças físicas e semióticas, com seus metabolismos, suas técnicas de montagem, enfim, o corpo de uma *episteme*.

As potências semióticas arquitetônico-urbanísticas, postas em ação pela criação de Ouro Preto, deixam um legado em modo de gênese para a série histórica da cidade brasileira, de sua memória, seus arquivos, suas heranças; a *autopoiesis* que permeia a noogênese dessa cidade, seus urbografemas, sua escritura, indiciando uma aparição e um despertamento e, por isso, graduando a régua histórica da experiência que lhe dá corpo e sentido.

Ouro Preto guarda, desse modo, o processo escritural da cidade brasileira, a teia de qualidades, cuja origem portuguesa transfigura-se por meio de transmigrações sígnicas ibéricas, iorubás, tupis. Estabelece-se como linguagem justamente por produzir um repertório de *legissignos* e uma sintaxe capaz de operá-los. Aqui também podemos constatar que os enlaces tradição/tradução se desdobram em prolongamentos e amplificações da vida dos signos (Walter Benjamin), recuperando-lhes as pulsações originais para redesenhá-los sob a luz de novas relações.

Entre a vanguarda e a tradição, Ouro Preto constitui uma realização cultural própria, capaz de inaugurar novas faixas ambientais, diferente mesmo das manifestações que lhe são simultâneas nas américas de língua e tradição espanholas. Nela, o fluxo das qualidades de sentir parecem permear o espaço, a língua, o ambiente, disciplinados por fina sensibilidade capaz de captar e gravar, em movimentos de autonomia e *autopoiesis,* os *grafos* sob cuja escansão funda-se a cidade brasileira.

Ouro Preto é, assim, a cidade cuja morfogênese atualiza e traduz a cidade portuguesa e cuja noogênese dispersa, sob a névoa de seu clima, os sinais da nação nascente; a cidade se grafa por entre os *grafos* do Império Colonial Português e o sertão das Minas Gerais.

ESCRITURAS AMBIENTAIS 151

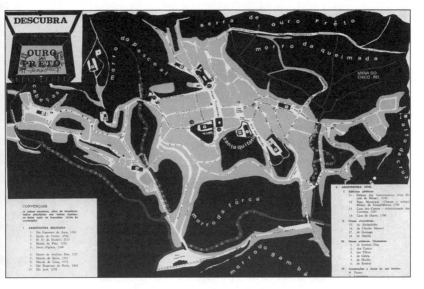

Figura 29: *Mapa de Ouro Preto com indicações de edifícios significativos*. Fonte: D. Linguanotto, Descubra Ouro Preto. *São Paulo: Cultrix, 1972*.

Figura 30: *Ouro Preto, vista geral com o pico do Itacolomi ao fundo*. Fonte: C. Richter, Cidades Históricas de Minas Gerais. *São Paulo: Richter/Figel, [20--], p. 9. Fotografia: Martin Fiegl.*

Figura 31: *Ouro Preto, vista geral, com o Museu da Inconfidência e Igreja Nossa Senhora do Carmo ao fundo. Fonte: C. Richter,* Cidades Históricas de Minas Gerais, *São Paulo: Richter/Figel, [20--], p. 11. Fotografia: Martin Fiegl.*

Figura 32: *Ouro Preto, Igreja Matriz de Nossa Senhora do Pilar. Fonte: C. Richter,* Cidades Históricas de Minas Gerais. *São Paulo: Richter/Figel, [20--], p. 14. Fotografia: Martin Fiegl.*

Figura 33: *Ouro Preto, Praça Tiradentes. Fonte: C. Richter,* Cidades Históricas de Minas Gerais. *São Paulo: Richter/Figel, [20--], p. 18. Fotografia: Martin Fiegl.*

Figura 34: *Ouro Preto, complexo do antigo Palácio do Governador. Fonte: C. Richter,* Cidades Históricas de Minas Gerais. *São Paulo: Richter/Figel, [20--], p. 21. Fotografia: Martin Fiegl.*

Figura 35: *Ouro Preto, construções coloniais vistas do Largo do Rosário. Fonte: M. Bandeira,* Guia de Ouro Preto. *Rio de Janeiro: Ediouro, 2000, p. 47. Fotografia: Luís A. Bartolomei.*

Figura 36: *Ouro Preto, Rua Antônio de Albuquerque; ao fundo, Matriz de Nossa Senhora do Pilar. Fonte: M. Bandeira,* Guia de Ouro Preto. *Rio de Janeiro: Ediouro, 2000, p. 57. Fotografia: Luís Augusto Bartolomei.*

Figura 37: *Ouro Preto, casario do Centro Histórico; ao fundo Matriz Nossa Senhora da Conceição de Antônio Dias. Fonte: M. Bandeira,* Guia de Ouro Preto. *Rio de Janeiro: Ediouro, 2000, p. 73. Fotografia: Luís Augusto Bartolomei.*

Figura 38: *Ouro Preto, Rua Direita. Fonte: A. A. Castro Rodrigues,* Cidades Históricas de Minas Gerais. *São Paulo: Ateniense, 1991, p. 25. Desenho: Castro Rodrigues, 1984.*

Figura 39: *Ouro Preto, aspecto Rua Paraná*, Fonte: *M. Bandeira,* Guia de Ouro Preto. *Rio de Janeiro: Ediouro, 2000, p. 47. Fotografia: Luís Augusto Bartolomei.*

Figura 40: *Ouro Preto, Aspecto Rua Bernardo Vasconcelos. Fonte: M. Bandeira,* Guia de Ouro Preto. *Rio de Janeiro: Ediouro, 2000, p. 48. Fotografia: Luís Augusto Bartolomei.*

Carta de Fundação: O Colégio da Cidade

Conforme Aldo Rossi, a arquitetura apresenta duas características estáveis responsáveis pela sua especificidade projeto-construtiva quais sejam, a produção de um ambiente propício à vida, nas suas dimensões físicas e culturais, e uma intencionalidade estética[18].

Para ele, em que pesem os fatores econômicos e sociais, o desenvolvimento da arquitetura e, particularmente, da arquitetura da cidade (conceito que se refere à disposição organizativa do espaço da cidade), obedece a leis de produção próprias, responsáveis pelo núcleo de sua estrutura sintática e, mesmo, semântica. Desse modo, a cidade desenvolve-se a partir de si mesma, de sua competência auto-organizativa, que lhe garante crescimento e evolução. Isto significa que a cidade expande-se à medida que, alimentada por uma memória em construção, adquire consciência de si e para si.

A cidade constitui, assim, séries de *fatos urbanos* que se expressam comunicacionalmente, evidenciando uma linguagem, ou linguagens, cujos códigos são produtos de longo processo de modelização.

---

18. *A Arquitetura da Cidade.*

A estrutura dos fatos urbanos inclui três características fundamentais:

a. os fatos urbanos apresentam uma arquitetura em cuja representação detecta-se uma realidade mais complexa (para a codificação arquitetônico-urbanística confluem códigos socioeconômico-culturais, antropológicos, ideológicos etc.);
b. os fatos urbanos apresentam uma pluralidade de funções que se modificam ao longo do tempo, tendendo suas formas a permanecerem;
c. os fatos urbanos apresentam uma soma de experiências individuais e coletivas constituindo portanto um espaço-lugar, um ambiente de semiose e cognição.

Tais características encontram-se entrelaçadas no desenho dos fatos urbanos, integrando a memória e as singularidades desses fatos.

Do ponto de vista projeto-construtivo, os *fatos urbanos*, construídos pela confluência entre necessidades e aspirações, estabelecem *legissignos* nos quais suas estruturas se revelam e são reconhecíveis como tais.

O *legissigno* é, pois, constante e permeia a constituição das formas arquitetônicas e urbanísticas. Ele está presente no âmbito dos edifícios, das ruas, dos bairros, da cidade como um todo, e, ainda, conforme Aldo Rossi, podem apresentar características propulsoras e/ou patológicas no desenvolvimento dos fatos urbanos. Isto significa que há *legissignos* capazes de favorecer o processo de desenvolvimento dos fatos, assim como há *legissignos* capazes de dificultar ou impedir tal desenvolvimento. Os primeiros tendem à evolução da cidade e os segundos à sua conservação. Não por acaso, para Rossi, o processo dinâmico da cidade tende mais à evolução que à conservação.

Observando a presença da cidade e seus sistemas de linguagens nas comunicações contemporâneas, Muniz Sodré estabelece uma série de relações biunívocas entre os espaços (*locus* de habitações e costumes) e as ações humanas que aí se desenvolvem[19]. Tais relações resultam nas formas que estruturam o cotidiano, que constituem qualidades sígnicas, isto é, de linguagem.

Para Sodré, essas relações, entre espaços e ações humanas, integram, precisamente, o *ethos* da cidade: objeto de uma episteme e de uma ética.

Esse *ethos* guarda o sentido das habitações urbanas – aqui, não apenas edifícios, mas também o lugar das circulações dos usos e costumes, hábitos e modos de vida urbanos – bem como as extensões e

19. *Antropológica do Espelho.*

ESCRITURAS AMBIENTAIS   157

conexões desse sentido. O *ethos* é, assim, a consciência objetiva e atuante da comunidade da qual provém.

O *ethos* é, por isso mesmo, produto e produtor de um processo cognitivo permeado ou impulsionado por singularidades culturais que atuam sígnica e historicamente, orientando o conhecimento, a sensibilidade e as instâncias pragmáticas dos indivíduos, grupos, comunidades. A contingência do *ethos* – configurada no espaço-lugar da cidade – proporciona, assim, uma segurança ontológica para a comunidade.

Desse modo, podemos compreender os *fatos urbanos* como organizações espaciotemporais capazes de criar ambientes propícios à vida biológica e cultural por meio de *grafos (legissignos)* que, ao entrelaçarem as qualidades que compõem o *ethos* inaugural urbano (que propiciam ou induzem as condições ontológicas necessárias à vida da cidade), fazem evidenciar também tais organizações como processos de modelização cultural.

Observemos o *fato urbano* Pátio do Colégio implantado na cidade de São Paulo, quando de sua fundação.

Um Fato Urbano: O Pátio do Colégio em São Paulo/SP

História do fato

Em que pesem documentos e teses diversas, relativos à data exata de fundação, bem como sobre o(s) fundador(es) – especula-se em torno dos nomes de Manuel da Nóbrega, José de Anchieta, Martim Afonso de Souza, entre outros –, a fundação de São Paulo de Piratininga encontra-se decididamente ligada à data de 25 de janeiro de 1554 (missa de inauguração) e ao Colégio, fundado por Manuel da Nóbrega, padre pertencente à Companhia de Jesus, vindo ao Brasil para os trabalhos de colonização e catequese.

O sítio original da cidade de São Paulo encontra-se no alto de uma colina, na confluência dos rios Anhangabaú e Tamanduateí. Estrategicamente escolhido, tratava-se então de local situado no interior da capitania de São Vicente (1532), administrada por Martim Afonso de Souza, no sistema estabelecido por Portugal, após o Tratado de Tordesilhas (1494), e apresentava situação geográfica privilegiada, com excelente visibilidade de entorno, com campos e florestas em perfeita transição de ecossistemas e paisagens.

Este sítio tornou-se, mais tarde, conhecido como Pátio do Colégio, constituindo-se no marco de fundação de São Paulo, cujo núcleo inicial tornou-se Vila em 1560, Sede de Capitania em 1681, Cidade em 1711, Sede de Bispado em 1745, Capital da Província de São Paulo em 1815.

São Paulo nasceu separada da faixa litorânea, em meio às nações indígenas, incorporando, no desenvolvimento de suas atividades, trilhas indígenas que logo se transformaram em estradas, particularmente ligando o litoral e o interior, tornando-se, cedo, entreposto comercial para o interior e o exterior do futuro Estado de São Paulo e do País.

A planta urbana original, normalmente organizada em eixos ortogonais pelos jesuítas, teve de ser abandonada para adaptar-se à topografia e às trilhas locais já existentes.

As primeiras construções, como o Colégio e o Seminário, e as primeiras casas do entorno, foram erguidas em taipa de pau-a-pique e, posteriormente, taipa de pilão. Portugueses e indígenas foram os primeiros operários da taipa, cuja cobertura de sapé logo foi abandonada em função da fabricação da telha de barro, capa-e-canal (que os portugueses haviam aprendido dos árabes). As construções adquiriram, com esta cobertura, amplos beirais para a proteção das paredes externas, cujas superfícies passaram a receber uma caiação de argila sedimentar de diversas colorações.

Cerca de 15 km dali, um pequeno povoado fundado por Martim Afonso de Souza, Santo André da Borda do Campo, fazia-lhe vizinhança. Tal povoado era liderado por João Ramalho que, com sua experiência no convívio com os povos indígenas naturais da região, em muito contribuiu com os jesuítas no erguimento e fortificação da nascente Vila de Piratininga. O fim da fortificação, em torno de 1590, marcou também o início do Bandeirismo. A cidade se estendeu, em fins do século XVI, para as áreas baixas da colina original e do espigão da atual avenida Paulista, dando origem às roças, sítios e fazendas e, posteriormente, às chácaras que deram origem à maioria dos bairros paulistanos.

São Paulo tinha, então, uma pequena proporção de trabalhadores escravos, ganhando, nesta ocasião, um edifício para o Paço Municipal e Cadeia e sendo co-administrada por uma assembléia composta pelos "homens bons" (proprietários cristãos, artesãos, trabalhadores rurais e gente do povo).

Os jesuítas obtiveram o monopólio do ensino no Brasil até meados do século XVII, difundindo, inicialmente, a leitura, a escrita, a religião, técnicas de agricultura, artesanato e metalurgia. Por condenar a escravização indígena, a Ordem foi afastada de suas funções e postos pedagógicos e religiosos, retornando às suas atividades após cerca de uma década e meia, ministrando cursos de filosofia, teologia e artes, vindo, posteriormente, a estruturar um ensino dentro de preceitos mais próximos ao programa pedagógico da Companhia de Jesus.

Nesse período, a cidade, gradativa e definitivamente, conseguiu fortalecer-se como entreposto comercial. Nesse mesmo período, a região que se tornaria o centro da cidade foi pontuada por novas igrejas e respectivos complexos edilícios de apoio. Até aqui, a presença jesuíta consolidou-se na educação, em propriedades de terras, em influência administrativa e política.

Em 1759, como anteriormente observado, os jesuítas foram expulsos de Portugal e do Brasil por Pombal, e retornaram ao Brasil

ESCRITURAS AMBIENTAIS 159

em 1841, após a restauração da Companhia (que também havia sido extinta pela Igreja).

Com o afastamento da Companhia de Jesus, seus bens foram incorporados ao poder público, passando o Colégio e o Seminário por diversas reformas, modificações, acréscimos e decréscimos, abrigando o Palácio dos Governadores (ou Palácio do Governo), em 1765. As funções que aí se instalaram, ao longo do tempo, reiteraram, este espaço, como centro das atividades cívicas e culturais da cidade.

Em 7 de setembro de 1822, às margens do riacho Ipiranga, D. Pedro I formalizou a ruptura com o pacto colonial e a metrópole, vindo a hospedar-se, nessa ocasião, no Palácio dos Governadores.

Em 1881, o então Palácio dos Governadores passou por novas reformas, inserindo-se, então, numa "cidade-paisagem" sob o impulso da fotografia, do ciclo do café, do traçado para os bondes, da estrada de ferro, da Faculdade de Direito do Largo São Francisco, do Código de Posturas (de 1875, com um conjunto de novos critérios para a implantação de ruas e edificações). A cidade perdeu, nessa ocasião, o aspecto colonial para ganhar uma "aparência neoclássica". Floresceram aqui idéias abolicionistas e libertárias, sobretudo com a criação de jornais e revistas.

A partir de 1889, a República trouxe a São Paulo novas possibilidades de atuação e desenvolvimento.

Em 1896, uma forte tempestade atingiu a igreja que, demolida, deu ao Palácio nova ala e torre. O Pátio do Colégio concentrava, desde 1889, todas as secretarias de governo.

Nessa passagem do século, a cidade ganhou eletricidade, implantada e operada pela companhia inglesa Tranway Light and Power Company Ltda. O início do século XX marcou a chegada de levas de imigrantes a São Paulo. Chegaram também, por esta época, o cinema e o automóvel. Em 1920, nos arredores do Pátio do Colégio, foram construídos dois edifícios projetados e construídos por Ramos de Azevedo, que ali permanecem até hoje.

Em 1922, a modernização cultural em marcha configurou-se na Semana de Arte Moderna, realizada no Teatro Municipal, outro projeto de Ramos de Azevedo, inaugurado em 1911, do outro lado da Chácara do Chá, no "Centro Novo" de São Paulo.

Em 1925, no centro geométrico do Pátio, foi erguido um monumento consagrado à fundação da cidade. A obra, modelada na Itália e montada pelo escultor italiano Amadeu Zani, possui base quadrangular, com escadas e pedestal no centro, possuindo 22 metros de altura, com os vultos de Manuel da Nóbrega e José de Anchieta. As faces do pedestal apresentam cenas da fundação da cidade, incluindo a Primeira Missa.

Com a mudança da Secretaria de Educação, em 1953, que então ali estava instalada, deu-se início à demolição do edifício que ela ocupava. Durante os trabalhos, foi encontrada uma parede de taipa quase inteira.

Em 1954, deu-se início a um projeto para a reconstrução da igreja. Em 1974, começou a funcionar, no Pátio do Colégio, o Museu Casa de Anchieta. A igreja foi reconstruída em 1979, sendo, também, o entorno reurbanizado pela Empresa Municipal de Urbanização – Emurb (Figuras 41 a 49).

Iconografia do fato

Figura 41: *Palácio do Governo, 1817, aquarela de Thomas Ender.* Fonte: P. Corrêa do Lago, Iconografia Paulistana do Século XIX. São Paulo: Capivara, 2003, p. 24. Fotografia: Walter Mogenthater.

Figura 42: *Palácio do Governo, 1827, Aquarela de Jean-Baptiste Debret.* Fonte: P. Corrêa do Lago, Iconografia Paulistana do Século XIX. São Paulo: Capivara, 2003, p. 88. Fotografia: Akedemie der bildenden Künste, Viena.

Vista Geral.

Ampliação à esquerda.

Ampliação à direita.

Figura 43: *Inundação da Várzea do Carmo, 1892;* pintura de Benedito Calixto. Fonte: P. Corrêa do Lago, Iconografia Paulistana do Século XIX. *São Paulo: Metalivros: Bolsa Mercantil & Futuros, 1998.*

Figura 44: *Largo do Palácio / 1860. Fonte: M. A. Azevedo,* Álbum Comparativo de São Paulo 1862-1887. *São Paulo:* PMSP, *1981. Fotografia: Militão Augusto de Azevedo.*

Figura 45: *Largo do Palácio, 1887. Fonte: M. A. Azevedo,* Álbum Comparativo de São Paulo 1862-1887. *São Paulo:* PMSP, *1981. Fotografia: Militão Augusto de Azevedo.*

Figura 46: *Igreja dos Jesuítas(demolição) / 1896. Fonte:* São Paulo de Piratininga – de pouso de tropas a metrópole. *São Paulo: Terceiro Nome: OESP, 2004.* CD ROM.

Figura 47: *Conjunto do Pátio do Colégio, 2002. Fonte: E. Castanho,* São Paulo – cores e sentimentos. *São Paulo: Escrituras, 2003. Fotografia: Eduardo Castanho.*

Figura 48: *Pátio do Colégio, Monumento da Fundação, Secretaria de Finanças. Fonte: C. Richter*, São Paulo. *São Paulo: Richter/Figel, [20--]. Fotografia: Martin Fiegl.*

Figura 49: *Conjunto do Colégio, 2004. Fonte: E. Martolio, (proj.)* São Paulo Vista do Céu. *São Paulo: Caras S/A, 2004, p. 14. Fotografia: Marcos Rosa.*

ESCRITURAS AMBIENTAIS

A Pedagogia do Fato Urbano Pátio do Colégio

A pedagogia da Companhia de Jesus

O Plano de Estudos da Companhia de Jesus, denominado *Ratio Studiorum*[20], representa o plano pedagógico efetivo da ordem jesuíta dedicado ao ensino, conforme estabelecido por seu fundador Inácio de Loyola, em 1510.

Pouco antes de sua supressão, em 1750, por Clemente XIV, a Ordem desenvolvia intensa atividade pedagógica possuindo 578 colégios e 150 seminários[21] distribuídos na Europa, América Latina, Ásia e cujo corpo docente possuía caráter comospolita.

Tais Colégios tiveram, como modelo inicial, o método de ensino das escolas parisienses, do século XVI. O *Ratio* surgiu da necessidade de integração e uniformidade de conhecimentos, métodos, orientações pedagógicas, tendo passado por diversas versões através de comissões que incluíram integrantes das várias nacionalidades onde a Companhia atuava. O *Ratio*, sobretudo, incorporou e sistematizou uma experiência de trabalho educativo de quase meio século.

Como se pode constatar, o Plano contempla uma codificação dos sistemas de estudos e das regras disciplinadoras a serem obedecidas, ou adotadas, por administradores, professores e estudantes. A comissão de redação de 1599, realizada após inúmeras consultas aos diversos setores da Companhia e aos respectivos Colégios e Seminários, integrou raças e nações diversas, bem como instituições com especificidades locais, incluindo três gerações de educadores. Esta redação recomendou concisão e adaptação às necessidades locais e o permanente desenvolvimento do senso crítico.

O sistema pedagógico da Companhia tinha como características o predomínio do uso do latim, exercícios de memória, educação física por meio de jogos, diminuição dos castigos corporais, motivação dos sentimentos de honra e dignidade, visando-se o "homem universal" (cidadão, cristão) e as finalidades eminentemente práticas da conduta e do viver cristãos[22].

O Plano *Ratio Studiorum* recomendava ainda atenção às línguas maternas e às literaturas modernas, as quais progressivamente passou a utilizar. No caso do Brasil, Anchieta foi o primeiro a dedicar-se às línguas indígenas.

Os Colégios acompanharam também o progresso das ciências do século XVI, apresentando espírito conservador e progressista simultaneamente, com método de ensino muito ativo. À preleção, seguia-se

20. Consultamos aqui, em particular, a versão organizada e analisada por L. Franca, S. J. *O Método Pedagógico dos Jesuítas.*

21. Idem, p. 5 e 8.

22. Idem, p. 39 e s.

o estudo e análise dos modelos e teses, passando-se, posteriormente, à sua comprovação. Treinava-se a memória por meio da recitação. Incentivavam-se as atividades espontâneas de estudo e o gosto pela investigação científica.

Os Colégios produziram uma mobilidade social, estabelecendo novas hierarquias sociais, advindas do merecimento, do trabalho e do valor pessoal (tão caros à burguesia).

O método trazia o cunho da atualidade do Renascimento, particularmente no âmbito de confluência da ciência e da arte. O ensino apresentava-se como um apostolado.

A pedagogia do Pátio do Colégio

Sob à coordenação geral do Padre Manuel da Nóbrega, o Colégio de São Paulo destinou-se aos trabalhos da catequese indígena, constituindo, inicialmente, um colégio de meninos. Posteriormente, com a expansão e o domínio da atividade de ensino no Brasil, pelos jesuítas, o Colégio diversificou suas atividades, abrindo-se às famílias que se instalaram, aos poucos, no Planalto.

Até o início do século XIX, o Colégio manteve-se como um pólo irradiador de ocupação e circulação de pessoas, mercadorias, acontecimentos, cujos contornos físicos possuíam as seguintes limitações (atuais denominações): Rua Tabatingüera, Parque D. Pedro II, Rua Carlos de Souza Nazaré, Av. Prestes Maia, Mosteiro de São Bento, Praça da Bandeira, Rua Riachuelo, Praça João Mendes.

Dentro desse perímetro ergueram-se, sucessivamente, edifícios e igrejas, que sobrepujaram, em muito, a simplicidade das instalações iniciais do conjunto do Colégio, que se transformou, mais tarde, conforme já assinalado, no Palácio dos Governadores. Foi também, ao longo de sua história, palco de fatos históricos nacionais; igualmente, conforme já referido, ali hospedou-se D. Pedro I, após a Independência, sendo pois a primeira sede do governo brasileiro. Lá funcionaram também a Assembléia Provincial e o Fisco Nacional, bem como outros órgãos governamentais.

A correspondência dos jesuítas do século XVI relativa à catequese indígena[23] revela o esforço empreendido pela Companhia de Jesus para apropriar-se do imaginário sobrenatural indígena, estabelecendo equivalências de elaboração religiosa, por exemplo Tupã=Deus. Tal correspondência revela ainda as discussões relativas ao fato de se os índios tinham ou não uma alma. O entendimento geral era de que só chegariam a ter uma alma após o batismo. Este fato revela como o processo pedagógico jesuíta, junto aos índios brasileiros, inicia-se

23. Cf. R. Gambini, *Espelho Índio*.

ESCRITURAS AMBIENTAIS 167

sob um intenso processo de projeção cultural. Isto significa intensa apropriação e dominação simbólica, sígnica.

As cartas escritas pelo Padre Manuel da Nóbrega, com descrições sobre os acontecimentos relativos ao Colégio e Vila de Piratininga, eram enviadas e lidas em Portugal, bem como copiadas e reenviadas à Itália sendo, ainda, posteriormente distribuídas para outros países onde a Companhia atuava. As cartas eram escritas em latim e costumavam apresentar o estilo do sermão, e tratavam de "notícias" ou "negócios". As primeiras eram chamadas "Cartas de Edificação"[24].

Oficialmente, a Companhia de Jesus desempenhava as seguintes atividades: catequese; proteção e garantia de liberdade aos índios; educação e aldeamento dos nativos[25]. Assim, os jesuítas, conforme carta de Manuel da Nóbrega, teriam encontrado nos índios um "papel em branco" para escrever a sua verdade[26].

A pedagogia inicial, implantada no Colégio dos Jesuítas, em São Paulo, pressupunha uma fidelidade aos princípios da Companhia de Jesus, naturalmente, com currículos básicos de alfabetização e enfrentava os desafios de trazer, para uma terra nova e desconhecida, aqueles princípios. Só mais tarde pode operar com material didático-pedagógico mais próximo ao plano *Ratio Studiorum*.

De um lado do processo pedagógico e evangelizador estavam os "soldados" de Cristo, da Contra-Reforma, de outro as nações indígenas com seus usos e costumes, sua antropologia, que desconhecia o homem branco, europeu e cristão e suas noções relativas ao pecado original, ao perdão e à redenção por milagre divino.

Contrapunham-se, assim, à natureza vivida e guiada pelos instintos, pelos sentidos, pelas próprias "forças sobrenaturais", códigos carregados de imposições, ameaças, medos. À vida orientada pelas forças "naturais" da terra, a pedagogia jesuítica trazia mapas e calendários, a lógica aristotélica, a não contradição, a linha reta, a salvação pelo batismo. A "argila mole" indígena deveria ser modelizada por espelhamento cultural. Os códigos modelizantes deveriam ser o *Ratio Studiorum* e os códigos europeus do século XVI.

A Semiose do Fato Urbano Pátio do Colégio

O conjunto do Pátio do Colégio, hoje reconstruído com a adoção de polêmicos critérios arquitetônico-urbanísticos, relativos à preservação e conservação de monumentos históricos, não deixa de constituir um importante *fato urbano*, um "nó semiótico"; um entrelaçamento de fios e faixas semióticas capazes de unir e marcar, de estabelecer o

24. Idem, p. 37.
25. Idem, p. 48.
26. Idem, p. 60.

vínculo essencial da narrativa urbana paulistana. Trata-se de *fato urbano* essencial à compreensão da história da cidade, uma testemunha do espaço-lugar da origem, sua complexidade ontológica, sua inscrição, o segredo do nome compartilhado, seu *ethos*.

No esgarçamento da ação ibérica, no continente descoberto, em terras brasileiras, desenvolveu-se, no Planalto de Piratininga, uma modelização política, administrativa, econômica, sob o domínio do religioso. A data de 25 de janeiro, e a designação da Cidade, deram-se em função da data comemorativa da conversão de São Paulo, o apóstolo. A semiose do *fato urbano* inicia-se, pois, sob o signo do transcendente e do sagrado, da vida como apostolado.

Aqui, cabe perguntar: que espécie de gênese ou herança encontra-se assinalada nesse "nó semiótico", constituído pelo Pátio do Colégio? Que presença, ou atualidade, este lugar perfaz no espaço pós-industrial, que caracteriza a cidade hoje, como um todo?

É sob o pequeno conjunto, originalmente erguido em taipa (desaparecido), que a tela vazia do "corpo sem alma" deveria adquirir a letra e o batismo e aí tornar-se espírito e cidadão.

Tal espírito, abdicando de sua origem, deveria incorporar, de uma única vez, as grandes navegações e os descobrimentos, a colonização, a fundação de uma cidade, a história de um país, cujo nascimento repousa entre as fronteiras do real e do imaginário, da alteridade entre o primitivo e o evangelizador, e cujo ideário perde-se numa monarquia transcontinental em crise. Tais fronteiras se afastam e se aproximam, na constituição da identidade nascente: portuguesa e européia pela modelização cultural, brasileira pela modelização genética, pelo sangue, com a mistura do português, do índio e do negro.

Amplificam-se, assim, as qualidades de sentir luso-brasileiras, nessa ocasião já semeadas em terras baianas e mineiras, e cuja representação maior encontra, na figura do padre Antônio Vieira, também jesuíta, o entrecruzamento complexo e original que há de resultar mais tarde, como vimos, no barroco brasileiro, a matriz modelizante produzida pelos conflitos antropológicos portugueses e brasileiros.

A semiose que faz configurar o Pátio do Colégio, tal qual se encontra hoje este *fato urbano*, integra pelo menos três instâncias de um processo semiótico que a seguir formulamos.

O Pátio do Colégio como autogeração:
uma modelização icônica

O local escolhido por Manuel da Nóbrega, para a construção do conjunto formado pelo colégio e igreja, constituiu excelente sítio pela altitude, terrenos vizinhos e pela extensa vista da várzea do rio Tamanduateí (hoje parque D. Pedro II e bairro do Brás).

As atividades desenvolvidas pelos jesuítas adquiriram, crescentemente, maiores amplitudes, expandindo-se nas quatro direções cardeais da futura cidade. Nesse centro de irradiação, os jesuítas implantaram um processo de colonização, exerceram ações médico-sanitárias, organizaram e implantaram "leis administrativas", desenvolveram, como cronistas, uma literatura que registra fatos e situações da nova terra e da comunidade nascente, estudaram e classificaram a fauna e a flora, registraram a história, desenvolveram as primeiras culturas agrícolas e implementaram as primeiras criações de gado e, sobretudo, ensinaram.

No conjunto dessas atividades encontra-se a raiz espacial e sintática da cidade de São Paulo, do lugar que fundou semanticamente a cidade, perfazendo uma *polis* e uma política, bem como grande parte do ambiente que constituiu o *oikós* do ensaio brasileiro de convivência e geração de uma cultura tão particular (a modelização antropológica brasileira).

Como *espaço*, o Pátio do Colégio, e seu entorno imediato, guardam algo de próximo e distante, algo simultaneamente íntimo e privado, estranho e público, uma geometria simples e complexa. Como *lugar*, o Pátio do Colégio, e seu entorno imediato, registram (ainda que enfraquecidos pelo distanciamento temporal e histórico) *legis-signos* da praça, da religiosidade, da assembléia pública que fundamentaram a origem da cidade. Como *ambiente*, o Pátio do Colégio, e seu entorno imediato, indicam a luta de faixas sígnicas entre as duas correntes mais marcantes do fluxo urbano de São Paulo, a oscilação entre desejos e necessidades de conservação e evolução.

O Pátio do Colégio, como entrecruzamento *espaço/lugar/ambiente*, perfaz um núcleo de forças autogerativas que entrelaçam um passado, que pode estar caracterizado pelo progresso desenraizante e pelo sincretismo cultural que inclui, inicialmente, o português e o índio e posteriormente o negro; um presente que aglutina um conjunto de referências (mais ou menos preservadas e/ou documentadas), para si mesmo e para a coletividade (paulistana e, mesmo, brasileira); um futuro cujo ideal, mais ou menos compartilhado, inclui algo de moderno e globalizante, feito de busca de independência e autonomia.

Por entre faixas sígnicas, que se esgarçam entre a descoberta de um território intocado, o Estado mercantilista europeu e um processo de colonização peculiar, a origem de uma cidade e seus tempos (imperial e republicano, agrícola, comercial, industrial e pós-industrial), encontram sua espessura ontológica, o *ethos* que os inaugura e corporifica.

Trata-se de um *grafo*, cuja elaboração sincrônica encontra na autogeração sua conformação e seu destino e, sob cuja elaboração diacrônica, encontra um complexo processo de modelização que inclui a colonização e a passagem de uma ordem aristocrática a uma ordem burguesa com suas figuras modernas fundamentais, o Estado e o indivíduo. Tal *grafo* guarda as marcas de uma épica relativa à emancipação das idéias, à expansão geográfica, à circulação cultural, ao debate sobre o público e o privado, à ruptura com as tradições, à liberdade para as cidades. Trata-se de um *grafo* proliferante, que dá origem a outras cidades e a um processo de urbanização global, de imigração e migração, uma cidade que se encontra nas raízes profundas de um país de difícil assentamento da memória, da história, da identidade.

O Pátio do Colégio constitui a certidão de batismo, de pertencimento cultural a uma cidade e a uma nação; ali estão as possíveis qualidades de sentir que se integraram num pacto fundador não enunciado e que, submersas, ali permanecem, como *grafo* propulsor a desencadear e alimentar o *continuum* noológico da cidade.

O Pátio do Colégio como desenho/redesenho:
uma modelização indicial

Como vimos anteriormente, podemos considerar que os *fatos urbanos* apresentam dois grandes grupos de *grafos*: propulsores e patológicos. Lembremos que os primeiros tendem à evolução dos fatos e os segundos tendem à sua conservação ou mesmo à sua destruição.

A leitura crítica do *fato urbano* Pátio do Colégio, como sítio urbano e conjunto arquitetônico, de fundamental importância para a cidade de São Paulo, deu-se de modo tardio, pela comunidade e pela administração pública.

Assim, o traçado de entorno e os edifícios sofreram transformações ao longo do tempo (com permanência relativa dos primeiros e desaparecimento integral dos segundos), visando acomodações funcionais diversas, sobretudo de caráter público-administrativo.

Conforme James M. Fitch, a reconstrução (recriação de um edifício desaparecido no local original)[27] constitui atividade de recuperação e/ou conservação bastante problemática. De um lado, pelas interferências informacionais de ordem técnica, histórica, cultural etc. que introduz, de outro, pelo desconcertante efeito que a "nova" representação acaba por produzir.

De todo modo, para Fitch existem circunstâncias em que sobretudo a reconstrução pode ser utilizada, com acerto, para substituir um original. Tais situações são aquelas que apresentam alguma espécie de "urgência" relativa ao significado e à inteligibilidade histórico-arquitetônico-urbanística exercidos por edifícios ou conjuntos urbanos. Nesse sentido, a reconstrução deve pautar-se por rigorosa pesquisa documental,

---

27. Para Fitch, o termo *réplica* é empregado no sentido de cópia exata de um original ainda existente; *Preservação do Patrimônio Arquitetônico*, p. 43.

cuidadosas escavações arqueológicas e minuciosos estudos de materiais e técnicas originalmente empregados.

O *fato urbano* Pátio do Colégio caracteriza-se exatamente como uma reconstrução não cuidadosa, como identificada por Fitch. Uma reconstrução que objetiva, a par da recuperação histórica, inserir-se também num processo urbano mais amplo, qual seja o da revitalização da área de entorno. É possível observar nessas intenções, mais ou menos indiciadas pelo eixo diacrônico do *fato*, que há uma certa busca pela sua "regeneração", no que ele guarda de entrecruzamento espaço e linguagem (aliás, o lugar do mito).

Não por acaso, a atual configuração do Pátio do Colégio é também produto do processo da industrialização paulistana, com o que de mais significativo marca essa industrialização: materiais e técnicas construtivas industriais (metais, vidro, concreto) e os respectivos meios de reprodutibilidade técnica que lhe dão origem.

Na realidade, o fato atual completa-se com o sítio do Colégio que apresenta grande permanência, com as encostas da colina preservadas, com partes dos eixos visuais para a Várzea do Carmo (parque D. Pedro II) também preservadas, com traçado de entorno mantido. Trata-se de sítio histórico-arqueológico de alta significação científica e cultural.

Entre a "infidclidade" histórico-arquitetônica do conjunto edificado e o sítio relativamente preservado, encontramos uma modelização indicativa do processo do desenho urbano paulistano: algo de propulsor e algo de patológico, a modelização mutante que parece caracterizar a cidade; de um lado precursora, inovadora, renovadora; de outro, os contínuos golpes que o *argumento* urbano, guiado pelas atividades preponderantemente econômicas da especulação, desfere sobre as faixas sintático-semânticas que fundamentam o processo histórico da organização espacial, com o que ela tem de tradição e tradução. A despeito daqueles golpes, a seiva propulsora parece resistir, autônoma e autogerativa, sob o *ethos* (que dá vida e voz à cidade) que o Pátio do Colégio guarda e promove.

O Pátio do Colégio como lugar:
uma modelização simbólica

Os jesuítas escolhiam o espaço para a implantação de suas atividades guiadas pela fertilidade do território, abundância de recursos naturais (água, madeira, argila), vias de comunicação fluvial, vales que possibilitassem o cultivo agrícola e campos para a criação de gado e, sobretudo, pela facilidade de proteção e segurança. Este é justamente o caso do sítio original, onde se ergueram a igreja e o colégio dos jesuítas, que deram origem à cidade de São Paulo.

As atividades dos jesuítas integrariam, com o desenho, uma forma de vida que objetivava a absorção de traços culturais indígenas e a projeção cultural européia, além da conversão religiosa, bem como a implantação de uma autoridade administrativa e social, possivelmente com a criação de um Estado teocrático, incluindo seus modos de organização produtiva, planificação e controle do território e dos assentamentos[28].

O Pátio do Colégio não logrou alcançar a configuração global de outras áreas planejadas e implantadas pelos jesuítas (particularmente, as áreas das "Missões" sob o domínio espanhol), cujo plano integrava o colégio, a residência dos jesuítas, as casas dos índios, o templo, a praça, o cemitério. Na realidade, o conjunto do Pátio do Colégio constitui acanhada expressão arquitetônico-urbanística, porém apresenta expressiva e fundamental apropriação espacial.

De todo modo, cedo este espaço transformou-se num lugar, pela apropriação e transmissão de significados que estiveram presentes na elaboração do processo urbano paulistano, paulista e brasileiro. Como espaço apropriado tornou-se lugar de origem de futuras ressonâncias culturais nacionais, permeando a origem de textos culturais capazes de permitir ao seu *ethos* desempenhar papel fundamental nas possíveis identidades local, regional e brasileira.

Assim, identificamos a seguir os momentos histórico-culturais, cujas raízes encontraram, no núcleo original, representado pelo Pátio do Colégio, sua matriz sígnica e comunicacional. As modelizações socioeconômicas e culturais que aí tiveram origem marcaram amplamente a vida da cidade e do Estado de São Paulo, bem como do País.

Lugar 1: a cidade do colégio
Lugar caracterizado pelo encontro das culturas indígenas e européias (portuguesas) no século XVI. Lugar de instauração de conflitos antropológicos e de uma economia de subsistência. Lugar de implementação de uma pedagogia e do florescimento de vocações urbanas: educação, produção, emancipação.

Lugar 2: a cidade das bandeiras
Lugar político-administrativo fundamental da Capitania de São Paulo. Lugar de geração de uma cidade formal e juridicamente estatuída como tal, a partir de 1711. Lugar de organização das expedições que buscaram pedras e metais preciosos. Lugar de irradiação da ocupação do interior do território brasileiro.

Lugar 3: a cidade da independência e da república
Lugar do governo paulista a partir de 1760, após a expulsão dos jesuítas. Lugar do Palácio dos Governadores. Lugar-sede do governo brasileiro após a Independência; D. Pedro I aí se hospedou por onze

28. Cf. C. Lugon, *A República "Comunista Cristã" dos Guaranis*.

ESCRITURAS AMBIENTAIS 173

dias, após a declaração da independência escrevendo, nessa ocasião, o Hino da Independência. Lugar do Palácio do Congresso de São Paulo, após a República.

Lugar 4: a cidade do café e dos imigrantes
Lugar irradiador da agricultura do café e da recepção das primeiras levas de imigrantes (política do Congresso Paulista aí instalado). Lugar de expansão e fortalecimento do comércio. Lugar de integração de raças e culturas.

Lugar 5: a cidade industrial
Lugar irradiador da economia responsável pela implantação da indústria brasileira. Lugar da velocidade e do novo, de conexão com a modernidade mundial. Lugar de origem de afirmação da identidade e cultura nacionais e, portanto, da Semana de Arte Moderna. Lugar da Secretaria de Educação. Lugar recuperado pelas festividades do IV Centenário da cidade.

Lugar 6: a cidade pós-industrial
Lugar que quase desaparece: permanecem o sítio original e o traçado, desaparece o conjunto edificado. Lugar objeto de leis e projetos de recuperação da memória da cidade. Lugar de reconstrução. Lugar de (auto-)(re-)ge(-ne-)ração noológica.

O Pátio do Colégio, da fundação à atualidade, permanece como núcleo modelizador da sintaxe urbana, da pulsação entre identidade e alteridade da cidade de São Paulo, do Estado de São Paulo e do Brasil, e integra, de modo fundamental, os possíveis códigos modelizantes da cidade e do urbanismo brasileiros; sua vocação para a educação permanece, como núcleo privilegiado de funções metassígnicas e poéticas de linguagem relativas ao *fato urbano* paulistano, paulista e brasileiro.

O Pátio do Colégio:
ambiente, intersemiose, cognição

O *fato urbano* Pátio do Colégio, tal qual se encontra hoje, com sua reconstrução difícil, permanece como núcleo histórico central da cidade de São Paulo integrando, de modo insubstituível, o mapeamento do processo modelizante urbano de São Paulo, oferecendo as camadas e genealogias sígnicas indispensáveis à memória e ao programa que subjaz à evolução urbana da cidade.
Tal memória, em que pese a natureza replicativa do atual conjunto edificado, constitui matéria criativa construída pela experiência, guardando, portanto, as qualidades de sentir dessa experiência.

Lembremos que essa experiência, à semelhança da Companhia de Jesus, inclui raças e culturas diferentes, induzem mecanismos de mobilidade social, produzem adaptações e sínteses antropológicas. Lembremos também que essa experiência é permeada pelas línguas portuguesa e tupi-guarani. A dimensão lingüística dessa experiência permeia as apropriações e usos, integrando a passagem do espaço para o lugar, com ressonâncias imagéticas constituindo, desse modo, importante filtro da língua portuguesa atualizada no Brasil.

Do espaço para o lugar e deste para o ambiente, o *fato urbano* Pátio do Colégio descreve e guarda um conjunto de materiais e procedimentos, cuja codificação estabelece a tessitura de referências que preside este fato. Aí, encontra-se a raiz fenomenológica da cidade, a seqüência cognitiva que estatui a sua história, o pólo fático essencial relacionando o contínuo e o descontínuo da linguagem ambiental urbana da cidade de São Paulo que estimula, ou impede, a geração de significados.

Este ambiente háptico-visual-locomotor, sócio-histórico, científico e cultural perpassa a corrente estímulo-resposta do usuário da cidade, infiltra-se na sua subjetividade e no seu inconsciente, interferindo decisivamente nas vivências, representações e narrativas que produz sobre a cidade. Isto faz com que o processo de vida urbana – configurado pela tríade *espaço/lugar/ambiente* – encontre seu equilíbrio, sua homeostase, na comunicação do fato, na capacidade de emissores e receptores sobrepujarem perturbações e confluírem para uma episteme comum. O Pátio do Colégio é esta episteme comum, a raiz de um processo de (re-)conhecimento, uma consciência.

Permeada de conflitos e de contrastes, esta consciência emerge por sob os *grafos* autopoiéticos capazes de colocar em processo a contínua passagem para a reconstrução, proporcionando-lhe a segurança ontológica essencial e metabolizando o circuito *espaço/lugar/ambiente* que perfaz o corpo e a alma da cidade.

O Pátio do Colégio constitui esta espécie de meridiano metamórfico que nunca se encontra onde parece estar, que se dispõe em fragmentos quando se supõe *corpus* organizado e dominado mas que, autônoma e noologicamente, faz reverter pensamentos em qualidades de sentimentos e vice-versa, parecendo configurar, precisamente, o desígnio da conversão exemplar, uma pedagogia, um processo civilizatório.

Enquanto símbolo, o Pátio do Colégio configura o ambiente a partir do qual São Paulo ensaiou para si, e para o Brasil, a experiência cívica e política – a modelização – que incluiu a assembléia dos homens bons (a sugerir uma experimentação democrática), a instalação de um centro cívico e cultural, um espírito comunitário simultaneamente conservador e progressista, caminhos de mobilidade social pelas vias da educação e do trabalho. Não à toa, o sino (preservado)

ESCRITURAS AMBIENTAIS 175

do Colégio pontuou a vida da cidade nascente e seus acontecimentos foram narrados pelo Padre Manuel da Nóbrega naqueles seus escritos denominados *Cartas de Edificação*. Não à toa, Mário de Andrade pedia que, após a sua morte, ali se lhe depositassem o coração[29].

29. Cf. o poema Quando eu Morrer, de *Lira Paulistana*, p. 78.

5. Ciência, Lógica, Linguagem:

a comunicação em estado nascente

A CIÊNCIA E OS GRAFOS EXISTENCIAIS

Ciência e filosofia não estavam separadas na origem. No Ocidente, o Renascimento parece constituir o marco temporal divisor entre ambas. A primeira caminha, a partir daí, em direção à experimentação "objetiva" e, posteriormente, à produção dos meios e modos da razão instrumental, das operacionalizações, da "ciência aplicada". À segunda coube um sentido extenso, e às vezes rarefeito, relativo aos movimentos de reflexão sistemática, nem sempre "científica" ou "útil".

A produção intelectual da segunda metade do século XX – com o desenvolvimento de teorias como a relatividade, a microfísica, o princípio de incerteza, entre outros[1] – parece ter feito emergir, crescentemente, uma nova união entre ciência e filosofia. Conceitos e expressões lógico-matemáticos passam a integrar, cada vez com maior clareza e influência, representações e linguagens.

Como bem observa Abraham A. Moles,

A passagem sucessiva em menos de cinqüenta anos da ciência do certo à ciência do provável e, a seguir, bem recentemente, à ciência do percebido, resume uma evolução do espírito científico que ultrapassa largamente o quadro da própria ciência. Não foi a ciência sozinha que provocou essa mudança de ponto de vista – ainda vaga, aliás – mas toda uma ambiência de idéias, de reflexões, perspectivas que pertencem à

---

1. Cf. a respeito: P. Auger et al, *Problemas da Física Moderna.*

178 AUTOPOIESIS

época inteira e mais particularmente ao pensamento filosófico encarregado de exprimir essa época[2].

No âmbito dessa união, Moles destaca ainda o papel adquirido pela teoria da linguagem e pela física da mensagem (verbais), observando que as correlações entre ambas só podem ser explicitadas por procedimentos sígnicos não lineares.

Para Moles, de acordo com esta perspectiva, os procedimentos criadores, que permeiam as atividades científicas e filosóficas, utilizam-se de *infralógicas* (procedimentos elementares que constituem os estágios do processo intelectual: reflexão, brotar de intenção criadora, associações metalógicas, verificação, formalização). Tais *infralógicas*

são verdadeiros sistemas de pensamento bem caracterizados, mas que deixam de lado o princípio de não-contradição ou o de dicotomia (terceiro excluído); portanto abandonam a coerência universal, para alargar desmesuradamente as possibilidades de associação dos conceitos em seqüências ordenadas: a própria linguagem é um sistema infralógico[3].

Dentre essas *infralógicas*, Moles distingue, aproximando-se progressivamente das lógicas formais:

A *lógica mitopoética*, modo primitivo da racionalização, autocontraditória, lacunar, normativa, coletiva, ela se vincula estreitamente à religião, primeira tentativa de explicação do mundo;

A *lógica de justaposição* ou perilógica, gratuita, heteróclita, que é o sistema de associação das idéias, das palavras ou das imagens e cria formas seqüenciais;

A *lógica de oposição* ou antilógica, gratuita, organizada e coercitiva, que utiliza elementos homogêneos;

A *lógica das formas ou analógica*, que rege os métodos de recodificação, de tradução, de expressão, por meio de *conceitos vazios* manipulados independentemente de seu conteúdo. É o estágio infralógico mais próximo do rigor formal.

Enfim, as *lógicas formais* (lógicas das probabilidades ou indutiva, binária, numeral) que interessam sobretudo à matemática e às ciências altamente dedutivas, isto é, uma porção ínfima do edifício científico[4].

O conjunto dessas *infralógicas*, "constitui o método de utilização efetiva do cérebro (lógica natural): sua falta de rigor é compensada por seu poder"[5].

Torna-se importante observar que o "pensamento", o "pensamento artístico", o "pensamento científico" – se é que tal distinção pode reduzir a taxa de ambigüidade inerente aos processos de construção da filosofia, da arte, da ciência etc. – configuram-se mediante processos de cognição e produção sígnica, no qual a diferença ou a repetição

2. *A Criação Científica*, p. 7.
3. Idem, p. 267.
4. Idem, p. 267-268.
5. Idem, p. 268.

CIÊNCIA, LÓGICA, LINGUAGEM					179

percepto-cognitiva inventa, conhece ou reconhece seus objetos tão profundamente quanto mais forem capazes de reconhecerem-se a si mesmas.

O que percebemos ou "vemos", e o que nos "percebe" ou "vê", provocam tal precipitação de aspersões abdutivas que os fragmentos do real parecem tragados violentamente por ondas de quase-signos, quase-linguagem: molas, agulhas, assomos, indícios. Coerências ou representações "mágicas", "poéticas", "científicas", serão convertidas, após a tempestade, em arte ou ciência, teologia ou ideologia, ou a inúmeras combinações matizadas de suas vizinhanças.

Regras empíricas, princípios, leis – a construção da ciência afinal – deslizam por entre a dimensão histórica e a busca de universalidade do conhecimento produzido. Por entre as séries históricas e as rupturas paradigmáticas[6], a ciência prossegue sobre móvel *episteme* em que a irrupção do real, sob o véu da linguagem, atualiza o circuito que a instaura e configura: percepção, experiência, reflexão, explicação, comprovação.

O caráter preditivo da ciência – uma distinção inequívoca – permeia e conecta as relações entre o real e a linguagem. Esse caráter preditivo é observado pelo físico Roland Omnès, em sua *Filosofia da Ciência Contemporânea*, justamente no ponto onde se entrecruzam ciência, lógica, linguagem:

> Os princípios de Newton, para nos restringirmos a eles, não se reduzem a um mero resumo dos fatos conhecidos, pois nesse caso toda experiência realmente nova viria inevitavelmente a pô-los em causa de novo. São, pelo contrário, princípios preditivos, e não somente efetivos. Serão aplicados, após Newton, à dinâmica dos fluidos, ao movimento de pêndulo de Foucault e a muitas outras coisas mais. A cada vez, eles fornecerão antecipadamente conclusões que a experiência apenas confirmará.
>
> Esse caráter preditivo das leis e sua permanência por meio dos progressos realizados, a despeito das modificações que é preciso fazer que eles sofram para compensar a extensão de seu domínio, parece indicar que a representação obtida pela ciência não se limita a salvar as aparências. Pelo contrário, ela as ultrapassa, embora o que alcance não seja a natureza íntima das coisas, mas antes a permanência de suas relações mútuas. Da mesma maneira que as matemáticas se tornaram uma ciência das relações abstratas, a física é a ciência das relações que se exercem na realidade. Nada do que sabemos parece tornar duvidoso esse conhecimento das relações ou, se preferirem, dos princípios. No entanto, como se trata apenas de relações, não podemos encerrá-las numa visão intuitiva e fiel e só podemos fornecer uma *representação* que passa pelas formas da lógica e das matemáticas e conserva, inevitavelmente, uma certa distância da realidade[7].

Para Peirce (CP 1.232 e s./1974:155 e s.), a ciência deve ser considerada como "coisa viva" e não "mera definição abstrata", sendo realizada por "homens vivos" e cuja característica fundamental – quando genuína – é estar em permanente "estado de metabolismo e crescimento".

6. Cf. T. Kuhn, *A Estrutura das Revoluções Científicas*.
7. *Filosofia da Ciência Contemporânea*, p. 270.

De outro lado, Peirce (CP 1.235/1974: 157) afirma que "a vida da ciência reside na vontade de conhecer", não numa vontade de provar "a verdade de uma opinião particular", pois a "ciência consiste em realmente distender o arco na direção da verdade, com atenção no olhar, com energia no braço".

Assim, a noção peirceana de ciência correlaciona-se ao processo de cognição que, ao alcançar os estágios dos juízos perceptivos (operações incontroláveis relativas ao que se percebe) e dos juízos normativos (operações "mediadas" ao nível das qualidades de sentir), constituem também a base da primeira das ciências normativas: a lógica. É justamente a lógica que se desprende das relações entre fenômenos e experiências e que confere à *terceiridade* sua capacidade operatória. Lembremos que para Peirce (CP 5.104 e 5.105/1974: 37):

> Terceiridade é a característica de um objeto que encarna em si – o-Ser-Entre ou Mediação em sua forma mais simples e rudimentar [...]. Terceiridade é para mim apenas um sinônimo de Representação; prefiro-o porque suas sugestões são menos estreitas. Pode-se agora dizer que um princípio geral operatório no mundo real tem natureza de Representação e Símbolo porque o seu *modus operandi* é o mesmo pelo qual as *palavras* produzem efeitos físicos. Ninguém vai negar que as palavras façam isso.

Peirce, como já observamos (CP 5.194/1974:62), alerta-nos para o fato de que é a percepção o berço de sugestões e inferências (matéria do pensamento, origem de hipóteses explicativas e futuros *argumentos*), constituindo a lógica, combinações de inferências. Aqui reside justamente, como já assinalamos, a lógica da *abdução* (isto é do pragmatismo); explicações de fenômenos tidas como "sugestões esperançosas" (CP 5.196/1974:62), a partir das quais se constroem a *indução* e a *dedução*. Não por acaso, a máxima do pragmatismo reside no controle estabelecido pela percepção e pela ação intencional, em cujas portas a lógica deverá apresentar seus passaportes. A lógica da *abdução* realizar-se-á como uma lógica de *grafos existenciais*, isto é uma lógica que se desenvolve e se estabelece das *qualidades de sentir* para os *argumentos*, por meio de *legissignos* ou ainda pelo trânsito diagramático entre *grafos* e *grafos-caso*. Lembre-se ainda que os primeiros relacionam-se ao *objeto dinâmico* do signo, ao *tipo* e o segundo ao *objeto imediato* do signo, à *ocorrência*.

A matemática tem se ocupado da teoria dos grafos, tratando de relações existentes entre elementos de conjuntos diversos, de relações não quantificáveis, no âmbito de problemas que envolvem inter-relações, associações ou correspondências entre elementos.

Tais estudos formalizaram-se a partir do século XVIII, com Euler (1736/Problema das Pontes de Könisberg), passando posteriormente por Kirchhoff (1847/Estudo das Árvores), Cayley (1857/Isômeros), Hamilton (1869/Teoria das Árvores) e atingiram novo patamar com Berger (1958).

CIÊNCIA, LÓGICA, LINGUAGEM 181

Para fins de representação de um *grafo*, utilizam-se desenhos, gráficos, esquemas, notações matemáticas; para fins de cálculo, utiliza-se o conceito de matriz.

Alguns estudiosos têm considerado que o estudo dos *grafos* tem importância efetiva para o estudo de fluxos em rede.

O estudo matemático dos *grafos* recai em estudos de *conexidade* e, para tanto, utilizam-se algoritmos. Tal *conexidade* estabelece-se por meio de *laços, cadeias, caminhos, ciclos, circuitos*. A teoria dos grafos tem se desenvolvido em diversas áreas do conhecimento e tem despertado interesse renovado, particularmente com o advento dos computadores.

O pensamento de Peirce, que é extremamente matemático, bem como o desenvolvimento de sua lógica e da noção de *grafos existenciais* e, antes destes, de sua fenomenologia, encontram-se em plena consonância com os desenvolvimentos matemáticos posteriores, alcançados pela teoria dos grafos em geral.

A lógica do pragmatismo assenta-se assim sobre uma base abdutiva. Tal lógica desenvolve-se, pois, através de um processo percepto-cognitivo que, por sua vez, é a base da noção peirceana de ciência. O corpo desta lógica instaura-se por meio das *qualidades de sentir* (*simples existentes*), *legissignos, ícones, diagramas, grafos*; elementos cuja competência propulsora é capaz de erigir *argumentos*, ou a partir dos quais se deveriam erigir os *"argumentos verdadeiros"*, produtos do perfazer da ciência e do conhecimento, por meio dos signos e da linguagem.

Entre a produção da ciência e sua comunicação, há algo como um cone de sombra. Os *argumentos* abrigam também crenças e religiões, ideologias e conjuntos dogmáticos, estratégias teóricas de legitimação, que podem visar toda espécie de intenção de poder ou domínio.

Assim, há algo compartilhado no itinerário da ciência, da lógica e da linguagem. Há algo nesse intercâmbio topológico que parece (re-)converter uma em outra, justamente por meio do *grafo existencial*. Portanto, o *grafo existencial* será tanto mais funcional quanto mais permitir, a um só tempo, permanência e ruptura, estabilidade e variação, em seu processo de síntese, em sua *escritura*.

Essa espécie de "marca" perpassa todo o conhecimento por meio das qualidades que sob ela pulsam, carregando este conhecimento de incertezas e imprevisibilidades no tempo e no espaço, desestabilizando ordens sígnicas cristalizadas para introduzir novidades em suas matrizes.

Como observa Peirce (CP 5.118 e 5.119/1974: 40):

Quanto ao universo de Qualidades que o físico não admite, não há sombra de dúvida quanto à sua normalidade. Há provas de que as cores, por exemplo, e os sons têm as mesmas propriedades para toda a humanidade.

[...] Portanto, se me perguntarem que papel as Qualidades podem desempenhar na economia do Universo, responderei que o Universo é um vasto *representamen*, um grande símbolo do desígnio de Deus, acabando suas conclusões em realidades vivas.

Cada símbolo deve ter, organicamente ligados a si, seus Índices de Reações e Ícones de Qualidades; e o mesmo papel desempenhado por reações e qualidades num argumento, elas também o desempenham nesse argumento que é o Universo.

[...] O Universo como argumento é por força uma grandiosa obra de arte, um grande poema – pois um belo argumento é sempre um poema, uma sinfonia – da mesma forma que o verdadeiro poema é sempre um argumento significativo. Comparemo-lo antes com a pintura – com uma marinha impressionista – cada Qualidade numa Premissa é uma das partículas coloridas elementares na Pintura; colaboram para se obter a Qualidade que pertence ao todo como um todo. O efeito total está para além de nosso alcance visual; podemos, contudo, apreciar em alguma medida a Qualidade que resulta de partes do todo – qualidades essas que resultam de combinações de Qualidades elementares que pertencem às premissas.

Observemos, agora, como as concepções consideradas podem ser observadas no interior de ciências particulares como o direito, a medicina, a educação.

Em movimento de reversão qualitativa, nossa sondagem parte de uma ciência com acentuada projeção da *terceiridade* no pólo da *terceiridade*, a(s) ciência(s) do direito; passando pela presença acentuada da *secundidade* no pólo da *terceiridade*, no caso da(s) ciência(s) da medicina; e, finalmente, encontramos a irrupção da *primeiridade* no plano da *terceiridade*, no caso da(s) ciência(s) da educação.

Conforme concepção apresentada no capítulo 1, relativa às ciências cognitivas, tais ciências serão observadas do ponto de vista igualmente cognitivista, no âmbito de seu perfazer como *ciência*, *lógica* e *linguagem* abertas à incerteza (Heisenberg), às infralógicas (Moles), às qualidades de sentimentos (Peirce).

AS CIÊNCIAS DO DIREITO
E A SUTURA DOS ARGUMENTOS

O direito, como *ciência* (ou conjunto de *ciências*) e conjunto de práticas, como expressão e fato, opera, necessariamente, com os fios da contradição, constituindo repertório para onde confluem faixas de significação introduzidas por signos (que, aqui, adquiriram importância fundamental) como "lei", "norma", "razão", "lógica", "justiça", "ética", "legitimidade", dentre outros.

A teoria do direito e a prática jurídica configuram-se como sistemas de linguagem; sua matéria é, da eclosão ao limite, linguagem: ação ou fato convertidos em discurso ou sentença.

Conforme Bittar e Almeida, a filosofia do direito hegeliana apresenta como objeto "a idéia do direito, quer dizer, o conceito do direito e sua realização"[8], que constituem manifestações lógicas (reais e racionais), consubstanciadas na lei (no Estado) e sobre a qual se faz a defesa e construção dos direitos, isto é, a justiça. O sistema hegeliano dispõe,

8. *Curso de Filosofia do Direito*, p. 278.

CIÊNCIA, LÓGICA, LINGUAGEM 183

ainda, o domínio do direito (em seu grau de plena realização, como essência) ao domínio do espírito. Não à toa, o sistema perfaz-se em proibições e/ou negações (não fazer, deixar de fazer, controlar o fazer), que objetivam restringir a liberdade concebida, arbitrária e abstratamente. A realização da justiça – com a sobreposição do Estado aos interesses individuais – seria assim, conforme Joaquim Carlos Salgado:

a eliminação do arbitrário-subjetivo e a instauração da possibilidade de uma jurisdição neutra, imparcial. É a solução imparcial do conflito, independente de um juízo de conteúdo da lei aplicável, ou da própria decisão. Justa é a decisão imparcial, não-arbitrária, ainda que do ponto de vista do seu resultado possa ser considerada como injusta[9].

O Estado, contudo, está longe de realizar-se como imparcialidade neutra ou justa. O Estado é ideológico; sua constituição, expressa na Carta Magna, conforma-se por meio de um conjunto normativo, isto é, estatui-se e institui-se como ideologia. Assim, as faixas sígnicas produtoras das noções de "legitimidade" e "justiça", por exemplo, são tributárias dos códigos que lhes enformam e informam.

É de se observar, contudo, que o direito como tal, como objeto de uma *ciência*, não se funda nesses códigos. Aqui, o imbricamento crescente entre natureza e cultura, na constituição de um *corpus* de uma *ciência* do direito e/ou de uma *ciência* jurídica impõe a investigação de complexas e móveis esferas fenomênicas. Séries de designações e classificações (toda uma taxonomia) buscam, evidentemente, ser capazes de operar a *episteme do direito* e/ou a *episteme jurídica* (Direito Natural, Direito Positivo, Teoria Pura do Direito etc.).

A construção do paradigma do direito inicia-se pela tentativa das simetrias simples como Direito Objetivo e Direito Subjetivo, cujas raízes encontram-se no Direito Romano. O primeiro diz respeito às prescrições, normas, leis e toda espécie de impositivos jurídicos (liga-se portanto, ao Estado); o segundo, de difícil caracterização e distante de reconhecimentos inequívocos ou consensos, diz respeito às vivências, individualmente experienciadas (liga-se, portanto, às *qualidades de sentir*), não raro busca-se separá-lo de um "sujeito jurídico". Tal simetria amplia-se em Direito Positivo (conjunto normativo incidente em espaço e tempo específicos) e Direito Natural (conjunto normativo que se identifica com a plena integração e funcionalidade entre natureza, razão, justiça).

Hans Kelsen, para quem a Teoria Pura do Direito é uma teoria do Direito Positivo em geral, afirma que a norma funciona como um esquema de interpretação:

O fato externo que, de conformidade com o seu significado objetivo, constitui um ato jurídico (lícito ou ilícito), processando-se no espaço e no tempo, é, por isso

9. *A Idéia de Justiça em Hegel*, p. 363.

184 AUTOPOIESIS

mesmo, um evento sensorialmente perceptível, uma parcela da natureza, determinada, como tal, pela lei da causalidade. Simplesmente, este evento como tal, como elemento do sistema da natureza, não constitui objeto de um conhecimento especificamente jurídico – não é, pura e simplesmente, algo jurídico. O que transforma este fato num ato jurídico (lícito ou ilícico) não é a sua facticidade, não é o seu ser natural, isto é, o seu ser tal como determinado pela lei da causalidade e encerrado no sistema da natureza, mas o sentido objetivo que está ligado a esse ato, a significação que ele possui. O sentido jurídico específico, a sua particular significação jurídica, recebe-a o fato em questão por intermédio de uma norma que a ele se refere com o seu conteúdo, que lhe empresta a significação jurídica, por forma que o ato pode ser interpretado segundo esta norma. A norma funciona como esquema de interpretação. Por outras palavras: o juízo em que se enuncia que um ato de conduta humana constitui um ato jurídico (ou antijurídico) é o resultado de uma interpretação específica, a saber, de uma interpretação normativa. Mas também na visualização que o apresenta como um acontecer natural, apenas se exprime uma determinada interpretação, diferente da interpretação normativa: a interpretação causal. A norma que empresta ao ato o significado de um ato jurídico (ou antijurídico) é, ela própria, produzida por um ato jurídico, que, por seu turno, recebe a sua significação jurídica de uma outra norma. O que faz com que um fato constitua uma execução jurídica de uma sentença de condenação à pena capital e não um homicídio, essa qualidade – que não pode ser captada pelos sentidos – somente surge através desta operação mental: confronto com o código penal e com o código de processo penal. Que a supramencionada troca de cartas juridicamente signifique a conclusão de um contrato, deve-se única e exclusivamente à circunstância de esta situação fática cair sob a alçada de certos preceitos do código civil. O ser um documento, um testamento válido, não só segundo o seu sentido subjetivo, mas, também, de acordo com o seu sentido objetivo, resulta de ele satisfazer às condições impostas por este código para que possa valer como testamento. Se uma assembléia de homens constitui um parlamento e se o resultado da sua atividade é juridicamente uma lei vinculante – por outras palavras: se estes fatos têm esta significação –, isso quer dizer apenas que toda aquela situação de fato corresponde às normas constitucionais. Isso quer dizer, em suma, que o conteúdo de um acontecer fático coincide com o conteúdo de uma norma que consideramos válida[10].

A teoria de Kelsen desdobra-se, assim, em noções relativas ao direito como estruturas de proposições, enunciados, *argumentos*, normas, relativos às organizações e/ou condutas sociais e políticas que devem ser objetiva e obrigatoriamente cumpridas. Trata-se de noções imperativas e corretivas e, portanto, passíveis de aplicações de sanções pelo instituto jurídico do poder público. Kelsen faz integrar sua teoria através de uma instância propriamente normativa (*validade*), uma instância ontológica (*identidade*) e uma instância política (*legitimidade*).

A superação da concepção jurídica simétrica e dicotômica assumida por Kelsen, parece alcançar na Teoria Tridimensional do Direito, de Miguel Reale, plena realização.

Reale identifica e dialetiza os três termos de que, em sua concepção, se compõe o direito, a saber: *fato, valor e norma*. Para ele, "o ponto de partida da norma é o fato rumo a determinado valor"; o direito é pois uma "integração normativa de fatos segundo valores"[11].

10. *Teoria Pura do Direito*, p. 4-5.
11. *Teoria Tridimensional do Direito*, p. 119.

O quadro fenomenológico de Reale, cujas raízes encontram-se em Husserl, é assim formulado[12]:

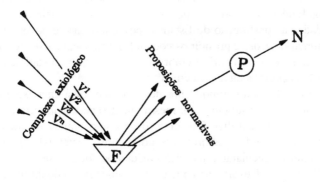

Figura 1: *Nomogênese Jurídica*.

Com esse modelo, Reale esclarece que o mundo jurídico:

é formado de contínuas *"intenções de valor"* que incidem sobre uma *"base de fato"*, refrangendo-se em várias proposições ou direções normativas, uma das quais se converte em *norma jurídica* em virtude da interferência do Poder[13].

Para Reale, as alterações do alcance e significado das normas jurídicas (variação semântica) – para nós, ponto crucial de uma semiótica do direito – podem ser representadas com o seguinte gráfico, complementar ao anterior[14]:

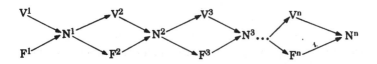

Figura 2: *Variação Semântica*.

Cumpre lembrar a distinção entre as polaridades de significações que estabelecem o direito público e o direito privado. O primeiro refere-se às relações políticas e aos fins do Estado (Direito Constitucional, Administrativo, Penal, Processual, Internacional, Tributário, Financeiro) e o segundo refere-se à regulação das relações particulares (Direito Civil, Comercial). Entre os deslizamentos de um para o outro, de

12. Idem, p. 123.
13. Idem, p. 124.
14. Idem, p. 126.

acordo com a supremacia de suas normas, localiza-se, por exemplo, o Direito do Trabalho.

Do individual para o coletivo, do privado para o público erigem-se os fundamentos dos três poderes e impõe-se o princípio de legitimidade na constituição do Estado – povo, território e poder capazes de tomar decisões e presidir os comandos e as obediências *ex natura*, *ex delicto*, *ex contractu*[15]. Lembre-se, nem por isso o Estado é a conclusão necessária da justiça em si[16].

De todo modo, importa-nos destacar que se há uma experiência produtora do direito em si, ou mesmo uma experiência jurídica, quer como *corpus* científico-filosófico, quer como prática de mediação entre direitos e deveres presentes no contrato social, tal experiência configura-se mediante a interação inequívoca de sistemas de signos, de linguagem. Isto significa que uma fenomenologia do direito evolui através de gradientes de representação; do Direito em si às razões, ou lógicas jurídicas, que estão na base de uma sentença (ciência, lógica, linguagem)

Assim, cabe perguntar: qual a natureza desses gradientes e qual a sua influência no campo de uma *ciência* (ou *ciências*) do direito e, mais além, que conseqüências morais, éticas e políticas trazem para a jurisprudência *ad hoc*?

A experiência do direito produz um contexto de argumentação no qual estão incluídos a produção ou o estabelecimento de normas, a aplicação de normas à solução de casos e a dogmática jurídica (critérios de produção e aplicação do direito, ordenamento jurídico). Tal contexto percorre um leque cujos eixos abrem-se da instância descritiva à instância prescritiva, do âmbito da descoberta, experiencial, ao âmbito do *argumento* e da justificação[17].

Torna-se imperioso observar que a *argumentação* jurídica apóia-se, tradicionalmente, no uso dos silogismos da lógica formal, isto é, numa organização sígnica hipotática, centrada nas funções referencial e fática de linguagem e nos seus desdobramentos dedutivos. Estas funções não permanecem, no transcurso *argumentativo*, nas faixas puramente denotativas da linguagem, sofrendo o impacto em suas codificações de aderências retóricas e ideológicas, constituindo mensagens persuasivas, por meio de amplas faixas conotativas.

Conforme o professor e teórico Manuel Atienza[18], Chaïm Perelman, com base na lógica de Frege, buscou eliminar todo juízo de valor, da idéia de justiça, buscando formular uma noção de justiça

15. Cf. a respeito: N. Bobbio, *Estado, Governo, Sociedade*, p. 79 e s.
16. Cf. a respeito: G. W. F. Hegel, *Princípios de Filosofia do Direito*, p. 90.
17. Cf. a respeito: M. Atienza, *As Razões do Direito*, p. 23.
18. Idem, p. 81.

CIÊNCIA, LÓGICA, LINGUAGEM   187

de caráter formal, perdendo-se, porém, numa classificação de valores
e *argumentos*.

Deste modo, o direito e a prática jurídica configuram-se como linguagem. A hermenêutica jurídica é uma hermenêutica da linguagem
jurídica, com tudo o que ela tem de retórica, ideologia, persuasão.

É oportuno destacar o esforço de Paul Ricoeur, cujo horizonte é
a hermenêutica em geral, para fins de análise da problemática da hermenêutica jurídica. Para Ricouer, a hermenêutica deve ser observada
em cinco níveis de análise, a saber:

a. a efetuação da linguagem como *discurso*;
b. a efetuação do discurso como *obra estruturada*;
c. a relação da *fala com a escrita* no discurso e nas obras do discurso;
d. a obra de discurso como *projeção de um mundo*;
e. o discurso e a obra de discurso como *mediação da compreensão
em si*[19].

A pragmática jurídica, fundada no *argumento* jurídico, faz, justamente, confluir para si esse discurso, essa estrutura lingüística capaz
de revelar a projeção de um mundo e de propiciar (com maior ou
menor êxito) a mediação de sua respectiva compreensão.

A *ciência* do direito funda-se, pois, por entre as franjas cognitivas de suas linguagens, ou das diversas linguagens de suas diversas
ciências. A relação entre experiência, verdade e direito constitui uma
relação inextricável entre natureza e cultura.

Niklas Luhmann, o pensador dos sistemas sociais como sistemas
autopoiéticos, afirma que "a separação entre ser e dever ser, ou entre
verdade e direito não é estrutura de mundo dada *a priori*, mas na
aquisição da evolução"[20].

As linguagens do direito, como toda linguagem, estão em permanente construção, tensionando as relações entre verdade e direito,
o que por vezes faz apresentar estas relações sob a forma da trans-
gressão de uma dessas noções em detrimento da outra. Como se pode
depreender dessas relações, a irrupção sígnica é fonte de complexificação da lógica e da linguagem do direito. Os planos de contradição
norma/desvio estão diretamente vinculados às taxas de informação
e redundância e de expectativas dos repertórios sociais, psíquicos,
comportamentais etc., institucionalmente disciplinados e legislados.
A recepção do "desvio", que vai do desapontamento à tomada de medidas de segurança social, poderá propiciar a oposição da força física,
cujo uso poderá receber o estatuto de aplicabilidade legítima.

Para observar com Luhmann,

19. *Interpretação e Ideologias*, p. 44.
20. *Sociologia do Direto I*, p. 58

A introdução de possibilidades de mudança exige a introdução de possibilidades de aprendizado no direito, e isso significa: a introdução de estruturas de expectativas cognitivas ou, em termos mais precisos, de estruturas de expectativas cognitivamente normatizadas, em uma complexão de expectativas que, em princípio, é normativa. Quando o direito é positivado, não só os que decidem têm que aprender a aprender. Muito mais o precisam os atingidos por essas decisões. [...]. Para os atingidos, ou para os demais terceiros, resulta daí uma situação de aprendizado complementar totalmente diferente, na qual a decisão é legitimada através da expectativa da aceitação. A legitimidade da legalidade é a integração desses dois processos de aprendizado. Ela torna-se instituição, na medida em que possa ser suposto o aprendizado nesse duplo sentido: que processos diferenciados de aprendizado regulem a decisão e a aceitação de decisões sobre expectativas normativas. A legitimidade da legalidade, portanto, não caracteriza o reconhecimento do caráter verdadeiro de pretensões vigentes, mas sim processos coordenados de aprendizado, no sentido de que os afetados pela decisão aprendem a esperar conforme as decisões normativamente vinculativas, porque aqueles que decidem, por seu lado, também podem aprender[21].

Luhmann estende o conceito de *autopoiesis* ao sistema jurídico, caracterizando-o como um subsistema funcional do sistema social, o qual deve ter, por objetivo, operar a complexidade do ambiente social, incorporando o trânsito entre o privado e o público, o individual e o coletivo, por meio da codificação de faixas de expectativas comportamentais estatuídas e instituídas (simbólicas).

O procedimento operatório do direito, a prática jurídica, constitui assim uma espécie de "imunização" de conflitos, sem abdicar destes, "assim como os sistemas vivos se imunizam das doenças com seus genes".

Para Luhmann há duas faixas de expectativas – cognitivas e normativas – mútuo-interferentes[22]. Ao interagirem, tais faixas são capazes de produzir atividades de auto-reflexidade e, por conseguinte, autoprodução, tratando-se, pois, o direito de um sistema autopoiético.

A compreensão e a aplicação do direito, nessa perspectiva, incluem o conhecimento de uma linguagem (o sistema jurídico), bem como de uma metalinguagem (o metassistema jurídico) capaz de observar aplicações, alcances, resultados etc., dessa linguagem, perfazendo ambos o *corpus* de um sistema autopoiético.

A noção de direito e a experiência jurídica – fato, valor e norma, para falarmos como Reale – configuram-se como sistemas de signos, perfazendo um conjunto de ciências do direito. Ao emergirem e estatuírem-se institucionalmente, operam a prática do cumprimento e/ou infração das leis, bem como a composição dos ordenamentos jurídicos.

A atualização jurídica dá-se através da *argumentação* jurídica (dever ser) ou na ruptura dessa *argumentação* (vir-a-ser) nas instâncias lógicas, técnicas, éticas. Teoria e prática do direito implicam

21. *Sociologia do Direto II*, p. 63.
22. Cf. *Sociologia do Direito* I, 220 e s.

CIÊNCIA, LÓGICA, LINGUAGEM   189

numa interssemiose para onde confluem, além da jurisprudência propriamente dita, faixas sígnicas e lingüísticas, sociológicas, psicológicas, comunicacionais, dentre outras. O seu processo de significação carreia as noções de justiça e legitimidade, liberdade e garantia, acusação e defesa, vítima e infrator.

Esse processo de significação estabelece-se sintática (o Direito como forma), semântica (o Direito como função) e pragmaticamente (o Direito como aplicação).

Assim, correlacionamos, com as devidas cautelas, a organização tridimensional de Reale à classificação triádica da experiência de Peirce, no seguinte diagrama:

Categoria da Experiência	Dimensão	Nível	Relação Signo/ Interpretante
Primeiridade	Fato	Sintático	Rema
Secundidade	Valor	Semântico	Discente
Terceiridade	Norma	Pragmático	Argumento

É importante observar que a abertura sintática, vale dizer autopoiética do direito, continuamente produz "irritações" no sistema normativo (fechamento pragmático), que busca impor-se hegemonicamente. Entre a experiência, produção e operação do direito, sobrevive a rede dialógica sobre a qual este se funda, fazendo desestabilizar isotopias, isomorfias, homologias, espelhamentos dos quais o conjunto normativo se alimenta para buscar fazer presidir a ordem jurídica estabelecida, a qual, sob o impacto do *interpretante*, pode produzir toda espécie de tensões, esgarçamentos, rupturas até a dimensão lógico-*argumentativa* da norma, ou da lei.

Este *interpretante* está sempre impregnado daquela perplexidade filosófica a qual Hannah Arendt chamou "agente", o qual, permeando discurso e ação, assinala uma certa intangibilidade entre o fluxo do subjetivo e do objetivo na circulação das relações humanas, que, embora real, impede o finalismo unívoco da lógica formal. Para observar com Arendt:

> Embora todos comecem a vida inserindo-se no mundo humano através do discurso e da ação, ninguém é autor ou criador da história de sua própria vida. Em outras palavras, as histórias, resultado da ação e do discurso, revelam um agente, mas esse agente não é autor nem produtor. Alguém a iniciou e dela é o sujeito, na dupla acepção da palavra, mas ninguém é seu autor.
>
> O fato de que toda vida individual, compreendida entre o nascimento e a morte, pode vir a ser narrada como uma história com princípio e fim, é a condição pré-política e pré-histórica da História, a grande história sem começo nem fim. Mas o motivo pelo

190 AUTOPOIESIS

qual toda vida humana constitui uma história e pelo qual a História vem a ser, posteriormente, o livro de histórias da humanidade, com muitos atores e narradores, mas sem autores tangíveis, é que ambas resultam da ação. Pois a grande incógnita da História, que vem desafiando a filosofia da História na era moderna, não surge somente quando consideramos a História como um todo e descobrimos que o seu sujeito, a humanidade, é uma abstração que jamais pode ser um agente ativo; essa mesma incógnita desafiou a filosofia política desde os seus primórdios, na antiguidade, e contribuiu para o desprezo que os filósofos em geral, desde Platão, sempre dedicaram à esfera dos negócios humanos. A perplexidade é que em qualquer série de eventos que, no conjunto, compõem uma história com significado único, podemos quando muito isolar o agente que imprimiu movimento ao processo; e embora esse agente seja muitas vezes o sujeito, o "herói" da história, nunca podemos apontá-lo inequivocamente como o autor do resultado final[23].

Não por acaso, para Arendt o discurso e a ação necessitam da circunvizinhança do outro, das relações que tendem a violar os limites e transpor as fronteiras, constituindo justamente esse movimento, a fragilidade das leis e instituições humanas:

As cercas que inscrevem a propriedade privada e protegem os limites de cada domicílio, as fronteiras territoriais que protegem e tornam possível a identidade física de um povo, e as leis que protegem e tornam possível sua existência política, têm enorme importância para a estabilidade dos negócios humanos, precisamente porque nenhum princípio limitador e protetor resulta das atividades que transcorrem na própria esfera dos negócios humanos. As limitações legais nunca são defesas absolutamente seguras contra a ação vinda de dentro do próprio corpo político, da mesma forma que as fronteiras territoriais jamais são defesas inteiramente seguras contra a ação vinda de fora. A ilimitação da ação nada mais é senão o outro lado de sua tremenda capacidade de estabelecer relações, isto é, de sua produtividade específica. É por isso que a antiga virtude da moderação, de se manter dentro de certos limites, é realmente uma das virtudes políticas por excelência, tal como a tentação política por excelência é a *hubris* (como os gregos, com sua grande experiência das potencialidades da ação, tão bem sabiam), e não a ambição de poder, como somos levados a acreditar.

Contudo, embora as várias limitações e fronteiras que encontramos em todo corpo político possam oferecer certa proteção contra a tendência, inerente à ação, de violar todos os limites, são totalmente impotentes para neutralizar-lhe a segunda característica relevante: sua inerente imprevisibilidade. Não se trata apenas da mera impossibilidade de se prever todas as conseqüências lógicas de determinado ato, pois se assim fosse um computador eletrônico poderia prever o futuro; a imprevisibilidade decorre diretamente da história que, como resultado da ação, se inicia e se estabelece assim que passa o instante fugaz do ato[24].

As relações entre subjetivação e objetivação emergem aqui sob os contornos de aguda problemática. Teias de microrrelações de força atuam simultaneamente sobre a produção das ciências e das ideologias, dos saberes e de suas práticas.

Nesse sentido, para Foucault, um conjunto de instrumentos, técnicas, procedimentos, aplicações e alvos são mobilizados na constituição de uma "física" ou de uma "anatomia" do poder[25], da qual casas

23. *A Condição Humana*, p. 197.
24. Idem, p. 204.
25. Cf. *Vigiar e Punir*.

CIÊNCIA, LÓGICA, LINGUAGEM   191

de correção, penitenciárias, casas de reeducação, hospitais, com seus esquemas escolares, militares, policiais, médicos, psiquiátricos constituem aparelhos de reprodução estatal, ainda que não exclusivamente.

No limite, as formas experienciais que estão na base das ciências do direito, ao serem incorporadas às práticas políticas, podem inserir-se numa tentativa de integral codificação e legislação da intimidade, como observou Luhman.

AS CIÊNCIAS DA MEDICINA E A LIÇÃO DOS ÍNDICES

O corpo humano constitui uma pluralidade de mensagens biofisico-químicas, neuromotoras, somáticas, psíquicas, espirituais. Objeto de estudo da semiologia médica, com seus órgãos, propriedades e funções, organizados em sistemas (respiratórios, circulatórios, nutricionais), ele é o *locus* da latência e manifestação do processo saúde-doença, veículo único cujo funcionamento perfaz plena passagem da biosfera à noosfera.

Arquitexto da espécie, o corpo humano pode desencadear as potências da hereditariedade, como arquitexto da cultura pode desencadear as potências do signo; materialidade sensível, traz algo da opacidade da argila e da transparência de energias sutis.

Morada epistemológica, cujo *phaneron* faz e refaz os *grafos* do prazer e da dor, acionando permanentemente a memória profunda ou superficial, o corpo sente, pensa, comunica, age, constituindo a confluência codificadora da vida. O corpo humano é também capaz de interferir em processos codificadores vitais de outros corpos. Ele configura a vida em sentido amplo, dos pés à linguagem.

Anamnesis é o vocábulo grego que significa recordação, lembrança, o qual designa o processo de informação e comunicação dos sinais e sintomas (síndromes), na evolução de uma doença até o início da observação e diagnóstico médicos. O processo de *anamnesis* faz comunicar as faixas físicas e noológicas que, em mútuos entrechoques e ressonâncias, registram um desconforto, ou sofrimento para o corpo.

Ruídos nos processos vitais (doenças), reiterações ou fixações mentais (neuroses), rupturas psíquicas (psicoses) impõem uma cuidadosa identificação e *leitura* dos *índices* que, conscientes e/ou inconscientes, impregnam os relatos da *anamnesis*.

O corpo constitui, pois, a memória viva de sua própria experiência; o espaço-lugar onde o *grafo* tem origem e aí permanece à espreita, nas dobras de uma *escritura* viva cuja atualização ao toque físico, psíquico ou espiritual – sempre um acionar da(s) memória(s) – instaura os fluxos de qualidades, cujas ordem e desordem vão da célula ao signo.

Ao indicar ao médico uma área afetada de seu corpo, com os dedos ou as mãos, sobre a aparente emissão de uma dor ou transtorno, o paciente fornece o *índice* inicial de superfície, através do qual o médico rastreará um percurso, mais ou menos longo, de encadeamento de *índices*.

O diagnóstico parte de signos icônicos e verbais manifestos e, com a observação progressiva e/ou amplificada por técnicas e/ou aparelhos apropriados, contempla ampla *leitura* (nem sempre conclusiva) de processos físicos, somáticos, psíquicos. Tais processos e instrumentos se assentam sobre intercambiáveis eixos icônicos e verbais. O prognóstico dependerá da acuidade e precisão daquela *leitura*, que poderá ou não confirmá-lo.

A prescrição terapêutica, por sua vez, constituirá na adoção de procedimentos (medicamentosos, cirúrgicos, fisioterapêuticos, psicológicos etc.) capazes de dissolver (o objetivo é que seja uma dissolução permanente) os fluxos de qualidades (e suas origens) geradores de afecções. Estudos de coorte, de epidemiologia, em geral, sistematizam amplamente tais fluxos, para identificar meios e modos de transmissão de doenças, *índices* de incidência, prevalência, permanência, morbidade, mortalidade etc.

Isto é suficiente para evidenciar que a ciência médica é também, e, fundamentalmente, ciência da observação e da interpretação, o que significa reconhecer e valorar sinais e sintomas, conjuntos de signos estruturados em mensagens que promanam do corpo humano.

A tarefa médico-clínica se complexifica à medida que se depara com o fato de que este corpo é a sede do sujeito, cujos enunciado e desenvolvimento mórbido estão eivados de história pessoal, no que ela tem de ontogênese e noogênese. Entre a luz e a sombra, o consciente e o inconsciente do sujeito que enuncia ou sofre, o médico deverá ser o leitor dos *índices* passíveis de diagnóstico e confirmação, encontrando, nos ruídos de fundo da comunicação, outros *índices* capazes de validar ou invalidar hipóteses. As mensagens do processo saúde-doença são, pois, sempre complexas.

A medicina ocidental (mais digital e alopática) e a medicina oriental (mais analógica e homeopática) operam diferentemente a interpretação dessas mensagens, centrando a primeira na interrupção de manifestações físicas de processos mórbidos e esforçando-se, a segunda, para compreender os processos psico-espirituais que estariam na base daqueles.

A Organização Mundial da Saúde (OMS) define a saúde como "um completo estado de bem estar físico, mental e social, e não apenas ausência de doenças"[26], o que parece dificultar a identificação de indivíduos não-sintomáticos.

De todo modo, entre o desaparecimento e a recidiva de processos mórbidos, o que está em jogo são as freqüências, intensidades, integrações, catalizações, filtragens dos fluxos de qualidade, que con-

26. A. Philippi Jr. (org.), *Saneamento do Meio*, p. 3.

CIÊNCIA, LÓGICA, LINGUAGEM 193

figuram a relação saúde-doença e a comunicam sob o modo de seus *índices*. Funções orgânicas e seus respectivos desempenhos são comunicados sob a forma de funções fáticas de linguagens; assim as comunicações de causalidades orgânicas são também as comunicações de causalidades outras, que podem estar em correlação com a permanência de padrões e/ou com a irrupção de ruídos funcionais, responsáveis pelo bem-estar ou pelo campo formativo das doenças e de suas representações.

A doença se expressa, pois, pelas relações entre o ser humano que a manifesta, através de suas representações incluindo-se nestas, não apenas descrições, mas também *gaps*, intervalos, suspensões, cancelamentos etc. Isto significa que sujeito, doença e representação estão interligados e que a questão relativa às normalidades ou patologias – decorrentes de constantes bioquímicas, genéticas, fisiológicas, com suas expressões estatísticas – pode incluir dimensões fenomênicas de várias ordens, dentre outras, culturais, psíquicas, espirituais, enormemente complexas.

O processo de significação da doença, na história pessoal e social, expressar-se-á como linguagem, cujas camadas incluem a presença de "agentes patogênicos" e "agentes noogênicos", que confluem para a caracterização do processo saúde-doença.

Interessa destacar aqui a importância dos *índices* no processo de enunciação/comunicação médico-paciente; processo para o qual convergem tentativas de explicitação verbal, postural, fisionômica, cujo sucesso ou insucesso fático pode intensificar alívios ou ansiedades, disposições ou indisposições (até mesmo familiares ou institucionais), qualificações ou desqualificações de sofrimentos, manifestos ou latentes.

A percepção do corpo e suas representações devem, desse modo, estar na base dos diagnósticos e condutas terapêuticas, pois integram a lógica comunicacional das doenças. Este corpo-sígnico, para aquém ou além do espelho, continua a indiciar o *locus* de toda origem.

Na lição da clínica, por vezes, tornar-se-á necessário resgatar esse corpo (reconhecê-lo), por meio das marcas de sua passagem pelo espaço e tempo onde ele se faz, expressa e comunica, onde ele é, terá sido, será...

Observemos como os desdobramentos da clínica, dissolvendo-se por entre aquelas marcas, adquirem fundamental importância para a saúde pública.

A saúde pública, cuja história, no Ocidente, remonta ao mundo greco-romano, constitui "a ciência e a arte de promover, proteger e recuperar a saúde, através de medidas de alcance coletivo e de motivação da população"[27]. Tendo por funções principais educar e prevenir,

27. Idem, ibidem.

a saúde pública tem como colaboradores a medicina preventiva e social e o saneamento do meio.

Desse modo, o conjunto de atividades da saúde pública, incluindo a observação, a investigação, a adoção de procedimentos coletivos, descreve um percurso ambiental que abrange conhecimentos e estudos relativos aos agentes causadores de doenças e suas implicações sobre o meio ambiente, tais como agentes biológicos (micróbios, vermes, bactérias, vírus) transportados por veículos animados (moscas, mosquitos etc.) ou "inanimados" (ar, água, objetos, roupas etc.); agentes químicos (contaminantes do ar, da água, do solo, dos alimentos etc.); agentes físicos (calor, frio, eletricidade, radioatividade etc.). Tal percurso pode revelar agudos problemas quando em contextos de pobreza, analfabetismo, miséria, habitações inadequadas, hábitos tóxicos, estresse etc., podendo caracterizar endemias, epidemias, pandemias.

A saúde pública engloba, assim, teorias e práticas médicas e ambientais. As primeiras concernem ao bem-estar físico, psíquico, espiritual do homem; as segundas à organização de seu meio ambiente o qual inclui pelo menos os sistemas de abastecimento de água, esgotos sanitários, drenagem natural e artificial, limpeza pública, controle de alimentos, controle de poluição (ar, água, solo, resíduos, ruídos). Ambas encontram-se entrelaçadas em amplos e complexos sistemas espácio-ambientais. A mútua-interferência de umas sobre as outras constitui, exatamente, o plano de uma linguagem múltipla, na qual elementos naturais e artificiais, atuações antrópicas, aparecem imbricados na expressão e comunicação de uma rede noológica, cujas faixas de realidade e representação aparecem em estado de mistura, integração, choque etc. e onde o processo saúde-doença desenvolve-se, simultaneamente, como processo sígnico (notadamente *indicial*).

Dentre os recursos naturais de fundamental importância para a saúde pública destaca-se a água.

A água constitui líquido incolor – cuja composição molecular integra dois átomos de hidrogênio e um átomo de oxigênio – essencial à vida na qual se encontram inúmeras substâncias dissolvidas. É o melhor solvente que se conhece e cuja pureza – conceito-limite – é de difícil consecução. Variando em quantidade e qualidade, tal líquido compõe oceanos e mares, rios e lagos, lençóis subterrâneos, vapor de atmosfera, gelo, apresentando grande mobilidade em passar de um a outro manancial, ou estado físico. Esse movimento permanente (denominado ciclo hidrológico) inclui evaporação, precipitação, escoamento superficial, infiltração.

Conforme o Departamento de Saúde Ambiental da Universidade de São Paulo, "dos muitos usos que a água pode ter, alguns estão muito intimamente relacionados com a saúde humana"[28]:

28. Idem, p. 10.

CIÊNCIA, LÓGICA, LINGUAGEM   195

a. água ingerida na dieta;

b. água utilizada no asseio corporal ou a que, por razões profissionais ou outras quaisquer, venha a ter contato direto com a pele ou mucosas do corpo humano, exemplo: trabalhadores agrícolas em cultura por inundações, lavadeiras, atividades recreativas (lagos, piscinas etc.);

c. água empregada na manutenção da higiene do ambiente e, em especial, dos locais, instalações e utensílios usados no manuseio, preparo e apresentação de alimentos (domicílio, restaurantes, bares etc.);

d. água utilizada na rega de hortaliças ou nos criadores de moluscos – ostras, mariscos e mexilhões.

Em a e b há contato direto entre a água e o organismo humano; em c e d há, principalmente contato indireto. Segundo a OMS, aproximadamente um quarto dos leitos existentes em todos os hospitais do mundo estão ocupados por enfermos, cujas doenças são ocasionadas pela água.

As doenças relacionadas com a água podem ser causadas por agentes microbianos (doenças de caráter infeccioso ou parasitário) ou por agentes químicos (doenças de caráter tóxico, advindas de poluentes naturais ou artificiais). O estudo dessas doenças hoje inclui o estudo de uma extensa rede de signos *indiciais* relativos à água, que incluem *índices* de qualidade para uso doméstico e de padrões de potabilidade. Tais *índices* podem ser evidenciados através de exames físicos (temperatura, turbidez, cor, odor, sabor); químicos (determinação de substâncias orgânicas ou inorgânicas potencialmente perigosas); bacteriológicas (micro-organismos patogênicos); hidrobiológicos (micro-organismos potencialmente causadores de distúrbios nos sistemas de abastecimento); inspeção sanitária (pesquisas de campo).

Detenhamo-nos, agora, no percurso empreendido pelo médico inglês John Snow, em meados do século XIX, na identificação do modo de transmissão do cólera que inclui: observação dos *índices* a que acabamos de nos referir; a caracterização de uma doença e o respectivo desenvolvimento de hipóteses explicativas; a construção de um *diagrama* relativo à doença (envolvendo *tipos* e *ocorrências*); comprovações e sua expressão médico-*argumentativa*.

O estudo de Snow teve como contexto a cidade de Londres, no ano de 1854, em Broad Street, Golden Square e arredores, e a respectiva rede de abastecimento de água daquela área urbana.

Naquele contexto apresentava-se, então, grave surto de cólera comprovado pelo método formulado por Snow. O mérito da pesquisa do médico recaiu sobretudo na descoberta efetiva do modo de transmissão do cólera pela água, bem como a relação da doença com a contaminação fecal e, ainda, o caráter epidêmico de seu desenvolvimento.

As observações preliminares de John Snow foram acompanhadas de meticuloso e exaustivo trabalho de (re-)conhecimento, *leitura* e interpretação de signos em diversas faixas de comunicação: do corpo humano, sob perturbação, às suas relações socioculturais e sua inserção ambiental. Tal *leitura* permitiu-lhe sistematizar dados e construir um método capaz de propiciar o acompanhamento de fatos, situações e contextos e de formular hipóteses explicativas daí decorrentes.

A rede de causalidade assim desenhada – de início rarefeita e fugidia – permitiu a plena *leitura* de signos *indiciais* eliminando, gradativamente, os ruídos de comunicação do processo saúde-doença e fixando, inequivocamente, os *símbolos* capazes de, articulados, perfazerem a função referencial de linguagem capaz de caracterizar plenamente o cólera em suas manifestações invariantes e seu modo de transmissão.

O interessantíssimo estudo e descrição de Snow pode ser sintetizado em três grandes etapas de informação, conforme descrevemos a seguir.

História Natural da Doença

Nesta etapa, Snow levantou as informações disponíveis até então sobre o cólera, buscando evidenciar a presença da doença na atualidade (1854), como se pode observar no capítulo inicial de seu trabalho, cujos parágrafos iniciais aqui transcrevemos:

A existência do Cólera Asiático não pode ser reportada com exatidão a uma época anterior ao ano de 1769. Antes, a maior parte da Índia era desconhecida pelos médicos europeus; é esta, provavelmente, a razão pela qual sua história não se estende até um período mais remoto. Vários documentos citados pelo dr. Scot provaram que o cólera grassava em Madrasta no ano acima mencionado e que exterminou muitos milhares de pessoas na península indiana, daquela época até 1790. Desde aquele período, e até 1814, existem poucas referências à doença, embora, obviamente, ela pudesse existir em muitas partes da Ásia sem ser notada por europeus.

Em junho de 1814, o cólera irrompeu com grande violência no primeiro batalhão do Nono Regimento de Infantaria Nativa, em sua marcha de Jaulnah a Trichinopoly. Entretanto, um outro batalhão, que o acompanhava, não foi atingido, embora tivesse sido exposto a exatamente as mesmas circunstâncias, com uma exceção. O doutor Cruikshanks, que tratou dos casos, fez um relatório o qual posteriormente será citado.

Em 1817, o cólera alastrou-se com virulência excepcional por vários locais no delta do Ganges. Os médicos que clinicavam naquela parte da Índia julgaram que fosse uma nova enfermidade, pois nunca tinham observado um caso de cólera. Nessa época, começou a se espalhar com uma impetuosidade nunca antes vista e, no decurso de sete anos, alcançou, a leste, a China e as ilhas Filipinas; ao sul, as ilhas Maurício e Bourbon e, a noroeste, chegou a atingir a Pérsia e a Turquia. A sua aproximação de nosso país, após ter penetrado na Europa, foi observada com maior ansiedade que o seu avanço em outras direções. Gastaríamos muito tempo para descrever o avanço do cólera sobre diferentes regiões do mundo, avanço esse que causou devastações em alguns locais, embora passasse superficialmente sobre outros, ou os deixasse incólumes. Além disso, essa narrativa seria de pouca utilidade se não pudesse ser acompanhada de uma descrição, que eu sou incapaz de fazer, das condições físicas dos locais, bem como dos hábitos do povo.

CIÊNCIA, LÓGICA, LINGUAGEM 197

No entanto, há certas circunstâncias ligadas ao avanço do cólera que podem ser estabelecidas de um modo geral. Ele se move ao longo das grandes trilhas de convivência humana, nunca mais rápido que o caminhar do povo, e, via de regra, mais lentamente. Ao se propagar a uma ilha ou continente ainda não atingidos, surge sempre primeiramente num porto marítimo. Jamais ataca as tripulações de navios que vão de um país livre de cólera para outro onde ela se está desenvolvendo, até que eles tenham entrado num porto, ou que tenham tido contato com o litoral. O seu avanço preciso de cidade para cidade nem sempre pode ser seguido; contudo, o cólera jamais apareceu, exceto onde tenha havido abundantes oportunidades para que fosse transmitido por convívio humano[29].

Observação, Seleção de Índices, Formulação de Hipóteses

Nesta etapa, Snow observou diversas *ocorrências* da doença, sob circunstâncias diferentes, recolhendo dessas circunstâncias signos *indiciais*, acompanhando a evolução desses signos, buscando encontrar-lhes nexos relacionais e, finalmente, formulando hipóteses explicativas, como podemos observar nos fragmentos que, a seguir, transcrevemos:

Ultimamente, tenho-me dedicado a investigar a morte, devida ao cólera, da Sra. Gore, esposa de um lavrador de New Leigham Road, em Streetham. Descobri que um filho da falecida morava e trabalhava em Chelsea e viera para casa adoentado, com moléstia intestinal, da qual morreu um ou dois dias depois. O seu falecimento ocorreu a 18 de agosto. Sua mãe, que o havia tratado, adoeceu no outro dia e morreu no dia seguinte (20 de agosto). Até 26 de agosto não foram registradas outras mortes devidas ao cólera em quaisquer dos distritos municipais, num raio de duas ou três milhas da localidade acima; a mais próxima verificou-se em Brixton, Norwood, ou Lower Tooting.

O primeiro caso indiscutível de cólera asiática ocorrido em Londres no outono de 1848, foi o de um marinheiro, chamado John Harnold, que havia recentemente chegado de Hamburgo, onde a doença estava grassando no vapor *Elbe*. Desembarcando no navio, foi morar no número 8, New Lane, em Gainsford Street, Horsleydown. A 22 de setembro foi acometido de cólera, morrendo poucas horas depois. O Dr. Parkes, que, a serviço da então Junta de Saúde, realizou uma pesquisa sobre as ocorrências iniciais de cólera, considerou esse como o primeiro caso incontestável da moléstia.

O caso seguinte de cólera em Londres verificou-se no mesmo quarto em que o paciente acima expirou. Um homem, chamado Blenkinsopp, veio nele hospedar-se. A 30 de setembro, foi atacado de cólera, sendo tratado pelo Sr. Russell, de Thornton Street, em Horsleydown, que havia tratado de John Harnold. O Sr. Russell relatou-me que, no caso de Blenkinsopp, verificaram-se evacuações de água de arroz e, dentre outros sintomas indiscutíveis de cólera, completa supressão de urina, de sábado até terça-feira de manhã. Depois disso, o paciente teve febre ininterrupta. O Sr. Russell, que em 1832 havia presenciado muitas ocorrências de cólera, considerou esse um caso legítimo da doença; além disso, o seu relato não dá lugar à dúvida[30].

....

29. *Sobre a Maneira de Transmissão do Cólera*, p. 69-70.
30. Idem, p. 71.

198 AUTOPOIESIS

Seria fácil, consultando periódicos médicos e trabalhos publicados sobre cólera, citar casos semelhantes aos acima em quantidade suficiente para encher uma obra volumosa. Entretanto, os exemplos acima são mais que suficientes para demonstrar que o cólera pode ser transmitido de pessoas enfermas a pessoas sãs, pois é praticamente impossível que mesmo um décimo de tais casos de enfermidades consecutivas pudessem ocorrer, uns atrás dos outros, por simples coincidências, sem estarem ligados por causa e efeito.

Além dos fatos acima mencionados, que provam ser o cólera transmitido de pessoa a pessoa, outros há que demonstram, primeiro, que estar presente no mesmo quarto com o paciente, e dele cuidando, não faz com que a pessoa seja exposta, obrigatoriamente, ao veneno mórbido; e, segundo, que nem sempre é necessário que uma pessoa esteja muito próxima de um paciente com cólera para adquirir a doença, pois o agente mórbido que a causa pode ser transmitido até uma certa distância. Geralmente supunha-se que se o cólera fosse uma doença contagiosa, tinha que se espalhar por meio de eflúvio lançado no ar circunvizinho pelo paciente e introduzido, por inalação, nos pulmões dos presentes. Esta hipótese levou a opiniões antagônicas a respeito da doença. Alguma reflexão, entretanto, mostra que não temos o direito de limitar assim a maneira pela qual a doença pode ser propagada, pois as doenças contagiosas de que temos conhecimento perfeito espalham-se de muitos modos diferentes. A sarna, e certas outras doenças de pele, transmitem-se de uma maneira; sífilis, de outra e vermes intestinais de uma terceira, bem diferente das outras duas.

A observação da patologia do cólera é capaz de nos indicar o modo pelo qual a enfermidade é transmitida. Se fosse introduzida por meio de febre, ou qualquer outra desordem constitucional de aspecto geral, não nos seria fornecido qualquer indício da maneira pela qual o veneno mórbido penetra no organismo, isto é, se, por exemplo, pelo canal alimentar, pelos pulmões ou de outra maneira. O que ocorreria, pelo contrário, é que não nos seria dada outra alternativa senão a de solucionar essa questão por intermédio de circunstâncias não ligadas à patologia da doença[31].

....

Visto que o cólera começa com uma afecção do canal alimentar e que, como já verificamos, o sangue não está sob a influência de qualquer veneno nos estágios iniciais da doença, somos levados a concluir que o agente mórbido causador do cólera deve ser introduzido no canal alimentar, deve, melhor dizendo, ser engolido acidentalmente, pois ninguém o engoliria intencionalmente; além disso, a proliferação de material mórbido, ou veneno do cólera, deve ocorrer no interior do estômago e intestinos. É razoável supor que o veneno do cólera, quando reproduzido em quantidade suficiente, aja sobre a superfície do estômago e intestinos como um irritante ou, o que é mais provável, absorva o líquido do sangue que circula nos capilares, por ação análoga àquela pela qual as células epiteliais dos vários órgãos separam as diferentes secreções do corpo sadio, pois, se a matéria mórbida do cólera possui a propriedade de reproduzir-se, deve necessariamente ter alguma espécie de estrutura interna, com maior probabilidade a de uma célula. Não constitui objeção a esta hipótese o fato de que a estrutura do veneno do cólera não possa ser observada com auxílio de microscópio, pois os agentes da varíola e do câncer só o podem ser por seus efeitos e não por suas propriedades físicas.

O período que vai do momento em que o veneno mórbido penetra no organismo ao início da enfermidade que se segue, é chamado período de incubação. Tal período é, na verdade, no que tange à matéria mórbida, um período de reprodução e a doença é devida à progênie resultante de introdução de uma pequena quantidade de veneno. No cólera, esse período de incubação ou reprodução é muito mais curto que na maioria das outras doenças epidêmicas ou contagiosas. Pelos casos já citados, verificamos ser,

31. Idem, p. 76-77.

CIÊNCIA, LÓGICA, LINGUAGEM   199

em geral, de vinte e quatro a quarenta e oito horas. É em virtude dessa brevidade do período de incubação e da quantidade de veneno mórbido expelido nas evacuações, que o cólera algumas vezes se espalha com uma rapidez não encontrada em outras enfermidades.

A maneira de transmissão do cólera poderia ser a mesma que é, ainda que fosse um doença do sangue, pois existem provas bastantes que demonstram que a peste bubônica, a febre tifóide e a febre amarela, enfermidades em que o sangue é atingido, são transmitidas da mesma maneira que o cólera. Há também evidência suficiente nas páginas seguintes, creio eu, para comprovar, independentemente da patologia do cólera, a maneira aqui explicada da transmissão dessa doença. Entretanto, foi por intermédio do estudo da patologia do cólera que sua maneira de transmissão foi inicialmente explicada; além disso, se as hipóteses aqui aventadas estiverem corretas, terá sido ele que tornou possível, antes de decorridos vinte anos desde o aparecimento do cólera na Europa, um conhecimento sobre ele mais profundo do que sobre a maioria das epidemias de outrora, um conhecimento que, de fato, promete esclarecer em grande parte a maneira de transmissão de várias das doenças que nos têm acompanhado por séculos.

As situações em que são engolidas quantidades mínimas de ejeções e dejeções de pacientes com cólera ocorrem em número suficiente para explicar a propagação da doença; além disso, ao se proceder a uma pesquisa, constata-se que ela se propaga com maior impetuosidade onde as facilidades para esse modo de transmissão são mais numerosas. Verificou-se que nada favorece mais a propagação do cólera que a ausência de asseio pessoal, seja proveniente de hábitos ou de escassez de água; entretanto, essa circunstância até recentemente permaneceu sem explicação. A roupa de cama quase sempre fica molhada devido às evacuações de cólera e, sendo estas destituídas da cor e do odor habituais, as mãos das pessoas que estão tratando dos pacientes ficam sujas sem que elas o notem. Como conseqüência, a menos que tais pessoas sejam extremamente limpas em seus hábitos e lavem as mãos antes de comer, é inevitável que acidentalmente engulam um pouco de excreção e depositem alguma no alimento em que tocam ou preparam, alimento esse que é comido pelo resto da família, a qual, em se tratando da classe trabalhadora, freqüentemente é obrigada a fazer as refeições no quarto do doente. Dessa maneira se explicam as milhares de instâncias em que, nessa classe de população, o caso de cólera de um membro da família é acompanhado de outros, enquanto médicos e outras pessoas, que simplesmente visitam o paciente, em geral escapam. O exame *post mortem* dos corpos dos pacientes com cólera muito raramente é seguido da enfermidade, pois estou ciente de que tal serviço é necessariamente acompanhado de uma lavagem cuidadosa das mãos e de que os médicos não costumam ingerir alimentos em tais ocasiões. Por outro lado, os serviços realizados em torno do cadáver, tais como deitá-lo, se realizado por mulheres da classe trabalhadora, que aproveitam a ocasião para comer e beber, são amiúde seguidos de ataques de cólera; o mesmo ocorre com pessoas que simplesmente assistem ao funeral, não tendo nenhum contato com o cadáver, provavelmente em conseqüência do compartilhamento de alimento preparado ou tocado por pessoas que trabalham em torno do paciente colérico, ou que cuidam de sua roupa branca e pertences de cama.

A deficiência de iluminação é um grande obstáculo à limpeza, pois impede que a sujeira seja vista, e deve em muito auxiliar a contaminação de alimentos com evacuações de cólera. Ora, a ausência de iluminação em algumas das habitações de pessoas de poucos recursos, em grandes cidades, é uma das circunstâncias que freqüentemente se cita entre as que aumentam o desenvolvimento do cólera[32].

32. Idem, p. 82-84.

200 AUTOPOIESIS

Caracterização e Descrição da Doença
e seu Modo de Transmissão

Nesta etapa, Snow acompanhando a evolução das hipóteses que havia formulado, através da confirmação ou descarte de signos *indiciais*, conseguiu caracterizar integralmente a doença, em todas as suas manifestações, e o seu modo de transmissão, como podemos observar nos fragmentos aqui transcritos:

A dispersão das fezes na maioria dos casos sérios de cólera deve igualmente favorecer a sua propagação. O Sr. Baker, de Staines, que em 1849 tratou de duzentos e sessenta casos de cólera e de diarréia, ocorridos principalmente entre necessitados, informou-me, em carta de dezembro deste mesmo ano, em que "quando os pacientes involuntariamente espalhavam suas fezes, a doença evidentemente se difundia". Verificou-se que é entre os que têm poucos recursos, onde uma família inteira mora, dorme, cozinha, come e se lava num só aposento, que, quando introduzido, o cólera se espalha e, com maior violência ainda, nos locais chamados hospedarias comuns, nos quais várias famílias se amontoam num só aposento. Foi entre a classe desocupada, que vive nesse estado de aglomeração, que o cólera se mostrou mais mortífero em 1832; entretanto, o ato do Parlamento provendo a regulamentação das hospedarias comuns, fez com que, nas últimas epidemias, a doença fosse muito menos fatal entre tais pessoas. Quando por outro lado, o cólera é introduzido em residência de melhor qualidade, como freqüentemente o é, de maneira a ser posteriormente salientada, raramente passa de um membro da família para outro. A causa disso é o uso constante de bacia para mãos e toalha, e o fato de que os aposentos onde se cozinha e se fazem as refeições são outros que não o quarto do doente.

A grande virulência do cólera, sempre que consegue penetrar em instituições para crianças ou alienados, de poucos recursos, é satisfatoriamente explicada pelos princípios já estabelecidos. No asilo para crianças pobres em Tooting, ocorreram cento e quarenta mortes entre mil internos e a enfermidade não se extinguiu até que se removessem as crianças restantes. Duas ou três crianças dormiam numa mesma cama, e vomitavam umas sobre as outras quando estavam com cólera. Sob tais circunstâncias, e quando se tem presente que as crianças põem as mãos em tudo e constantemente levam os dedos à boca, não constitui surpresa o fato de que a doença se tenha espalhado de tal maneira[33].

....

Se o cólera não tivesse outras maneiras de transmissão além das já citadas, seria obrigado a se restringir às habitações aglomeradas das pessoas de poucos recursos e estaria continuamente sujeito à extinção num dado local, devido à ausência de oportunidades para alcançar vítimas não atingidas. Entretanto, freqüentemente existe uma maneira que lhe permite não só se propagar por uma maior extensão, mas também alcançar as classes mais favorecidas da comunidade. Refiro-me à mistura de evacuações de cólera com a água usada para beber e para fins culinários, seja filtrando-se pelo solo e alcançando poços, seja sendo despejada, por canais e esgotos, em rios que, algumas vezes, abastecem de água cidades inteiras[34].

Após a confirmação do tipo de patologia (o cólera), através de seus padrões (*legissignos*), o estudo de Snow se fez acompanhar de minucioso mapeamento (por meio de *grafos: tons, tipos, ocorrências*) de incidências de casos de cólera nos quais à doença seguia-se rápido óbito.

33. Idem, p. 85.
34. Idem, p. 89.

A *leitura* atenta deste mapeamento permitiu que o pesquisador relacionasse a doença à água utilizada pela população, naquela região particular de Londres.

Snow relacionou, desse modo, o desenvolvimento dos *grafos* através do seu percurso (algoritmos) no espaço e no tempo. Assim, ele conseguiu correlacionar fonte e contágio, bem como verificar a incidência do *grafo* na história, e em circunstâncias como geografia, hábitos, costumes, ambientes etc. Tais evidências coincidiram com a presença de altíssimo número de pacientes coléricos (naqueles espaço, tempo, circunstâncias).

Em síntese, Snow descobriu que a água bombeada para o reservatório de abastecimento da região de Broad Street havia sido contaminada por meio de um poço que, por sua vez, fora contaminado pelas águas de lavagem de roupas de uma criança com a doença.

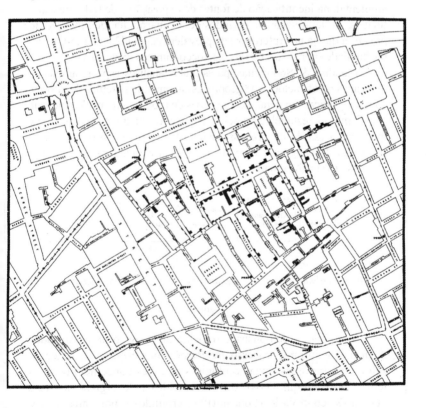

Figura 3: *Mortes por cólera em Broad Street, Golden Square, e em seus arredores, de 19 de agosto a 30 de setembro de 1854. A marca ou a barra em negrito para cada morte assinala a localização da casa onde ocorreu um caso fatal. A posição da bomba de água de Broad Street também é indicada, assim como todas as outras imediações, às quais o público teve acesso. Fonte: J. Snow,* Sobre a Maneira de Transmissão do Cólera.

O texto de Snow apresenta plena continuidade na descrição de casos, encadeamentos de circunstâncias e nexos, evidências de relações causais, e, sobretudo, de procedimentos de observação, formulação de hipóteses, coleta de dados e comprovações, bem como apresenta a plena constituição de um método.

A descoberta de John Snow – a maneira de transmissão do cólera – e seu precioso relato evidenciam a produção de um pensamento marcadamente *abdutivo* para a elaboração de *índices*, cujos movimentos posteriores de *indução* e, finalmente, *dedução*, foram capazes de estabelecer uma descoberta – fazer avançar decisivamente o conhecimento do fenômeno "cólera" – bem como erigir conceitos que constituem hoje ferramentas cotidianas da epidemiologia, tais como: "livre observação" ou "quase observação" na percepção do processo saúde-doença, na *leitura* espaciotemporal desse processo, na sua contextualização ambiental, na identificação de fontes de exposição e de redes de causalidades, na delimitação de períodos de incubação, na identificação dos *índices* a que já nos referimos, de prevalência, incidência, morbidade e mortalidade (por faixas etárias, socioeconômicas, gêneros etc.).

A análise de Snow antecipa as atuais análises espácio-ambientais realizadas pelos métodos de geoprocessamento, de sistemas de informações geográficas em geral, de operações de monitoramentos ambientais.

O método estabelecido pelo pesquisador ilustra, com clareza inequívoca, o estudo do processo saúde-doença como processo de informação, linguagem e comunicação, cuja caracterização semiótica pode assim ser formulada:

Figura 4

Como bem o demonstra o trabalho de Snow, o processo saúde-doença constitui um processo *escritural*, cujos *grafos* – adormecidos sob o equilíbrio das faixas ecológicas que lhes concernem (ecossistemas biofísico-químicos), ou obscurecidos pelo *argumento* social que supõe controlá-lo (Foucault)[35] –, erigindo-se por entre o fluxo vida/morte, cuja percepção e *leitura* partem do corpo humano, evidenciam-se por meio dos *índices* de transbordamento (extensões, amplificações, contaminações enfim) espácio-ambientais e noológicos que os

---

35. Cf. *Vigiar e Punir.*

CIÊNCIA, LÓGICA, LINGUAGEM 203

envolvem, para voltarem ao corpo de origem. Tal percurso desenvol-ve-se por meio de anéis de correlação, cuja decapagem revela sempre um anel anterior com as propriedades, estruturas e funções do con-junto, isto é, revela uma *autopoiesis*.

No caso de Snow, o corpo de origem desdobra-se na *escritura* de edifícios, ruas, cidade, sistemas operacionais edilícios e urbanos, ambientes enfim, e seus respectivos metabolismos. Através de uma *leitura* de similaridades retorna-se a este corpo, pela água que o con-tamina e o faz adoecer.

A bomba d'água que alimenta o bombeamento da vida (urbana), como a fita Möebius, passa da saúde à doença. O processo, ao ser desvendado, torna-se igualmente um processo onde ciência, lógica e linguagem, integrando-se mutuamente, revelam um conhecimento que, apesar de parecer, inicialmente, impreciso, ilumina, aos poucos, a sombra da qual provém e a qual retorna para, emergindo entre o sinal e o *grafo*, refazer o circuito e, pela percepção e ação pragmática, modificá-lo.

AS CIÊNCIAS DA EDUCAÇÃO
E A EMERGÊNCIA DOS QUALISSIGNOS

As teorias e as práticas relativas à educação organizam-se como ciência, em termos modernos, sob a influência do pensamento de Rousseau, a partir do século XIX, sob o impacto da revolução burguesa e a conso-lidação do capitalismo industrial.

O século XX produziu importantes correntes de pensamento bus-cando circunscrever esta ciência em um *corpus*, contaminando-o, porém, quase sempre por traços ideológicos, de modo mais ou me-nos pronunciado (marxistas, pragmatistas, cientificistas): Vigótski, Freinet, Dewey, Piaget, Montessori.

Tal ciência, ao consolidar-se, faz evidenciar a correlação da edu-cação com pelo menos três grandes eixos de estudos e práticas: pro-cessos cognitivos, epistemológicos, histórico-culturais.

Estes eixos impõem-se como campo de investigação permeado pelas relações e imbricações entre desenvolvimento e aprendizagem percepto-cognitiva, imprimindo relevo especial à aquisição primária da linguagem, à psicopedagogia e suas implicações sensório-motoras, ce-rebrais, intelectuais, afetivas e aos fatores socioeconômico-culturais.

Descrevendo pois, uma configuração transdisciplinar, tal campo transborda as fronteiras semióticas entre educação, lingüística, psico-logia, filosofia, sociologia, antropologia, fisiologia, comunicação etc.

Além disso, há algo muito especial e diferente no contexto con-temporâneo da educação: as mídias e a indústria cultural; as revo-luções comportamentais; a moda; o desenvolvimento da cibernética, automações, computadores e veículos audiovisuais; o desenvolvimento da consciência ecológica.

As novas tecnologias e os programas de educação a distância modificam os sistemas formais de educação presencial e caminham confirmando e regularizando as expansões de códigos e linguagens. Em suma, elas produzem informação e transformam repertórios e seres humanos e, com isso, os métodos de ensino e aprendizagem.

De fato, as formulações teórico-práticas, relativas à educação contemporânea, encontram, no desenvolvimento dos estudos relativos à cognição e à informação, em âmbito biológico e cultural, vórtices de confluência paradigmática cujo enfrentamento parece inadiável. A lógica de linguagem que corporifica tal confluência inclui enorme variedade de graus de complexidade percepto-cognitiva.

Desse modo, as ciências da educação têm como tarefa fundamental o exame dos processos de percepção, representação e linguagem. Uma epistemologia da educação repousa, assim, numa complexidade variável e dinâmica, cuja estrutura interdisciplinar assinala um campo de exploração de possibilidades do qual participam acasos, simultaneidades, ambigüidades, níveis de determinação e indeterminação.

Trata-se, na realidade, de uma epistemologia dos processos de descoberta e criação (estimulados sobretudo pelo contexto contemporâneo a pouco observado), cuja ruptura *argumentativa* (linearidade lógica e formulação de leis e normas absolutas) cede lugar a uma tessitura de qualidades (simultaneidade analógica e formulação de leis e normas relativas). Aqui, o *interpretante imediato* – sentimento, pensamento, *argumento* – tende a estar em diálogo com o seu *interpretante dinâmico*, tornando a ordem *argumentativa* provisória, a qual, cumprindo seu papel operacionalizador (referencial) tende a dissolver-se para permitir o trânsito permanente da informação e da comunicação, o seu vir-a-ser.

É importante observar que as potências que perfazem o trânsito da biogênese (natureza) à noogênese (cultura) não apenas mantêm a capacidade de (re-)produção de estruturas, mas também podem absorver toda a espécie de ruído produzido pelos fluxos entrópicos dos quais provêem. Lembre-se ainda que é nesse mesmo trânsito que o *interpretante* (subjetividade) deve perfazer-se e que tal *interpretante* está eivado de incompletudes e diferenças.

O desafio de tal epistemologia constitui um desafio para se compreender e operar processos de ensino e aprendizagem, cujos limites incidem em processos de elaboração de uma sintaxe de baixa definição e alto teor informacional, mínima subordinação (hipotaxe) e máxima coordenação (parataxe).

O universo hipermidiático contemporâneo parece desenhar, crescentemente, processos semelhantes, bem como intensificar as relações

CIÊNCIA, LÓGICA, LINGUAGEM   205

entre educação, comunicação, informação e linguagem, uma vez que
este universo atua sobre nossa capacidade de sentir e perceber o mundo.
Superando a apreensão linear do espaço e do tempo, tal universo parece resgatar as crenças antigas que preenchiam de "almas" ou
"espíritos" o mundo material. A materialidade do virtual, por sua
vez, transbordando de signos, parece contaminar de fisicalidade sutil,
idéias, pensamentos, ações potenciais. A fisicalidade da hipermídia, à
semelhança do espalhamento de luz, transpassa o físico propriamente
dito, o virtual e o real, amplificando e complexificando enormemente
a vida da vida.

   A sala de aula converte-se assim em espaço-tempo de produção e
experimentação de linguagens, rompendo com os contornos disciplinares estanques, as lógicas seqüenciais fechadas, as relações sociais
cristalizadas em hierarquias imutáveis.

   O discurso pedagógico tradicional cede lugar à inclusão experiencial individual que, entre choques e estímulos, distendem a função
referencial de linguagem dominante para aquém e além das disposições *argumentativas*, abrindo-se à interação dos fluxos de qualidade,
do jogo e da participação. Nesse caso, a intensidade dialógica expõe e
faz evidenciar as suturas *argumentativas* dos discursos e, antes disso,
intenções hipotatizantes.

   Desse modo, aprender a aprender a *leitura* e a *escritura* do
mundo, implica no reconhecimento de relações entre o eu e o outro, entre o objeto e o referente, entre o sinal e o signo, por meio de
um *interpretante* que, ao designar, designa-se. Não raro, a dimensão
auto-reflexiva e metassígnica da aprendizagem irrompe no cerne do
discurso, evidenciando a ambição de sentidos únicos. Não se trata de
mera relativização de normas e desvios, mas de modificação estrutural na produção e operação de repertórios individuais e coletivos.

   Assim, a condução dos processos cognitivos necessita, de acordo com seus patamares, contemplar também necessidades individuais
e não apenas coletivas. Isto significa que as trocas permanentes com
os ambientes de aprendizagem onde se inserem são fundamentais
para o desenvolvimento cognitivo, que se erige construindo relações de vínculo entre o pessoal e o interpessoal, passado, presente
e futuro, conservação e inovação, organização e criatividade. Isto,
também, faz evidenciar que os processos cognitivos constituem
processos de linguagem, estando aí implicado um percurso experiencial, que vai da percepção à generalização, da função referencial de linguagem à metalinguagem e, enfim, à criação, à função
poética de linguagem.

   Por isso, os processos cognitivos estão crivados de ressonâncias psicoafetivas, tanto quanto biofísico-químicas e semióticas.
Tais processos coincidem exatamente com a elaboração, registro e
memorização dos *grafos existenciais* de Peirce com tudo o que têm

de afloramento do profundo à superfície, de presentidade, de potência simbólica e sua saturação, nova e eterna fulguração: estes *grafos* constituem algoritmos que permitem ao *interpretante* ver, ouvir, tocar o que parece improvável ou impossível.

Cognição e aprendizagem são trabalhos sígnicos, que conectam sentimentos de qualidades e origens. Por isso a superfície dos *grafos* é, em primeira e última instância, o corpo: lugar de *autopoiesis* e auto-reflexão. O mesmo corpo para o qual em *Emílio ou Da Educação*, Rousseau reclama a educação dos cinco sentidos, "na idade da natureza (de 2 a 12 anos)", como fonte insubstituível de experiência:

> Uma criança é menor do que um homem; não tem nem a sua força, nem a sua razão, mas vê e ouve tão bem quanto ele, ou quase; tem o gosto igualmente sensível, embora menos delicado, e distingue da mesma maneira os odores, embora não lhes imprima a mesma sensualidade. As primeiras faculdades que se formam e se aperfeiçoam em nós são os sentidos. São, portanto, as primeiras faculdades que seria preciso cultivar; são as únicas que são esquecidas, ou as mais desdenhadas.
>
> Exercitar os sentidos não é apenas fazer uso deles, mas aprender a bem julgar através deles é aprender, por assim dizer, a sentir; pois nós não sabemos nem tocar, nem ver, nem ouvir a não ser da maneira como aprendemos[36].

Dentre os sentidos, o tato, ao recobrir todo o corpo, adquire importância especial:

> Não somos igualmente senhores do uso de todos os nossos sentidos. Há um deles, o tato, cuja ação nunca é suspensa durante a vigília; ele foi espalhado por toda a superfície de nosso corpo, como uma sentinela contínua para nos advertir sobre tudo o que possa ofendê-lo. É também o sentido cuja experiência, queiramos ou não, adquirimos mais cedo por esse exercício contínuo e o qual, por conseguinte, temos menos necessidade de cultivar particularmente. No entanto, observamos que os cegos têm um tato mais seguro e mais fino do que nós, porque, não sendo orientados pela visão, são forçados a aprender a tirar unicamente do primeiro sentido os juízos que a visão fornece. Por que, então, não treinamos para andar com eles no escuro, para conhecer os corpos que podemos alcançar, para avaliar objetos que nos rodeiam, para fazer, numa palavra, de noite e sem luz tudo o que eles fazem de dia e sem olhos? Enquanto o sol brilha, temos vantagem sobre eles; nas trevas, eles são, por sua vez, nossos guias. Somos cegos a metade da vida, com a diferença de que os verdadeiros cegos sabem sempre se orientar, e nós não ousamos dar um passo no meio da noite. Dir-me-ão que nós temos a luz artificial. Qual! Sempre máquinas! Quem vos garante que elas vos seguirão por toda parte, sempre que necessário? Quanto a mim, prefiro que Emílio tenha olhos na ponta dos dedos a que os tenha na loja de um vendedor de velas.
>
> Quando estiveres fechado numa casa no meio da noite, batei as mãos; percebereis, pela ressonância do lugar, se o espaço é grande ou pequeno, se estais no meio ou num canto. A meio pé de uma parede, o ar menos ambiente e mais refletido vos dá uma outra sensação no rosto. Ficai parado e girai o corpo sucessivamente em todas as direções; se houver uma porta aberta, uma ligeira corrente de ar vo-lo indicará[37].

36. *Emílio ou Da Educação*, p. 151-152.
37. Idem, p. 154-155.

CIÊNCIA, LÓGICA, LINGUAGEM   207

O corpo, que no *Ensaio sobre a Origem das Línguas*, Rousseau, ao correlacionar língua, voz e música, localiza a sede da voz e das paixões:

Com as primeiras vozes formaram-se as primeiras articulações ou os primeiros sons, segundo o gênero das paixões que ditavam estes ou aquelas. A cólera arranca gritos ameaçadores, que a língua e o palato articulam, porém a voz da ternura, mais doce, é a glote que modifica, tornando-a um som. Sucede, apenas, que os acentos são nela mais freqüentes ou mais raros, as inflexões mais ou menos agudas, segundo o sentimento que se acrescenta. Assim, com as sílabas nascem a cadência e os sons: a paixão faz falarem todos os órgãos e dá à voz todo o seu brilho; desse modo, os versos, os cantos e a palavra têm origem comum. À volta das fontes de que falei, os primeiros discursos constituíram as primeiras canções; as repetições periódicas e medidas do ritmo e as inflexões melodiosas dos acentos deram nascimento, com a língua, à poesia e à música, ou melhor: tudo isso não passava da própria língua naqueles felizes climas e encantadores tempos em que as únicas necessidades urgentes que exigiam o concurso de outrem eram as que o coração despertava[38].

Para Vico, a gênese da civilização está centrada na linguagem (dos deuses, dos heróis, dos homens) cuja *lógica poética* preside a sabedoria ("a faculdade que comanda todas as ciências e artes, que integram a humanidade") e cujas raízes espalham-se por entre as origens das comunidades da qual esta lógica provém:

Todos os primeiros tropos são corolários desta lógica poética. Deles, a mais luminosa e, por mais luminosa, a mais necessária e a mais espessa é a metáfora, que tanto mais louvada se faz quanto às coisas insensatas ela dá sentido e paixão, em razão da metafísica pouco acima explicada. Pois os primeiros poetas deram aos corpos o grau entitativo de substâncias animadas, capacitadas, no entanto, apenas de quanto lhos pudessem conferir, isto é, de sentido e de paixão, e assim deles (sentido e paixão) se fizeram as fábulas. De modo que cada metáfora, assim constituída, vem a ser uma fabulazinha minúscula. Dá-se-nos, pois, esta crítica a respeito do tempo em que nasceram eles nas línguas: que todas as metáforas assumidas com similitudes tomadas aos corpos, de forma a significarem trabalhos de mentes abstratas, devem ser dos tempos nos quais começaram a desbastarem-se as filosofias. Demonstramo-lo a partir de um fato: que em toda língua os termos indispensáveis para as artes cultas e para as ciências arcanas têm suas origens aldeãs (*contadinesche*).
Isto é digno de nota: que em todas as línguas a maior parte das expressões a respeito de coisas inanimadas efetua-se mediante translações do corpo humano e de suas partes, assim como dos sentidos humanos e das humanas paixões. Assim, *cabeça*, por cimo ou princípio; fronte, espáduas, adiante e atrás; olhos das videiras ou os que se chamam os primeiros lumes penetrados nas casas: boca, toda e qualquer abertura; lábios, bordas de um vaso ou de outro; dente do arado, do rastelo, da serra, do pente; barbas, as raízes; língua do mar; fauce ou foz dos rios ou montes; garganta de terra; braço do rio; mão, por pequeno número; seio do mar, isto é, golfo; flancos ou lados, os cantos; costas do mar; coração, por meio (que os latinos chamam de *umbilicus*); perna ou pé de países, e pé por confim; planta por base ou fundamento; carne e ossos dos frutos; veio de água, pedra ou mina; sangue da videira, o vinho; vísceras da terra; ri o mar, o céu; sopra o vento; murmura a onda; geme um corpo sob um grande peso; e os campônios do lácio diziam *sitire agros, laborare fructus, luxiriari segetes*[39]. Já os nossos camponeses dizem: "amarem-se as plantas, endoi-

38. *Ensaio sobre a Origem das Línguas*, p. 186.
39. Tratam-se de expressões respectivamente de Cícero, Horácio e Ovídeo: *estarem sedentos os campos, trabalhar (formar frutos), explodirem as sementeiras*. (N. do T. Antônio Lázaro de Almeida Prado).

decerem as vides, lacrimejarem os freixos". E há inumeráveis expressões similares que se podem recolher em todas as línguas[40].

A educação dos sentidos – o trabalho sígnico a partir da emergência das qualidades de sentir – está na base de todas as disciplinas, de todas as ciências e de todas as artes, permeando as relações cognitivas e o que elas têm de descobertas, trazidas à superfície pelas potências da vontade ou da intelecção.

É essa emergência, e esse entrelaçamento de *qualissignos*, que Edgar Morin chama de "unidualidade" do "plenamente biológico" e do "plenamente cultural"[41].

Nesse sentido, Morin identifica os circuitos de qualidades que, para ele, devem orientar a educação do futuro: cérebro/mente/cultura; razão/afeto/pulsão; indivíduos/ sociedade/espécie.

É necessário observar que tais circuitos dão-se para Morin sob a marca da condição humana, a incerteza cognitiva e a incerteza histórica[42]. O conhecimento, por sua vez, abriga tais princípios de incerteza, quais sejam: cerebral ("o conhecimento nunca é um reflexo do real, mas sempre tradução e construção, isto é, comporta risco de erro"); físico ("o conhecimento dos fatos é sempre tributário da interpretação"); epistemológico ("decorre da crise dos fundamentos da certeza, em filosofia [a partir de Nietzsche], depois em ciência [a partir de Bachelard e Popper]").

Assim, finalmente, para Morin, "conhecer e pensar não é chegar a uma verdade absolutamente certa, mas dialogar com a incerteza".

Em adição, observe-se que essa incerteza encontra-se não apenas no devir do mundo físico, mas também cultural e aqui, particularmente, na convivência com o outro, na interação dialógica com o outro, na espessura da linguagem aí produzida.

Lembre-se, ainda, que o processo de hominização é congenial ao desenvolvimento da linguagem. É nesse encontro que o processo percepto-cognitivo se instala e expande por meio de qualidades de sentimentos.

É por isso que a presença do outro, com o que ela traz de interação, convivência, ou choque, desempenha papel fundamental no aprendizado e no desenvolvimento humano global. Tal presença atualiza-se num contínuo movimento de coordenação, da qual ela é um elo vital. Cada elo, trazendo em si a(s) memória(s) do(s) outro(s) e suas correlações, parece metabolizar a qualidade que nomeamos amor. Não por acaso, os elos unem-se por meio de fundamental estrutura de coordenação; não por acaso, esta estrutura configura-se como auto-organização.

40. *Princípios de (Uma) Ciência Nova*, p. 89.
41. *Os Setes Saberes Necessários à Educação do Futuro*, p. 52 e s.
42. *A Cabeça Bem-Feita, Repensar a Reforma, Reformar o Pensamento*, p. 59.

CIÊNCIA, LÓGICA, LINGUAGEM 209

Corpo e lógica poética fundem-se num vir-a-ser de linguagem, em que conhecer e criar elidem-se num *cogito* capaz de, ao dar-se origem, instalar-se simultaneamente no mundo do outro e no mundo histórico; inicialmente como emergência de qualidades e finalmente como *argumento*. *Argumento* provisório, lembre-se, porque tal *cogito*, *autopoiesis* de linguagem, apaga-se ao nos dar acesso às significações. A prosa do mundo, que é a poesia do mundo, constitui justamente este movimento de percepção, *leitura* e *escritura*; tanto mais viva, quanto menos imperativa.

Para aqui confluem ainda o rigor e o método que Décio Pignatari, seguindo as similaridades do pensamento de Peirce e Valéry, designou heurístico-semiótico[43] e para cujo aluno (o príncipe), para além de suprir e cegar (Derrida)[44], Haroldo de Campos recomendava que se lhe dirigisse, por princípio, um cálculo à sensibilidade[45] e, depois disso, à hora dos deméritos, rigor.

43. Cf. *Semiótica e Literatura.*
44. Cf. *Gramatologia.*
45. Cf. Ciropédia ou a Educação do Príncipe, em *Xadrez de Estrelas,* p. 47.

6. Para uma Ecologia da Informação, da Linguagem e da Comunicação:

do Phaneron ao Pharmakon

Ao longo deste trabalho perquirimos a noção de *autopoiesis* no âmbito dos sistemas de signos verbais e/ou icônicos. Tal noção apresentou-se aqui sob a perspectiva de similaridades estruturais e funcionais, entre seres que se distinguem por movimentos de autoprodução e, portanto, *autopoiesis*.

Como anteriormente referido, o conceito de *autopoiesis*, originalmente formulado por Maturana, desvinculado das interfaces entre pensamento, representação e linguagem, foi aqui retomado e expandido pela via da (re-)visão teórico-crítica de Niklas Luhmann e Edgar Morin (a cujas objeções de Maturana, quanto àquelas relações de interface, ambos respondem inequivocamente).

Nessa perspectiva, o indivíduo, o ser, o sujeito (fisicalidade e culturalidade) apresentam-se sob a (re-)velação da linguagem, isto é, da produção sígnica e da comunicação.

Tal concepção faz ampliar o conceito inicial de Maturana, compreendendo a inteligência, o pensar e o pensamento, como atividades relacionais e interativas (físicas e culturais), que se estabelecem e se desenvolvem por meio da experiência que pode implementar mudanças progressivas no processo de ontogênese. Tais mudanças podem ser absorvidas por meio de auto-regulações, que ampliam os limites do sistema. Ao longo do tempo, o incremento de irregularidades e desbordamentos poderão gerar desde pequenas mudanças até mutações. Morin chama esta abertura, *deriva natural*.

É importante destacar que para Morin essas atividades relacionais se estabelecem e expressam-se signicamente, isto é, a representação encontra-se inextricavelmente ligada à geração de extensas e intensas ondas de (auto-)(eco-)organização.

Por isso, fizemos amplificar, ou desdobrar, a noção de *autopoiesis*, no conceito de *semiosis*; processo por meio do qual o ser autocomputante, em permanente movimento interior/exterior, corporifica-se como signo-pensamento, como linguagem.

Afastando-nos das concepções finalistas, estudamos como as relações entre signos estabelecem uma *escritura* e como, a partir da experiência contínua, a *escritura* (re-)torna à natureza autopoiética: das células à cultura e vice-versa.

Identificamos, nesse percurso, a emergência de certa classe de *legissignos* que, segundo Peirce, constitui precisamente os *grafos existenciais*.

Igualmente, inter-relacionamos as classificações peirceanas da experiência (*primeiridade, secundidade, terceiridade*) às correlações que estabelecemos entre as noções de *autopoiesis, semiótica, escritura*.

Reconhecemos ainda, em linha paralela a este percurso, que a fenomenologia que funda este processo torna estruturalmente co-extensivas as noções de *natureza* e *cultura*. Tal continuidade, em nossa perspectiva, erige o Reino dos Signos ou, Noosfera. Tal perspectiva fez emergir também, o paradigma da *complexidade*.

Finalmente, cabe observar que os contextos móveis sobre os quais estabelecemos esta sondagem apontam para índices genéticos e, portanto, estruturais, do intercampo disciplinar a que denominamos *comunicação*, em especial, sob o contexto de uma *ecologia da comunicação*.

Não por acaso, são observados limites entre códigos e mecanismos de passagens entre esses limites. Da ponta da língua à caverna do coração, o homem e o seu *oikos* parecem estar assim constituídos, por informação, linguagem e comunicação, organizados por relações de vínculos, *grafos existenciais*.

O diagrama geral deste trabalho pode ser expresso conforme abaixo apresentado:

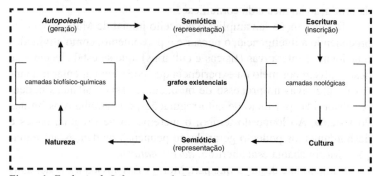

Figura 1: *Ecologia da Informação, da Linguagem e da Comunicação.*

PARA UMA ECOLOGIA DA INFORMAÇÃO...

É pelo querer-dizer, pelo dito, pelo interdito, pelo não dito que o homem descobre-se no outro, vincula-se ao outro, às vezes por meio de uma ligação inextricável (*natura naturans*), às vezes por meio de um sintoma (*natura naturata*).

O fluxo percepto-cognitivo que possibilita à humanidade o pensar e o pensamento, bem como sua comunicação (feita de convenções e silêncios, falar e ouvir, de consciência e inconsciente) pertence, rigorosamente falando, à ordem da poesia; este onde para o qual somos atraídos por enredamento irresistível, com tudo de que dispomos de pulso físico ou repertório de erudição, onde nos reconhecemos e somos estrangeiros, às vezes pela mais completa integração, outras vezes por expulsão insondável.

O homem (não apenas ele) é um animal que responde a seu nome com o qual mantém estreita relação. Uma relação parecida com a que se estabelece entre um perseguidor e um perseguido e cuja halografia encerra o princípio e o fim da designação, as convergências de todos os chamamentos e respostas. A comunicação advém, e se mantém, por meio do (in-)traduzível, do (in-)dizível, do (in-)comunicável, da humanidade e da não-humanidade do homem – o homem e seu *grafo*.

Essa comunicação, na contramão do preenchimento de expectativas e redundâncias, pode contracomunicar para comunicar, pode transmutar-se; sela-se indelével por uma espécie de ferimento, o *grafo* e simultâneamente o (seu) *oikos*; ambos permanentemente ameaçados pela violência de uma indústria e seu sistema de trocas, frágeis fronteiras entre *bios, zoo, logos, noos*.

Que irregularidade semiótica, que contracomunicação poderá desbordar desta ética e desta política e sob cujo fundo se dissolve, no mundo globalizado, os limites entre as economias, as comunicações, o orgânico e o não-orgânico?

Como observa Derrida, "entre Caim e Abel houve também animal morto"[1]; uma comunicação cuja presença é discernível entre a falha e a falta a que dá acesso. Essas mesmas que, por irregularidade e por contracomunicação, dão acesso à possibilidade de novas gramática e lógica.

O signo vivo, o sopro, o *pneuma*, a *phoné* estão na base daquela irregularidade, havendo que assentar o corpo, ajustar o tímpano para ouvir-lhes o martelo dos estímulos; diferença que, sem alteração, pode fazer transmutar qualidades de sentimentos, na emergência de uma outra comunicação. É nessa diferença que a complexidade se espraia, na luta da linguagem contra si mesma para – poesia e profecia – (re-)habitar os mundos e (re-)fazê-los de novo, justamente entre as correlações do interior e do exterior, nas quais se estruturam a vida e seus fluxos.

O desvio da contracomunicação é, pois, mais do que voz *on line*, "viva voz", a que está na carne, com o que tem de provisório

1. *O Animal que Logo Sou*, p. 79.

e perecível, que é corpo e alma do mundo – a linguagem e seus signos. Tal desvio constitui a suspensão dos *argumentos* finalistas, de sua ético-política, para abrir-se ao próprio fenomenológico, ao percepto-cognitivo, que guardam as formas e funções originais da comunicação. É este desvio que, animando a voz, exterioriza-a em *escritura, leitura, escuta, fala*. Para tanto, é necessário o *ergo* voluntário e atento de um desejo de dizer e de compreender e, portanto, de comunicar.

É o corpo fenomenológico do significante que aqui poderá intervir oferecendo a trama de sua pele para comunicar, precisamente, o que não se comunica ou, o que se contracomunica. É esse (trans-) passe que faz com que o *oikos* se preencha de um ouvir-falar que, se *auto*-afetando reciprocamente, estabelece pontes entre as redes e os labirintos da significação, postos em conexão, pelo que a comunicação oferece em luta consigo mesma.

Esse ouvir-falar – inifiltrado de anonimatos, êxodos, inconscientes, sonhos, desejos – perfaz a consciência de si e, ao mesmo tempo e por isso, do outro. Ouvir-falar, em contracomunicação, impregna-se na constituição do homem e satura-se na sua *escritura* (os pólos extremos do *oikos*), no momento paradoxal da emergência do signo.

Do som ao sentido, o corpo se corporifica, percorrendo o caminho interior/exterior do signo, (contra-)comunica-o, pois ele é todo *autos*, identidade e vestígio de um outro, abertura e fechamento irredutíveis, onde o jorro do início já era suplemento e falta, antes de qualquer comunicação.

Contracomunicar vem a ser, portanto, o desvio por meio do qual o sujeito, aqui e agora, (trans-)passa as circunscrições *argumentativas* para codificar (ao modular o tear, o teclado, o corpo amado) a vida viva do *oikos,* onde entre incêndios e cinzas, marcam-se os rastros dos *grafos* (fugidios, porque extinções; permanentes, porque cicatrizações [cortes ou queimaduras]; [re-]nascentes, porque frutos de coberturas inseminadoras) e o transporte de algo.

Esse algo parece guardar as propriedades (as qualidades) do fogo e da água, as extensões de uma geomorfologia e seus ecossistemas, as flutuações de uma noologia; uma *autopoiesis* que por imantação atrai; uma semiótica que, por contração, formaliza; uma *escritura* que, por retenção, aglutina os signos e a linguagem.

O transporte de algo: o que vai entre margens, o que desborda de limites, o que se imprime sob a tela da retina, a porosidade do tato, o filtro da língua, a esponja do olfato, o tímpano do ouvido. O transporte de algo: a alteridade, o outro, as ubiqüidades do ouvir-falar. O transporte de algo: o que dissemina, o que penetra, o que perfura. O transporte de algo: espaços-tempos, o jogo, a diferença.

A comunicação só é comunicação se há algo de oculto nela, algo que a (pre-)cede, ou algo de que (pro-)cede e que, sem enunciação,

PARA UMA ECOLOGIA DA INFORMAÇÃO...

insinua-se como possível estrutura (informação de primeiro grau) dessa comunicação.

O que nutre todo o código, toda a codificação; o que faz repetir ou derivar a linguagem e a comunicação encontra-se no berço das qualidades sob as quais pulsa o vórtice do *phaneron*, este mesmo que é o (des-) caminho do signo, que o dispõe ao uso, ou o lança à deriva. Este que proporciona a aparição da arte ou da ciência, este que é estado nascente do prazer ou da dor, este que é gênese da saúde ou da doença. Este a quem se pretende amplificar e conduzir para além, passando pelo *impritting* da *escritura* ou pela propedêutica do *pharmakon*.

Lembremos, com Derrida, que este *pharmakon* possui um duplo sentido: o sentido do remédio e do veneno[2]. É de se notar que tais opostos parecem repousar sob a linguagem, à sombra da comunicação.

Seguindo o texto platônico, o *Fedro* em particular, Derrida faz-nos (re-)conhecer o remédio (a memória e a instrução tornadas "perenes" pela *escritura*) e o veneno (o esquecimento e a apropriação de um trabalho que não é seu – o *logos* entregue à *escritura*). Aqui, o pai, deus-o-rei-que-fala, rejeita, suspeita e vigia a *escritura* (o filho bastardo, o criminoso, o presente envenenado). O deus da *escritura* é pois o deus da morte, o signo que se opõe à fala viva.

O remédio, a medicina benéfica, conforme Derrida, que produz e repara (acumula e remedia, aumenta o saber e reduz o esquecimento), pode inverter-se e agravar o mal, porque não há remédio inofensivo, pois ele contraria a vida natural, por isso ele pode apenas deslocar e, até mesmo, "irritar" o mal[3].

O *pharmakon* e a *escritura* são sempre uma questão de vida ou de morte, sua emergência constitui pois, o suplemento violento que desaparece deixando apenas o rastro, isto é, a marca de um parricídio (o *grafo* da origem).

De todo modo, entre a nudez e a *hybris* incontrolável, incodificável, inimputável (para qualquer juízo) do *phaneron* e esta (im-)propriedade do *pharmakon* encontra-se a fonte de toda *episteme*.

Entre a matriz de toda diferença (o *phaneron)* e a matriz de toda repetição (o *pharmakon*), o conhecimento espessa-se pela precipitação da informação, pelo transporte de algo, uma função fática, no corpo vivo/morto da comunicação (algures, alguém detém a alquimia do ouro).

O exame cuidadoso da experiência individual ou coletiva, leva-nos a observar que a sua fundação, por meio de qualidades de sentir, coincide com a constituição dos *grafos* que a (in-)formarão. Muito antes de tornar uma sentença um veredicto, a experiência que a estatui move-se sob linhas de forças contraditórias; só a violência de uma leitura unívoca poderá eliminar a ambigüidade que a perpassa.

2. Cf. *A Farmácia de Platão.*
3. Idem, p. 44 e s.

Toda experiência é, pois, em estado nascente, uma experiência poética. Do possível ao provável, ao determinado, perde-se informação, viabiliza-se a comunicação, impõem-se *argumentos*, estabelece-se a prosa do mundo.

Ocorre que a experiência (re-)torna; do mesmo modo como Freud nos mostrou, não basta ignorar a vida inconsciente para fazê-la desaparecer. Isto significa que a cada momento o sujeito e o *oikos*, em interação permanente, e sob o (des-)comando de uma deriva, (re-)inauguram-se pela experiência. Aqui há algo que constela a série ambiental: o homem primitivo e o homem contemporâneo fundem-se no nascedouro da experiência, sem nenhuma hipotaxe de controle (crenças, ideologias, filosofias), o que produz recíprocas e múltiplas "irritações".

Esta ação parece estar sempre aquém e/ou além de toda previsão; há algo nela, como uma irrupção permanente, o mesmo que na repetição produz a diferença e sob cuja relação erige-se o mesmo outro, algo como uma imortalidade.

De fato, a emergência de uma forma parece constituir a dimensão pancrônica que atravessa toda semiose, que esgota todo finalismo funcionalista.

Amor e dor possuem aqui a mesma natureza experienciável e, em face da experiência que (re-)torna, (re-)incidem sob o *grafo* de novos e eternos vínculos. No entanto, o homem nunca é igual a si mesmo; a mudança permanente que o conduz está na descoberta de si mesmo por meio do outro, sob o evolar da experiência.

É na experiência que nos tornamos nós mesmos, sendo o outro, onde (re-)nascemos, a cada vez, na imensidão das qualidades e dos nomes, na nudez que nos "desvicariza" e nos lança aos saltos mortais. Fora ou dentro do *oikos*, o homem está imerso no reino das qualidades de sentir, nos (des-)caminhos (in-)determinados do (in-)voluntário, sob o ouvido que guarda o silêncio e a voz; pura continuidade, sem espaço nem tempo, até que o percepto saturado produza um juízo, estabeleça cadeias de causas e efeitos, e um signo seja produzido.

A experiência é, pois, permanente experiência do corpo no corpo (ainda que seja a experiência de uma evasão) e, por isso, do corpo-signo-objeto-interpretante.

A experiência ultrapassa as instituições sociopolítico-ideológicas em que se estratifica. Há algo nela que se confunde com o nosso ser, mistura-se a ele na latência, na potência, na falência, no vir-a-ser.

Experiência e poesia (sem as quais não há *logos* – pensamento, signo, ação, pragmatismo) perpassadas de alteridade e dialogia, fazem emergir o homem em toda a sua grandeza e ruína, entre o *phaneron* e o *pharmakon*, trânsito sem margem da deriva que, às vezes, se evapora na atmosfera pela respiração da árvore da linguagem e, às vezes, se congela sob a comunicação emudecedora dos animais mortos.

Bibliografia

ABRANTES, Paulo. (org.). *Epistemologia e Cognição*. Brasília: UnB, 1994.

ACOT, Pascal. *História da Ecologia*. Trad. Carlota Gomes. Rio de Janeiro: Campus, 1990.

AMARAL, Aracy A. (coord.). *Waldemar Cordeiro: Uma Aventura da Razão*. São Paulo: MAC-USP, 1986.

ARENDT, Hannah. *A Condição Humana*. Trad. Roberto Raposo. Rio de Janeiro: Forense Universitária, 2001.

ASCOTT, Roy. (ed.). *Art, Technology, Consciousness*. Hassalo St. Portland: Intellect Books, 2000.

ATIENZA, Manuel. *As Razões do Direito – Teorias da Argumentação Jurídica: Perelman, Toulmin, MacCormick, Alexy e Outros*. Trad. Maria Cristina Guimarães Cupertino. São Paulo: Landy, 2002.

AUGER, Pierre. *L'Homme microscopique*. Paris: Flammarion,1966.

AUGER, Pierre; BORN, Max; HEISENBERG, Werner K.; SCHRÖDINGER, Erwin. *Problemas da Física Moderna*. Trad. Gita K. Guinsburg. São Paulo: Perspectiva, 1990.

BADIOU, Alain. *Sobre o Conceito de Modelo*. TRad. Fernando Bello Pinheiro. Lisboa: Estampa, 1972.

BANDEIRA, Manuel. *Guia de Ouro Preto*. Rio de Janeiro: Ediouro, 2000.

BARROS, Diana L. P. (org.). *A Arte no Século XXI*. São Paulo: Unesp, 1997.

BARROS, Diana L. P.; FIORIN, José L. (orgs.). *Dialogismo, Polifonia, Intertextualidade*. São Paulo: Edusp, 1999.

BARTHES, Roland. *Novos Ensaios Críticos – O Grau Zero da Escritura*.Trad. Heloysa de Lima Dantas, Anne Arnichand e Álvaro Lorecini. São Paulo: Cultrix, 1974.

BARTUCCI, Giovanna. (org.). *Psicanálise, Literatura e Estéticas de Subjetivação*. Rio de Janeiro: Imago, 2001.

BENJAMIN, Walter. *Obras Escolhidas – Magia e Técnica, Arte e Política*. Trad. Sérgio Paulo Rouanet. São Paulo: Brasiliense, 1986.

_____. *Obras Escolhidas II – Rua de Mão Única*. Trad. Rubens Rodrigues Torres Filho e José Carlos Martins Barbosa. São Paulo: Brasiliense, 1987.

_____. *Obras Escolhidas III – Charles Baudelaire: Um Lírico no Auge do Capitalismo*. Trad. José Carlos Martins Barbosa e Hemerson Alves Baptista. São Paulo: Brasiliense, 2000.

BERTALANFFY, Ludwig von. *General System Theory: Foundations, Development, Applications*. New York: George Braziller, 1976.

BITTAR, Eduardo C. B. *Linguagem Jurídica*. São Paulo: Saraiva, 2001.

BITTAR, Eduardo C. B.; ALMEIDA, Guilherme Assis de. *Curso de Filosofia do Direito*. São Paulo: Atlas, 2001.

BLUMENBERG, Hans. *La Legibilidad del Mundo*. Trad. Pedro Madrigal Devesa. Barcelona: Paidós, 2000.

BOAVENTURA NETTO, Paulo O. *Grafos: Teoria, Modelos, Algoritmos*. São Paulo: Edgar Blücher, 1996.

BOBBIO, Norberto. *Estado, Governo, Sociedade – Para uma Teoria Geral da Política*. São Paulo: Paz e Terra, 2001.

BOURDIEU, Pierre. *O Poder Simbólico*. Trad. Fernando Tomaz. Rio de Janeiro: Bertrand Brasil, 2002.

BRUNEL, Pierre et al. *Que é Literatura Comparada?* Trad. Célia Berrettini. São Paulo: Perspectiva, 1995.

BUCKLEY, Walter. *A Sociologia e a Moderna Teoria dos Sistemas*. São Paulo: Cultrix, 1971.

CAMPOS, Haroldo de. *Xadrez de Estrelas*. São Paulo: Perspectiva, 1976

_____. (org.). *Ideograma – Lógica, Poesia, Linguagem*. São Paulo: Cultrix, 1977.

CASTELLS, Manuel. *A Sociedade em Redes*. Trad. Ronei de Venâncio Majer. São Paulo: Paz e Terra, 2006, v. 1.

CHARDIN, Pierre T. de. *O Fenômeno Humano*. Trad. José Luiz Archanjo. São Paulo: Cultrix [s.d.].

COULANGES, Fustel. *A Cidade Antiga*. Trad. Jonas Camargo Leite e Eduardo Fonseca. São Paulo: Hemus, 1975.

CRYSTAL, David. *Language and the Internet*. Cambridge: Cambridge Press, 2001.

DAMÁSIO, António R. *O Mistério da Consciência*. Trad. Laura Teixeira Motta. São Paulo: Companhia das Letras, 2000.

DELEUZE, Gilles. *Crítica e Clínica*. trad. Peter Pál Pelbart. São Paulo: Ed. 34, 1997.

_____. *Proust e os Signos*. Trad. Antonio Carlos Piquet e Roberto Machado. Rio de Janeiro: Forense Universitária, 1987.

DERRIDA, Jacques. *A Escritura e a Diferença*. Trad. Maria Beatriz M. N. da Silva. São Paulo: Perspectiva, 1971.

_____. *Gramatologia*. Trad. Miriam Chnaiderman e Renato Janine Ribeiro. São Paulo: Perspectiva, 1973.

_____. *A Farmácia de Platão*. Trad. Rogério da Costa São Paulo: Iluminuras, 1991.

BIBLIOGRAFIA 219

_____. *A Voz e o Fenômeno – Introdução ao Problema do Signo na Fenomenologia de Husserl.* Trad. Lucy Magalhães. Rio de Janeiro: Zahar, 1994.

_____. *O Animal que Logo Sou.* Trad. Fabio Landa. São Paulo: Unesp, 2002.

_____. *Força da Lei.* Trad. Leyla Perrone Moisés. São Paulo: Martins Fontes, 2007

DIDI-HUBERMAN, George. *O que Vemos, o que nos Olha.* Trad. Paulo Neves. São Paulo: Ed. 34, 1998.

DOURADO, Guilherme M.; SEGAWA, Hugo. *Oswaldo Arthur Bratke.* São Paulo: Pró- Editores, 1997.

DREXLER, Kim Eric. *Engines of Creation.* New York: Anchor Books, 1986.

DUPUY, Jean-Pierre. *Nas Origens da Ciência Cognitiva.* Trad. Roberto Leal Ferreira. São Paulo: Unesp, 1995.

DUPUY, Jean-Pierre; CONNES, Alain. *Matéria e Pensamento.* Trad. Sérgio paulo Rouanet. São Paulo: Unesp, 1996.

ECO, Umberto. *A Estrutura Ausente.* Trad. Pérola de Carvalho. São Paulo: Perspectiva, 1974.

_____. *Apocalípticos e Integrados.* Trad. Pérola de Carvalho. São Paulo: Perspectiva, 2001.

ELIAS, Eduardo de O. *Escritura Urbana.* São Paulo: Perspectiva, 1989.

FEATHERSTONE, Mike; BURROWS, Roger (eds.). *Cyberspace, Cyberbodies, Cyberpunk.* London: Sage, 2000.

FERRARA, Lucrécia D'Alessio. *A Estratégia dos Signos: Linguagem, Espaço, Ambiente.* São Paulo: Perspectiva, 1981.

_____. *Olhar Periférico: Informação, Linguagem, Percepção.* São Paulo: Edusp, 1993.

_____. *Design em Espaços.* São Paulo: Rosari, 2002.

FILLOUX, Jean-Claude. *O Inconsciente.* Trad. Álvaro Cabral. São Paulo: Martins Fontes, 1988.

FINK, Bruce. *O Sujeito Lacaniano:* entre a linguagem e o gozo. Rio de Janeiro: Zahar, 1998.

FITCH, James M. *Preservação do Patrimônio Arquitetônico.* São Paulo: FAU-USP, 1981.

FOUCAULT, Michel. *Vigiar e Punir.* Petrópolis: Vozes, 2000.

_____. *A Verdade e as Formas Jurídicas.* Trad. Roberto Cabral de Melo Machado e Eduardo Jardim Moraes. Rio de Janeiro: Nau, 2002.

FRANCA, Leonel, S. J. *O Método Pedagógico dos Jesuítas.* Rio de Janeiro: Agir, 1952.

FRAWLEY, William. *Vygotsky e a Ciência Cognitiva.* Trad. marcos A. G. Domingos. Porto Alegre: Artmed, 2000.

FRYE, Northrop. *O Caminho Crítico.* Trad. Antônio Arnon Prado. São Paulo: Perspectiva, 1973.

_____. *The Secular Scripture – a Study of the Structure of Romance.* Cambridge: Harvard University Press, 1976.

_____. *Fábulas de Identidade.* Trad. Sandra Vasconcellos. São Paulo: Nova Alenxadrina, 2000.

GAGNEBIN, Jeanne Marie. *Sete Aulas sobre Linguagem, Memória e História.* Rio de Janeiro: Imago, 1997.

220 AUTOPOIESIS

GALLOWAY, Alexander R. *Protocol – How Control Existis after Descentralization.* Cambridge: The Mit Press, 2004.

GAMBINI, Roberto. *Espelho Índio: A Formação da Alma Brasileira.* São Paulo: Terceiro Nome, 2000.

GARDNER, Howard. *A Nova Ciência da Mente.* Trad. Cláudia Malbergier Caon. São Paulo: Edusp, 1996.

GIDDENS, Anthony. *As Conseqüências da Modernidade.* Trad. Raul Fiker. São Paulo: Unesp, 1991.

GLEICK, James. *Caos: A Criação de uma Nova Ciência.* Trad. Waltensir Dutra. Rio de Janeiro: Campus, 1989.

GOITIA, Fernando C. *Breve História do Urbanismo.* Trad. Emílio Campos Lima. Lisboa: Presença, 1982.

GRODDECK, Georg. *Escritos Psicanalíticos sobre Literatura e Arte.* Trad. Natan Norbert Zins e Geraldo Gerson de Souza. São Paulo: Perspectiva, 2001.

GUATTARI, Félix. *Caosmose – Um Novo Paradigma Estético.* Trad. Ana Lúcia de oliveira e Lúcia Cláudia Leão. São Paulo: Ed. 34, 1992.

_____. *As Três Ecologias.* Trad. maria Cristina F. Bittencourt. Campinas: Papirus, 1993.

HACKING, Ian. *Por que a Linguagem Interessa à Filosofia?* São Paulo: Unesp, 1999.

HACOHEN, Malachi H. *Karl Popper:* The Formative Years 1902-1945. New York: Cambridge University Press, 2002.

HARRIS, John. *Clones, Genes and Immortality – Ethics and the Genetic Revolution.* New York: Oxford Press, 1998.

HAYKIN, Simon. *Redes Neurais – Princípios e Práticas.* Trad. Paulo martins Engel. Porto Alegre: Bookman, 2001.

HAYLES, N. Katherine. *How we Became Post Human.* Chicago: The University of Chicago Press, 1999.

HEGEL, Georg W. F. *Princípios de Filosofia do Direito.* Trad. Orlando Vitorino. São Paulo: Martins Fontes, 2000.

HOFFMEYER, Jesper. *Signs of Meaning in the Universe.* Indiana: Indiana Press, 1996.

HUMPHREY, Nicholas. *Uma História da Mente: A Evolução e a Gênese da Consciência.* Rio de Janeiro: Campus, 1994.

IBELINGS, Hans. *Supermodernismo: Arquitectura en la Era de la Globalización.* Barcelona: Gustavo Gili, 1998.

ISER, Wolfgang. *O Ato da Leitura.* Trad. Johannes Kretschmer. São Paulo: Ed. 34, 1999, 2v.

JACOB, François. *A Lógica da Vida.* Trad. Ângela Loureiro de Souza. Rio de Janeiro: Graal, 1983.

_____. *O Rato, a Mosca e o Homem.* Trad. Maria de Macedo Soares Guimarães. São Paulo: Companhia das Letras, 1998.

JAKOBSON, Roman. *Lingüística. Poética. Cinema.* Trad. Francisco Ashcar, Haroldo de Campos, J. Guinsburg, Boris Schnaiderman,e Geraldo G. de Souza. São Paulo: Perspectiva, 1970.

_____. *Lingüística e Comunicação.* Trad. Izidoro Blikstein e José Paulo Paes. São Paulo: Cultrix, 1975.

_____. *Poética em Ação.* São Paulo: Perspectiva, 1990.

BIBLIOGRAFIA 221

JAUSS, Hans Robert. *O Prazer Estético e as Experiências Fundamentais da Poiesis, Aisthesis e Katharsis*, In: COSTA LIMA, Luiz (org.). *A Literatura e o Leitor: Textos de Estética da Recepção*. Rio de Janeiro: Paz e Terra, 2002.

JOHNSON, Steven. *Cultura da Interface*. Trad. Maria Luiza X. de A. Borges. Rio de Janeiro: Zahar, 2001.

_____. *Emergence*. New York: Scribner, 2001.

KANDEL, Eric R. et. al. *Fundamentos da Neurociência e do Comportamento*. Trad. Charles Alfred Esbérard e mira de Casrilevitz Engelhardt. Rio de Janeiro: Guanabara Koogan, 2000.

_____. *Memória – da Mente às Moléculas*. Trad. Carla Dalmaz e jorge A. Quillfeldt. Porto Alegre: Artmed, 2003.

KELSEN, Hans. *Teoria Pura do Direito*. Trad. João Baptista Machado. São Paulo: Martins Fontes, 2000.

KEVELSON, Roberta. *Peirce and the Mark of the Gryphon*. New York: St. Martin's Press, 1999.

KUHN, Thomas. *A Estrutura das Revoluções Científicas*. Trad. Beatriz Vianna Boeria e Nelson Boeira. São Paulo: Perspectiva, 1982.

LABORIT, Henri. *O Homem e a Cidade*. Trad. Wanda Ramos. Lisboa: Iniciativas Editoriais, 1973.

LE CORBUSIER. *Por uma Arquitetura*. Trad. Ubirajara Rebouças. São Paulo: Perspectiva, 2002.

LEFF, Enrique. *Epistemologia Ambiental*. Trad. Sandra Valenzuela. São Paulo: Cortez, 2001.

LEITE, Dante Moreira. *Psicologia e Literatura*. São Paulo: Unesp, 2002.

LEITE, José R. T.; SANTOS, Maria Cecília. L.; TENREIRO, Joaquim. *Joaquim Tenreiro: O Mestre da Madeira*. São Paulo: Pinacoteca do Estado, 2000.

LÉVÊQUE, Christian. *A Biodiversidade*. Trad. Valdo Mermelstein. Bauru: Edusc, 1999.

LÉVY, Pierre. *O que é o Virtual.*Trad. Paulo Neves. São Paulo: Ed. 34, 1996.

_____. *Cibercultura*. Trad. Carlos Irineu da Costa. São Paulo: Ed. 34, 2000.

LÉVY, Pierre; AUTHIER, M. *As Árvores de Conhecimentos*. Trad. Mônica Seincman. São Paulo: Escuta, 1995.

LEWIN, Roger. *Evolução Humana*. Trad. Danusa Munford. São Paulo: Atheneu, 1999.

LOTMAN, Iuri M. et al. *Ensaios de Semiótica Soviética*. Trad. Victória Navas e Salvado Teles de Menezes. Lisboa: Horizonte, 1990.

_____. *Universe of the Mind*. Trans. Ann Shu Kmano. Indianapolis: Indiana University Press, 1990.

_____. *La Semiosfera*. Trad. Desiderio Navarro. Madrid: Cátedra, 1996. 3v.

LUGON, Clovis. *A República "Comunista" Cristã dos Guaranis*. Trad. Álvaro Cabral. São Paulo: Paz e Terra, 1977.

LUHMANN, Niklas. *Sociologia do Direito I*. Trad. Gustavo Bayer. Rio de Janeiro: Tempo Brasileiro, 1983.

_____. *Sociologia do Direito II*. Trad. Gustavo Bayer. Rio de Janeiro: Tempo Brasileiro, 1985.

_____. *Essays on Self-reference*. New York: Columbia University Press, 1990.

_____. *A Realidade dos Meios de Comunicação*. Trad. Ciro Marcondes Filho. São Paulo: Paulus, 2005.

MACHADO, Irene. *Escola de Semiótica*. São Paulo: Ateliê, 2003.

MATTELART, Armand.; MATTELART, Michele. *História das Teorias da Comunicação*. Trad. Luiz Paulo Rouanet. São Paulo: Loyola, 1999.

MATURANA, Humberto R. *Autopoiesis and Cognition: The Realization of the Living*. Dordecht: D. R. Publishing Co, 1980.

_____. *De Máquinas e Seres Vivos – Autopoiese, a Organização do Vivo*. Trad. João Acuña Llorenz. Porto Alegre: Artes Médicas, 1997.

_____. *Da Biologia à Psicologia*. Trad. João Acuña Llorenz. Porto Alegre: Artes Médicas, 1998.

_____. *Emoções e Linguagem na Educação e na Política*. Trad. José fernando Campos Fortes. Belo Horizonte: UFMG, 1999.

_____. *A Ontologia da Realidade*. Organização de Cristina Magro, Miriam Graciano e Nelson Vaz. Belo Horizonte: UFMG, 1999.

MATURANA, Humberto R.; VARELA, Francisco J. *A Árvore do Conhecimento: As Bases Biológicas da Compreensão Humana*. Trad. humberto Mariotti e Lia Diskin. São Paulo: Palas Athena, 2001.

MENDES, Nancy M. *O Barroco Mineiro em Textos*. Belo Horizonte: Autêntica, 2003.

MIÈGE, Bernard. *O Pensamento Comunicacional*. Trad. Guilherme João de Freitas Teixeira. Rio de Janeiro: Vozes, 2000.

MINDLIN, Henrique Ephin. *Arquitetura Moderna no Brasil*. Trad. Paulo Pedreira. Rio de Janeiro: Aeroplano/Iphan, 2000.

MINGERS, John. *Self-producing System*. New York: Plenum Press, 1995.

MOLES, Abraham Antoine. *A Criação Científica*. Trad. Gita K. Guinsburg. São Paulo: Perspectiva, 1998.

_____. *As Ciências do Impreciso*. Trad. Glória de C. Lins. Rio de Janeiro: Civilização Brasileira, 1985.

MONOD, Jacques. *O Acaso e a Necessidade*. Trad. Bruno de Palma e Pedro Paulo de Sena Madureira. Petrópolis: Vozes, 1971.

MORIN, Edgar. *O Enigma do Homem*. Trad. Fernando de Castro Ferro. Rio de Janeiro: Zahar, 1975.

_____. *O Método*. Mira-Sintra: Europa-América, 1987, v. I a VI.

_____. *O Problema Epistemológico da Complexidade*. Mira-Sintra: Europa-América, 1996.

_____. *A Cabeça Bem-Feita – Repensar a Reforma, Reformar o Pensamento*. Trad. Catarina F. da Silva e Jeanne Sawaya. Rio de Janeiro: Bertrand Brasil, 2000.

_____. *Os Sete Saberes Necessários à Educação do Futuro*. Trad. Catarina F. da Silva e Jeanne Sawaya São Paulo: Cortez, 2000.

_____. *O Método*. Trad. Juremir Machado da Silva. Porto Alegre: Sulina, 2005, v. VII e VIII.

MORRIS, Charles. *Introdução à Teoria dos Signos*. Trad. Milton José Pinto. São Paulo: Cultrix, 1982.

MOTA; Octanny Silveira da; HEGENBERG, Leonidas. Introdução. In: PEIRCE, Charles, *Semiótica e Filosofia*.

NAESS, Arne. *Ecology, Community and Lifestyle*. Trans. David Rothenberg. Cambridge: Cambridge Press, 1989.

NEGROPONTE, Nicholas. *A Vida Digital*. Trad. Sérgio Tellaroli. São Paulo: Companhia das Letras, 1995.

NEVES, Joel. *Idéias Filosóficas no Barroco Mineiro*. Belo Horizonte: Itatiaia; São Paulo: Edusp, 1986.

BIBLIOGRAFIA 223

NOËL, Émile (org.). *As Ciências da Forma Hoje*. Trad. Cid Knipel Moreira. Campinas: Papirus, 1996.

OMEGNA, Nelson. *A Cidade Colonial*. Brasília: Ebrasa, 1971.

OMNÉS, Roland. *Filosofia da Ciência Contemporânea*. Trad. Roberto Leal Ferreira. São Paulo: Unesp, 1996.

PAES, José Paulo. *A Revolta das Palavras*. São Paulo: Companhia das Letrinhas, 1999.

PAULA, João. A. *Raízes da Modernidade em Minas Gerais*. Belo Horizonte: Autêntica, 2000.

PEIRCE, Charles Sanders. *Collected papers*. Cambridge: Harvard Press, 1965-1967, 8. v.

_____. *Peirce*, São Paulo: Abril Cultural, 1974. Sel. Armando Mora D'Oliveira, trad. Armando Mora D'Oliveira e Sérgio Pomerangblum. Coleção Os Pensadores.

_____. *Semiótica e Filosofia – Textos Escolhidos de Charles Sanders Peirce*. São Paulo: Cultrix, 1975. Introdução, seleção e tradução de O. S. da Mota e L. Hegenberg.

_____. *Semiótica*. Trad. José Teixeira Coelho Neto. São Paulo: Perspectiva, 1977.

_____. *The Essencial Peirce*. Bloomington: Indiana University Press, 1998, 2 v.

PHILIPPI JR., Arlindo (org.). *Saneamento do Meio*. São Paulo: Faculdade de Saúde Pública/Departamento de Saúde Ambiental – USP, 1992.

PIGNATARI, Décio. *Contracomunicação*. São Paulo: Perspectiva, 1972.

_____. *Semiótica e Literatura*. São Paulo: Perspectiva, 1979.

PRIGOGINE, Ilya. *O Fim das Certezas*. Trad. Roberto Leal Ferreira. São Paulo: Unesp, 1996.

_____. *As Leis do Caos*. Trad. Roberto Leal Ferreira. São Paulo: Unesp, 2002.

QUEIROZ, Eça de. *A Correspondência de Fradique Mendes*. Rio de Janeiro: Tecnoprint, 1993.

REALE, Miguel. *Teoria Tridimensional do Direito*. São Paulo: Saraiva, 2001.

RICOUER, Paul. *Interpretação e Ideologias*. Trad. Hilton Japiassu. Rio de Janeiro: Francisco Alves, 1990.

RODRIGUEZ, M. Darío.; TORRES, Javier N. Autopoiesis, la Unidad de una Diferencia: Luhmann and Maturana. *Sociologias*, jan./june 2003, n. 9. Porto Alegre: UFRGS-IFCH.

ROMANO, Vicente. *Ecologia de la Comunicación*. Hiru: Hondarribia, 2004.

ROSSI, Aldo. *A Arquitetura da Cidade*. Trad. Aldo Rossi. São Paulo: Martins Fontes, 1995.

ROUSSEAU, Jean-Jacques. *Emílio ou Da Educação*. Trad. Roberto Leal Ferreira. São Paulo: Martins Fontes, 1999.

_____. *Ensaio sobre a Origem das Línguas*. Trad. Lourdes Santos Machado. São Paulo: Abril Cultural, 1978. (Col. Os Pensadores.)

RUDGE, Ana Maria. *Pulsão e Linguagem – Esboço de uma Concepção Psicanalítica do Ato*. Rio de Janeiro: Zahar, 1998.

RUELLE, David. *Acaso e Caos*. Trad. Roberto Leal Ferreira. São Paulo: Unesp, 1993.

SAGAN, Carl. *Os Dragões do Eden*. Trad. Ana Falcão de Bastos. Lisboa: Gradiva, 1997.

224 AUTOPOIESIS

SALGADO, Joaquim Carlos. *A Idéia de Justiça em Hegel.* São Paulo: Loyola, 1996.

SAMSON, Paul R.; PITT, David (ed.). *The Biosfhere and Noosphere Reader – Global Environment, Society and Change.* London: Routledge, 1999.

SANTAELLA, Lucia. *A Assinatura das Coisas – Peirce e a Literatura.* Rio de Janeiro: Imago, 1992.

_____. *A Teoria Geral dos Signos – Semiose e Autogeração.* São Paulo: Ática, 1995.

_____. *Comunicação e Pesquisa.* São Paulo: Hacker, 2001.

_____. *Matrizes da Linguagem e Pensamento: Sonora, Verbal, Visual.* São Paulo: Iluminuras, 2002.

_____. *Culturas e Artes do Pós-humano: Da Cultura das Mídias à Cibercultura.* São Paulo: Paulus, 2003.

_____. *Corpo e Comunicação – Sintoma da Cultura.* São Paulo: Paulus, 2004.

SAPIR, Edward. *A Linguagem.* Trad. J. mattoso Camara Jr. São Paulo: Perspectiva, 1980.

SARDUY, Severo. *Escrito sobre um Corpo.* Trad. lígia Chiappini Moraes e Lúcia Teixeira Wisnik. São Paulo: Perspectiva, 1979.

_____. *Barroco.* Trad. Maria de lurdes Júdice e José Manuel de Vasconcelos. Lisboa: Vega, [s.d.].

SAUSSURE, Ferdinand. *Curso de Lingüística Geral.* Trad. Antônio Chelini, José Paulo Paes e Izidoro Blikstein. São Paulo: Cultrix, 1977.

SCHNAIDERMAN, Boris (org.). *Semiótica Russa.* Trad. Aurora Fornoni Bernardini, Boris Schnaiderman e Lucy Seki. São Paulo: Perspectiva, 1979.

SCHRÖDINGER, Erwin. *O que é Vida? O Aspecto Físico da Célula Viva; Mente e Matéria; Fragmentos Autobiográficos.* Trad. Jesus de Paula Assis e Vera Yukie K. de Paula Assis. São Paulo: Unesp, 1997.

SEARLE, John R. *Mente, Linguagem e Sociedade.* Trad. F. Rangel. Rio de Janeiro: Rocco, 2000.

SEBEOK, Thomas. A. (ed.). *Biosemiotics.* New York: Mouton de Gruyter, 1992.

SEGRE, Marco; COHEN, Claudio (orgs.). *Bioética.* São Paulo: Edusp, 1999.

SHIN, Sun-Joo. *The Iconic Logic of Peirce's Graphs.* Cambridge: MIT Press, 2002.

SIBÍLIA, Paula. *O Homem Pós-orgânico.* Rio de Janeiro: Relume Dumará, 2002.

SILVEIRA, Nise da. *O Mundo das Imagens.* São Paulo: Ática, 1992.

SNOW, John. *Sobre a Maneira de Transmissão do Cólera.* Org. José Ruben de Alcântara Bonfim. São Paulo: Hucitec; Rio de Janeiro: Abrasco, 1990.

SODRÉ, Muniz. *Antropológica do Espelho.* Petrópolis: Vozes, 2002.

STEINER, George. *Extraterritorial.* Trad. Júlio Castañon Guimarães. São Paulo: Companhia das Letras, 1990.

STENGERS, Isabelle. *A Invenção das Ciências Modernas.* Trad. Max Altman. São Paulo: Ed. 34, 2002.

STRATHERN, Paul. *Turing e o Computador em 90 Minutos.* Rio de Janeiro: Zahar, 2000.

TAPIÉ. Victor-L. *O Barroco.* São Paulo: Cultrix: Edusp, 1983.

TODOROV, Tzvetan. *Os Gêneros do Discurso.* Trad. Elisa Angotti Kossovitch. São Paulo: Martins Fontes, 1980.

TOLEDO, Dionísio de Oliveira (org.). *Teoria da Literatura: Formalistas Russos.* Porto Alegre: Globo, 1976.

BIBLIOGRAFIA   225

UEXKÜLL, Jacob von. *Dos Animais e dos Homens: Digressões pelos seus Próprios Mundos. Doutrina do Significado.* Lisboa: Livros do Brasil [s.d.].
VALÉRY, Paul. *Introdução ao Método de Leonardo Da Vinci.* Trad. Geraldo Gérson de Souza. São Paulo: Ed. 34, 1998.
_____. *Variedades.* Trad. Maiza Martins de Siqueira. São Paulo: Iluminuras, 1999.
VASCONCELLOS, Sylvio. *Vila Rica.* São Paulo: Perspectiva, 1977.
VERNADSKY, Wladimir I. *La Biosphére.* Paris: Diderot [s.d.].
_____. *The Biosphere: Complete and Annotated Edition.* Trans. David B. Langmuir New York: Copernicus/Springer – Verlag, 1997.
VICO, Giambattista. *Princípios de (uma) Ciência Nova (Acerca da Natureza Comum das Nações).* Trad. Antonio Lázaro de Almeida Prado. São Paulo: Abril Cultural, 1979. (Col. Os Pensadores).
VIGOTSKI, Lev S. *Pensamento e Linguagem.* Trad. Jefferson Luíz Camargo. São Paulo: Martins Fontes, 1998.
WARREN, Austin; WELLEK, René. *Teoria da Literatura e Metodologia dos Estudos Literários.* Trad. Luís Carlos Borges. São Paulo: Martins Fontes, 2003.
WERTHEIM, Margaret. *Uma História do Espaço – de Dante à Internet.* Trad. Maria Luiza X. de A. Borges. Rio de Janeiro: Zahar, 2001.
WIENER, Norbert. *Cibernética e Sociedade.* Trad. José Paulo Paes. São Paulo: Cultrix, 1987.
WIESER, Wolfgang. *Organismos, Estruturas, Máquinas.* Trad. Amélia Cohn. São Paulo: Cultrix, 1972.
WILLEMART, Philippe. *Além da Psicanálise: A Literatura e as Artes.* São Paulo: Nova Alexandria, 1995.
WILSON, Robert A.; KEIL, Frank C. (eds.). *The MIT Encyclopedia of the Cognitive Sciences.* Cambridge: The MIT Press, 1999.
XAVIER, Alberto; LEMOS, Carlos.; CORONA, Eduardo. *Arquitetura Moderna Paulistana.* São Paulo: Pini, 1983.

SEMIOLOGIA E SEMIÓTICA NA PERSPECTIVA

O Sistema dos Objetos – Jean Baudrillard (D070)

Introdução à Semanálise – Julia Kristeva (D084)

Semiótica Russa – Boris Schnaiderman (D162)

Semiótica, Informação e Comunicação – J. Teixeira Coelho Netto (D168)

Morfologia e Estrutura no Conto Folclórico – Alan Dundes (D252)

Semiótica – Charles S. Peirce (E046)

Tratado Geral de Semiótica – Umberto Eco (E073)

A Estratégia dos Signos – Lucrécia D'Aléssio Ferrara (E079)

Lector in Fabula – Umberto Eco (E089)

Poética em Ação – Roman Jakobson (E092)

Tradução Intersemiótica – Julio Plaza (E093)

O Signo de Três – Umberto Eco e Thomas A. Sebeok (E121)

O Significado do Ídiche – Benjamin Harshav (E134)

Os Limites da Interpretação – Umberto Eco (E135)

A Teoria Geral dos Signos – Elisabeth Walther-Bense (E164)

Imaginários Urbanos – Armando Silva (E173)

Presenças do Outro – Eric Landowski (E183)

Autopoiesis. Semiótica. Escritura – Eduardo de Oliveira Elias (E253)

Poética e Estruturalismo em Israel – Ziva Ben-Porat e Benjamin Hrushovski (EL28)

Este livro foi impresso em São Paulo,
nas oficinas da Gráfica Palas Athena,
para a Editora Perspectiva S.A.,
em novembro de 2008